浙江省哲学社会科学重点研究基地——浙江省海洋
2015 年度自设课题（编号：15HYJDYY05）

我国海钓业发展研究

伍　鹏　著

海洋出版社

2016 年 · 北京

图书在版编目（CIP）数据

我国海钓业发展研究/伍鹏著．—北京：海洋出版社，2016.6
ISBN 978－7－5027－9420－0

Ⅰ.①我…　Ⅱ.①伍…　Ⅲ.①钓鱼（文娱活动）－体育产业－产业发展－研究－中国　Ⅳ.①G897

中国版本图书馆CIP数据核字（2016）第084033号

责任编辑：黄新峰　赵　武
责任印制：赵麟苏
海洋出版社　出版发行
http://www.oceanpress.com.cn
北京市海淀区大慧寺路8号　邮编：100081
北京华正印刷有限公司印刷　新华书店发行所经销
2016年6月第1版　2016年6月北京第1次印刷
开本：787mm×1092mm　1/16　印张：14
字数：260千字　定价：60.00元
发行部：62132549　邮购部：68038093　总编室：62114335

目　次

第一章　绪　论

第一节　相关概念解析

一、垂钓

垂钓是垂竿钓鱼的简称，俗称“钓鱼”，指使用钓竿、鱼钩、渔线等钓具，从江河湖海及水库中把鱼提出来的一项活动。现代垂钓有淡水钓和海钓两大类。我国的垂钓活动最早出现于原始社会，至今已有数千年的历史。

二、海钓

海钓指依据海洋中各种鱼类生活的海域环境形态，配合其生活习性、季节与气候因素、觅食习性等，以钓具和饵料诱之的钓鱼方法，包括矶钓、滩钓和舟筏钓等多种形式。相比淡水钓鱼，海钓是一种在水域、水深、钓品等方面有更大选择的垂钓方式。海钓在西方发达国家已有上百年的发展历史，与高尔夫、马术和网球被列入“四大贵族运动”而备受青睐。早在19世纪初，美国大西洋沿岸地区就出现了专业海钓俱乐部。近年来，海钓已成为风靡世界的海洋体育竞技运动和海洋休闲项目。

三、海钓业

目前业界和学术界对什么是海钓业，尚无一致的看法。一般认为，海钓业是集渔业、钓具业、休闲游钓、旅游观光等为一体的产业，是第一产业与第三产业的有机结合。海钓业作为关联度高、产业链长的综合性产业，可以有效带动休闲渔业、海洋旅游业、体育业、钓具业、游艇业等相关产业的发展，目前已成为世界上最具发展前景的产业之一。

四、休闲渔业

在不同的国家或地区，休闲渔业称谓和定义都有所不同。不同学者分别从不同角度对休闲渔业进行了定义，表达形式各异，侧重点也不同，但大都认为，休闲渔业是一种集渔业、旅游、休闲为一体的新兴渔业产业。它不同于普通渔业，具有旅游、休闲、娱乐的性质；也不同于以生产力为主要目的的第一产业，而属于以服务增值为特性的第三产业。现代休闲渔业可以分为生产经营型、休闲垂钓型、海上娱乐游钓型、潜水旅游型、观光疗养型、展示教育型等类型。

休闲渔业始于20世纪60—70年代的拉丁美洲加勒比海地区，20世纪80年代传入我国台湾，之后传入大陆。[①]海钓活动既是一种海洋体育竞技运动，同时也是海洋休闲渔业的形式之一，海钓业是休闲渔业的一部分。

第二节　有关海钓业研究述评

一、国外海钓业研究

海洋游钓业兴起于20世纪60年代拉丁美洲的加勒比海地区，在短短的时间内，这种行业迅速发展到欧美、亚太地区和一些经济相对较发达的沿岸国及地区，尤以海岸线长的一些工业发达国家最为盛行，并成为那些地区海洋产业中新兴的颇具效益的滨海旅游业。[②]

国外对于海钓业的研究大多分布于休闲渔业和滨海旅游的研究中，主要包括休闲渔业管理研究、休闲渔业资源和环境保护研究、休闲渔业游客及市场研究和休闲渔业影响研究等。相关研究表明，全世界从事休闲渔业的人数已达6.93亿，而全世界在休闲渔业活动中被捕获的鱼达到170.9亿条，如果每条鱼按平均0.635千克计算，则总重量为1 086万吨。[③]

---

① 严飞、周雪秋：《我国休闲渔业发展研究综述》，《科技创业月刊》2012年第1期，第12—13页。

② 张盟划：《象山海钓业的现状和发展趋势》，《现代渔业信息》2004年第8期，第11—13页。

③ Steven J. Cooke; IanG., Cowx, The role of rereational fishinging global fish crises . Bioscience, 2004, 54 (9): 857 (3) .

(一) 美国休闲渔业及其游钓业研究

1988 年，美国渔业总产值 24 亿美元，而游钓产业收入却达 300 亿美元。2002 年，美国休闲渔业捕获量占海洋总鱼产量的 4%，海钓及其相关产业年产值达近 500 亿美元，占常规渔业产值的 3 倍以上。美国现有海洋游钓人口 8 000 万，拥有游钓船艇 1 500 万艘，由游钓拉动起来的旅馆、餐饮、钓鱼、娱乐等服务业十分兴旺。①

国内学者刘康②研究表明，休闲渔业在美国经济中占据重要地位，产值为常规渔业的 3 倍以上，极大地带动了相关产业，如渔具、车船、修理、交通、食宿等的发展，促进了社会就业。2001 年，美国休闲渔业的总消费额为 415 亿美元，远高于其渔获物的价值。同时，休闲渔业及相关产业共为社会提供了 106. 8 万个就业机会。

国内学者吴维宁、卢卫平（2005）③ 研究指出，美国休闲渔业以休闲游钓为主，各类休闲游钓活动在美国已成为一种时尚，大大促进了休闲渔业的发展。据统计，美国有将近 4 000 万的游钓爱好者（其中 75% 为 16 岁以上），超过了高尔夫爱好者以及网球爱好者的总数。休闲渔业在美国的年总消费额（包括车船、修理、渔具、交通、食宿等）高达 450 多亿美元，产值远高于渔获物的价值，其中间接产生了 1 252 亿美元的经济效益，直接为联邦和州带动产生了 164 亿美元的税收，增加了将近 100 万人的就业岗位。

此外，国内学者陈思行（2005）④ 对美国休闲渔业的管理措施进行了分析，主要表现在：建立了包括联邦管理和各州管理的科学管理体制；制定了完善的法规体系，从联邦到各州都制定了各种强制性的渔业法律法规；采取高效的管理手段，在休闲渔业发展和渔业资源保护中建立了高效的信息管理系统等。

---

① Felieia C. Coleman, Will Figuira , Jeffrey S. Ueland, Larry B. Crowder. The Impact of United States Recreational Fisheries on Marine Fish PO pulations. Science, 2004, 305 (5692): 1958 - 1960.

② 刘康：《美国休闲渔业现状及发展趋势分析》，《中国渔业经济》2003 年第 4 期，第 47—48 页。

③ 吴维宁、卢卫平：《美国国家渔业信息网络建设及其启示》，《中国水产》2005 年第 6 期，第 33—34 页。

④ 陈思行：《美国休闲渔业的发展现状》，《北京水产》2005 年第 1 期，第 4 - 6 页。

（二）澳大利亚休闲渔业及其游钓业研究

澳大利亚的休闲渔业发展也很成熟。根据调查表明，从1999年6月到2000年5月为止的一年中，有340万5岁以上的澳大利亚人至少参加过一次捕鱼活动，其中230万是男性，110万为女性。在新南威尔士州，参加休闲渔业的人数达到999 000人，昆士兰州达到785 000人，维克多利亚州达到550 000人，澳大利亚这三个东部州几乎占到了全国休闲渔业人数的70%。①

国内学者刘雅丹②在研究中指出，澳大利亚休闲渔业的兴起是在近十年的时间里。据2003年澳大利亚所做的全国休闲渔业和本土渔业的调查，参加垂钓活动的游钓者越来越多，花在钓鱼活动中的费用达18亿澳元。澳大利亚政府每年都进行一系列专项经济研究。带纹旗鱼是新南威尔士重要的比赛鱼种，仅这一品种在休闲渔业中所产生的经济价值就相当于这种鱼在延绳钓业中价值的27倍。澳大利亚发展休闲渔业的措施包括：①加强休闲渔业立法，休闲渔业管理已被纳入了各州的立法范围。②对渔获数量、规格、渔具、捕鱼时间等采取限制手段。③采取渔获物放生、指定专用鱼类等手段加强对渔业资源的保护等。

（三）日本休闲渔业及其游钓业研究

日本是一个渔业大国，目前拥有3 000万的钓鱼爱好者，占全国人口的20%以上，仅渔具、鱼饵的年零售额就达9亿多美元。③ 1975年以后，随着日本国民收入和业余时间的增加，游钓作为健康的游乐活动之一发展更快。1993年日本游钓人数已达3 729万人，占全国总人口的30%，其中利用导游进行游钓的达111万人，从事游钓导游业者2.4万名，从事游钓导游业者90%是从渔业转过来的。游钓业的发展，使日本渔业人员的收入提高，渔村的生活多样化，并以此来推动渔村经济的发展和生活环境的

① Gary W. Henry, Jeremy M. Lyle. The National Recreational and Indigenous Fishing Survey, Canberra: Australian Government Department of Agriculture ［J］, Fisheries and Forestry. 2003, p. 23.

② 刘雅丹：《澳大利亚休闲渔业概况及其发展策略研究》，《中国水产》2006年第3期，第78—80页。

③ 严飞、周雪秋：《我国休闲渔业发展研究综述》，《科技创业月刊》2012年第1期，第12—13页。

优化。[①]

国内学者王国华[②]研究指出，日本的休闲渔业发展迅猛，据农林水产省2002年度休闲渔业调查报告显示，2002年1—12月，日本娱乐渔船上服务人员总计为14 300人，休闲捕鱼者总计为448.7万人，总捕获量为29 300吨，约为沿岸渔业捕捞量的2%。日本休闲渔业领域发展的主要业态包括：水产品直销与加工、体验观光渔业、经营民宿和旅馆、渔家餐馆、休闲观光渔业、休闲潜水、水产废弃物的再利用等。

此外，黄瑞[③]、王国华[④]等学者还在研究中分析了日本发展休闲渔业的主要措施，其主要包括：实施沿岸和近海渔场的整治和“渔港渔村综合整备事业”；实施渔业和渔村“6次产业化”战略，发展环境保全型农业和渔业，推动技术革新；强化游钓业管理，加强组织和制度建设；注重科研，促进渔业的持续发展等等。

此外，在加拿大和欧洲各国，以游钓为主体的休闲渔业都十分盛行和发达。例如，德国每年与垂钓相关的产业利润超过30亿欧元，可提供近5.2万个就业岗位。

二、国内海钓业研究

（一）我国台湾地区

我国台湾地区休闲渔业发展较早。20世纪90年代以前，由于渔业资源衰退而陷入船多鱼少的困境，台湾的渔业曾被戏称为“黄昏产业”。20世纪90年代初，台湾就开始实施减船政策，把捕鱼业转型到休闲渔业，发展海陆休闲中心，从事海上观光钓艇码头、海钓俱乐部，而取代黄昏产业捕鱼业的正是朝阳产业的海钓业。

（二）我国大陆地区

我国大陆海钓业从20世纪末开始起步，目前海钓经济已经初见端倪，并逐渐成为海洋产业的一大发展亮点。随着海钓产业的发展，我国学界开

① 刘圆圆：《海钓运动：发展与建设同行》，《人民政协报》2012年12月21日第C02版。
② 王国华：《日本渔业和渔村的6次产业化》，《河北渔业》2012年第9期，第64—67页。
③ 黄瑞：《日本海洋渔业资源管理现状》，《现代渔业信息》2001年第1期，第11—15页。
④ 王国华：《日本渔业和渔村的6次产业化》，《河北渔业》2012年第9期，第64—67页。

始关注海钓业的理论研究。笔者以“海钓”为主题关键词，从中国知网上进行检索（时间为2004年到2014年），搜索出有关海钓的新闻报道等共计50余篇，与海钓关联度较高的研究论文有20余篇，主要研究内容包括以下几个方面：

（1）区域海钓业发展研究。如张盟划《象山海钓业的现状和发展趋势》（2004）①，根据国内外海钓渔业发展的趋势，阐述了象山县发展海钓业的现状和存在的问题，针对如何使象山县海钓业健康和可持续发展，提出了由相关部门组织成立象山县海钓管理机构，加强对县域海钓业的管理、监督、指导，制定发展规划，加快海钓基地的基础建设，兴建一批适宜于开展群众性、日常性海钓活动的海钓点、游钓平台，培养一批海钓从业人员，定期组织海钓比赛，加大宣传力度，探索发展海钓业的运行模式，组建俱乐部，加强安全保障方面等对策。王依欣《打造海洋游钓精品 发展舟山海钓业》（2008）② 一文提出，作为“海天佛国，渔都港城”的舟山，发展海钓业有其良好的外部环境和独特的内部条件，舟山游钓业要健康发展，必须加强对海钓业的领导、用法治手段管理海钓，建立示范性海钓俱乐部基地，组织各类海钓赛活动扩大影响，政策导向推进海钓产业化发展等。李舒云《温州海钓休闲中心可行性研究》（2009）③ 一文根据温州市政府有关发展旅游业与调整渔业结构的有关政策、措施及发展规划，提出温州海钓休闲中心的开发原则和思路，即海钓经济与开发荒岛资源、休闲渔业相结合，兴办适宜游客参与的日常性海钓活动点，建设一个起点高、规模大、功能全、能承担国际国内大型海钓比赛的理想场所，并争取列为国家级海钓训练基地等。

（2）海钓产业发展的研究。王依欣《中国海钓的产业化之路》（2009）④，通过对我国海钓产业化进程的回顾，总结了产业阶段性发展的普遍特性，分析了当前推进海钓产业化的动力因素、障碍性因素，揭示了

---

① 张盟划：《象山海钓业的现状和发展趋势》，《现代渔业信息》2004年第8期，第11—13页。

② 王依欣：《打造海洋游钓精品 发展舟山海钓业》，《中国渔业经济》2008年第1期，第42—45页。

③ 李舒云：《温州海钓休闲中心可行性研究》，《经营管理者》2009年第2期，第27—28页。

④ 王依欣：《中国海钓的产业化之路》，《中国渔业经济》2009年第2期，第99—100页。

我国当前与今后海钓产业化的发展趋势，并提出了在新的市场条件下我国海钓产业化发展的模式，即政府主导推动型、社会中介促进型、项目招商拉动型新模式。伍鹏《我国海钓业发展的现状、问题和对策》[①] 分析了我国海钓业的发展现状主要表现为缺乏与国际水平接轨的海钓基地和海钓场所、钓鱼方式传统、部分地区无序的海钓使渔业资源和海域环境遭受破坏、缺乏专门的管理机构和专业人才、科学研究和宣传力度有待于加强等，并就如何规范和促进我国海钓业的发展提出了加强规划、完善法规、建立健全海钓管理制度和加强海钓配套设施建设，促进钓具等相关行业的发展，保护重要休闲鱼种资源量及其栖息地，把海钓与休闲渔业、旅游等产业有机地结合，加大海钓的宣传力度等对策。

（3）海钓业与海洋旅游的互动发展等角度研究。如伍鹏《海钓业与海洋旅游业互动发展研究》（2006）[②]，分析了浙江省海钓业发展的优势和现状，提出了建立健全海钓管理制度、健全海钓配套设施建设、促进钓具等相关行业的发展、强化保护重要休闲鱼种资源量及其栖息地等海钓业发展的思路和对策，并对如何促进海钓与旅游等产业互动发展提出了海钓发展与海洋旅游产业规划及旅游产品开发相结合、海钓发展与游艇经济发展相结合、海钓比赛与海洋旅游节庆举办相结合、海钓发展与无居民海岛旅游开发相结合、专业海钓和旅游海钓发展相结合等具体对策。

综上所述，我国海钓业研究主要呈现以下几个特点：

一是对海钓业的研究不够重视，理论研究滞后于实践。主要表现为研究成果少，至今仅有20余篇专门研究海钓的学术论文，有关海钓业研究的硕士、博士论文和专著至今尚未问世，这说明学界对海钓业研究的关注度不够，重视程度偏低。此外，虽然少数关于海洋经济、体育运动、休闲渔业等方面的研究成果中涉及了海钓业研究，为海钓业研究提供了一定平台，但总的来说，有关我国海钓产业发展的研究思路和对策成果明显不足，不利于我国海钓向产业化方向的迈进。

二是研究主题和范围较集中。从我国现有海钓业的研究成果来看，主

---

① 伍鹏：《我国海钓业发展的现状、问题和对策》，《北方经济》2005年第10期，第70—71页。

② 伍鹏：《海钓业与海洋旅游业互动发展研究》，《渔业经济研究》2008年第2期，第56—61页。

要集中在舟山、厦门、温州等沿海区域，而关于我国整个海钓产业发展的研究成果明显不足，仅有伍鹏《我国海钓业发展的现状、问题和对策》(2005)、王依欣《中国海钓的产业化之路》（2009）等数篇。此外还有少数几篇介绍国外休闲渔业和海钓业发展状况的成果。

三是研究方法单一，定量分析少。从现有的成果来看，我国目前海钓业研究的成果大都采用定性分析的研究方法，或者是一般论述性的调查和分析，研究方法单一，能够运用相关理论和定量分析的研究成果匮乏。单一的研究方法难以对我国海钓业的发展提供更科学的理论支持，不利于我国海钓业的可持续发展。

总之，海钓在我国还是一个新生事物，社会影响力不大，尚未受到各界广泛重视，学界给予的关注不够，理论研究大大滞后于实践发展，现有的成果数量少，研究主题和范围都比较狭窄，研究方法单一，而以我国海钓业及其相关产业发展战略、模式与实施途径为研究视角的研究成果尚未问世。

近年来，海洋垂钓已经成为休闲渔业、海洋竞技运动以及海洋休闲旅游的一种重要形式，在西方已经和高尔夫、骑马、网球三大贵族运动相媲美，成为全球越来越受欢迎的休闲运动。钓鱼人群平民化、爱好者年轻化、赛事设置多样化、活动方式丰富化等正成为现代国际海钓业发展的新特点。海钓业并日益与海洋旅游休闲、环保、体育、媒体与渔具生产等产业紧密结合，相互促进。因此，重视与加强海钓业发展的理论研究，认真分析我国海钓业以及相关行业的发展现状和存在的问题，积极探讨我国海钓业以及相关行业的发展战略、模式与实施途径，做大做强海钓产业，对促进我国海洋产业和其他相关产业的良性互动发展，提升我国海洋经济和休闲旅游业的核心竞争力，都具有重要的现实意义。

第三节　海钓的主要形式与方法

一、海钓的海洋自然环境

海洋与淡水自然环境差别较大，首先，海洋有暖、寒流，许多海鱼都有随季节流游动的习性，季节流还会带来大量有机物和浮游生物，尤其寒暖流相遇之处，更是海鱼觅食的最佳场所。其次，海洋有潮汐的涨落。海水涨潮会把大量的有机物质和鱼带到岸边，此时更有利于垂钓；落潮后，则一般不宜垂钓。另外，早、晚海面相对平静，适宜垂钓。海上白天易起大风浪，甚至会危及垂钓者的安全，不宜垂钓。

潮汐对海钓的影响较大，一般涨潮及落潮期间，海水处于运动状态，也搅动着海鱼运动，四处觅食，所以涨潮和落潮是海钓的最佳时期。特别在涨潮期，鱼儿咬钩频率可增加数十倍。

海风对海钓的影响仅次于潮汐，有风比无风好，有风时，风力搅动潮水运动，也增加了海鱼觅食的频率。风力的大小以三四级为好。连续几天大风之后平息下来，是海钓的好时机，因为海鱼在大风中好几天未进食，海风平静下来后显得特别饥饿，进食上钓率成倍提高。

二、海钓工具的选择

竿的不同是海钓与淡水钓的主要区别之一。海钓竿不论何种质地，都应有较强的硬度，并且都需配备绕线轮。海钓渔线应稍粗，直径都应在0.5毫米以上，线长60~70米，分母（主）线、子（脑）线。因海上风浪较大，浮漂的传递信息作用不大，海钓中可省去浮漂，凭手中的颤动感或视觉来直接判断。海钓的钓钩应准备多枚，以适应不同鱼种的需要。

海竿的坠大多为活动式的，鱼吞钩后线自由牵动竿梢，鱼坠宜偏重。海竿中也有用死坠的；各式诱鱼器，一般为死坠。

三、常见海钓方式

国际上通行的海钓方式有十几种，主要有以下5种钓法。

（1）拖钓：也称深海船钓，以海蜓王、炸弹鱼、金枪鱼、章跳等作为主要对象鱼，使用具有远航能力、专门钓鱼设备器具进行的船上钓鱼，被公认为国际上最高等次的钓鱼体验。

（2）岸钓：按照地形可分为岸堤钓、滩地钓、礁矶钓等，一般以海岸线作为活动平台，是海钓休闲中工具和方法变化最多的一种钓法，也是东亚地区最为盛行的一种钓法，对海钓体验者最具有挑战和吸引力。

（3）底钓：也称近海船钓。使用动力船只，在选定的钓点位置锚泊或自然漂移，以海洋底栖和中层鱼类为基本对象决定钓组配合的钓法。如虎头鱼、白果子、花鲷等为对象鱼，操作方法简便，施钓鱼种数量大、范围广，是目前针对作为游客参与性海上旅游活动的最佳选择。

（4）筏钓：以沿岸港湾的养殖鱼排、暂养场、养贝场等棚架浮具或周边水域为相对固定钓鱼地点的静态钓法。

（5）路亚钓：是国内一种刚刚兴起的新的游钓方法。路亚是人工模拟陆、海（含淡水）、空中一些常见鱼捕食的昆虫、小鱼、小虾精制而成的假饵，目前应用最广泛的是毛饵、软饵、硬饵三种。施钓方法采用船上拖钓与岸上甩钓。

四、海竿的抛投方法

海竿主要用于海钓，也可用于淡水钓。根据海竿的特点，有以下几种抛投方式。

（1）上投式：两脚分开，脚往前站，身体重心偏至左脚，左手握线、坠。以40度～50度角，右手挥竿，左手将线坠抛出。采用此法坠、线摆动幅度小，落点准确。

（2）斜投式：左脚后退半步，左肩后偏，双手同时握住海竿，竿与水平面呈45度角。左手食指压住渔线，重心落在右脚，竿梢从右手方往前挥。鱼坠通过头顶时，放开渔线，使钩坠自然落入水中。此法不易掌握，需多次反复练习，一旦熟练后则可投远，目标准确，操作方便，尤其适合海钓。

除此之外，还有侧投、单臂投、坐投、跪投等多种方式。

五、海水船钓的方式

海水船钓有定点钓、放流钓和拖曳钓三种常用方式。

若近海区有人工渔场、海藻区或礁石群等优良钓位，垂钓者可驱船至这些场所，将船抛锚进行定点钓。定点钓即用一般的垂钓方法，对象主要为近海底栖鱼类，如石斑鱼、黄鱼、海鳗、乌贼、章鱼等。

放流钓就是垂钓者居于船上，任由船随波逐流，鱼饵、鱼钩也在水中漂流，引鱼上钩。主要对象有带鱼、小黄鱼、海鳗等。放流钓可不用鱼竿，只用一木质绕线轮即可，鱼饵一般应用活饵，如小鱼、虾、泥鳅等。

拖曳钓适于垂钓游速很快的大型鱼类，如鲨鱼、金枪鱼、鲣鱼、旗鱼等。拖曳钓需用速度很高的快艇载着垂钓者，辅以电动绕线轮进行。小艇高速行进时，由垂钓者握钓竿，拖着特制的钓组——粗线、大钩、“飞机”浮漂等，所以名为拖曳钓。

第四节 国际国内主要钓鱼组织

一、世界主要钓鱼组织

（一）国际钓鱼运动协会

国际钓鱼运动协会（International Game Fish Association，IGFA）成立于1939年，总部在美国的佛罗里达。IGFA是一家非营利机构，协会创建了一整套世界通用的垂钓道德规范与规则，通过科学、教育、立法、保存纪录等途径致力于保护鱼类资源，提倡具有责任感、遵守道德规范的垂钓活动。目前有100多个国家300多个国际代表，是唯一一个具有全球影响力的、在世界范围内运作的垂钓运动权威组织。

（二）国际钓鱼运动联合会

国际钓鱼运动联合会（International Confederation of Sports Fishing，CIPS）于1952年2月22日在罗马成立，至今已有60多年的悠久历史。它是一个国际性的、严谨的、充满各国钓鱼爱好者热情和友谊的组织。通过举办各种钓鱼国际性比赛活动，促进各国钓鱼爱好者之间的友谊和交流，并有利于提高参赛国家声誉。各联盟组织每年分别举办的各种赛事达数十个，在全球垂钓行业中有绝对的权威性，由世界钓鱼运动联合会发起的国际垂钓锦标赛已经成为垂钓行业的奥运会。

国际钓鱼运动联合会组织下设国际（淡水）钓鱼运动组织、国际海钓运动组织、国际飞钓运动组织、国际抛竿钓运动组织四个国际联盟。总部设在意大利的罗马。国际钓鱼运动联合会是国际单项体育联合会总会成员，共60多个国家和地区为联合会会员。

二、中国钓鱼组织

（一）中国钓鱼协会

1983年9月在江苏省无锡市成立。1992年6月，原国家体委提议，将原挂靠在国家体委名下的中国钓鱼协会划归农业部管理，国家体委负责业务指导，两部委正式办理了移交手续。由于未履行重新登记手续等种种原因，2003 年 6 月，民政部发布第 41 号公告，公布了包括中国钓鱼协会在内的 63 个不予重新登记的全国性社团名单，取消活动资格。①

（二）中国钓鱼运动协会

中国钓鱼运动协会（China Angling Association，CAA）于 2012 年 1 月 9 日在北京奥林匹克体育中心成立，是经国务院同意，民政部批准成立，接受国家体育总局和民政部登记管理机关的业务指导和监督管理的全国性、非营利性社会团体，是代表中华人民共和国参加相应国际钓鱼运动组织的合法代表。协会以促进钓鱼运动发展，活跃广大人民群众文化体育生活为宗旨。协会下设竞赛委员会、文化宣传委员会、市场及产业委员会等 9 个专业委员会。

中国钓鱼运动协会的成立标志着钓鱼被重新纳入体育运动发展的轨道，对中国钓鱼运动的发展具有里程碑式的意义。

（三）中国休闲垂钓协会

2011 年 12 月，中国休闲垂钓协会第一次全国会员代表大会暨一届一次理事会在北京召开，审议并通过了《中国休闲垂钓协会章程》、《中国休闲垂钓协会会费标准》和《中国休闲垂钓协会工作规划》，选举产生了第一届理事会。

中国休闲垂钓协会的宗旨是：协助政府主管部门制定产业发展规划，促进休闲渔业，丰富渔业经济，发展我国休闲垂钓事业及相关产业，在本行业中发挥服务、协调和管理作用，成为政府和行业之间的桥梁和纽带，为我国休闲渔业的可持续发展服务。

（四）中国休闲垂钓协会海钓分会

为深入贯彻国家海洋强国战略，从根本上转变我国休闲渔业发展方式，构建现代休闲渔业发展体系，促进渔民增收、渔村经济发展，经中国休闲垂钓协会批准，中国休闲垂钓协会决定成立我国第一个以推动海洋休

① 《民政部公布 63 个不予重新登记的全国性社团名单》，黑龙江民政信息网，http://www.hljmzt.gov.cn/zwxxgk/zwgk/ggxx/200902/t20090227_9434.htm。

闲与海钓产业发展为目的的全国性组织。2015 年 1 月 26 日，海钓分会成立大会在京召开。大会集中审议了海钓分会管理办法、海钓分会一届理事会选举办法、专家顾问委员会名单等各项议程后，选举产生了一届理事会领导机构。

海钓分会一届理事会成员来自文化、旅游、研究、游艇、海钓俱乐部、媒体、投资机构、健康、服装、钓具、钓鱼组织、垂钓基地等领域的企业和机构，初步构建了一个以赛事为龙头，以创意为核心，以产业链整合为方向，以传播为媒介，以服务为创新方式，以基地建设为核心的产业发展服务平台。

第二章 我国海钓运动的起源与发展

第一节 我国垂钓运动发展的历史沿革

一、原始社会旧石器时代：垂钓运动的起源

垂钩钓鱼属于古老的捕鱼方法之一，人类最初的生产是从采集野果和捕鱼狩猎开始的。最早的捕鱼方法是徒手捕鱼，用树木条枝抽打鱼，或用石块砸鱼，后来又出现叉鱼、射鱼、钓鱼等捕鱼方法。随着人类生产技能的提高，又发明了鱼罩、鱼梁、鱼笱和网具等捕鱼设施。人们在长期的垂钓活动中，不断总结经验，积累知识，逐渐改进和发明了垂钓工具。

我国的垂钓活动最早出现于原始社会旧石器时代，至今已有数千年的历史。陕西西安半坡出土的骨质鱼钩，距今大约6 000年，是我国发现最早的垂钓文物。此外，在全国各地的新石器时代文化中，如大汶口文化遗址、黑龙江的宁安遗址、河北省唐山市的大城山遗址、内蒙古自治区包头市的阿善遗址等，都发现了许多骨质鱼钩。这时的鱼钩主要分为倒刺式与无倒刺式两种，兽皮条和野麻绳等是早期的钓线。这说明当时内陆地区淡水水域钓鱼活动不仅十分普遍，而且已有较高的技术水平。

新石器时代晚期至夏商代，我国发明了养蚕织绸，丝线很快被应用于钓线的制作材料。从此，兽皮条和野麻绳等早期的钓线逐渐被丝质钓线取而代之。

从考古发掘以及相关文献可以看出，在原始社会旧石器时代直至夏商周，钓鱼和狩猎一样，曾经是非常重要的生产劳动，是人们获取生活资料的重要途径，是一种重要的生产技能。

二、先秦时期：垂钓成为一种休闲娱乐活动

关于垂钓活动确切的文字记载，则见于2 000多年前的诗歌总集《诗经》。[①] 在《诗经·季风》一章中，有"籊籊竹竿，以钓于淇"的诗句（淇，黄河的一条支流，位于今天的河南省北部），这表明了春秋战国时期，人们已经用细细的竹竿在江河中垂钓了。《诗经·国风》之《何彼秾矣》一诗中还有这样的诗句："其钓维何？维丝伊络。"由此得知，在古代钓鱼所用的渔线是丝线。由于丝制钓线轻软而细韧，大大提高了垂钓的灵敏度和功效，它在我国古代钓鱼活动中已被广泛采用。

商周时期是我国钓鱼史的重要发展阶段。这一时期钓鱼所用的主要钓具如钓竿、钓线、浮漂、鱼钩以及坠子等基本都已出现。1960年辽宁朝阳地区出土了一枚春秋至战国时期的石坠。出土时石坠上还粘连着一枚铜鱼钩。这是迄今我国发现最早的钓坠实物。

把钓鱼作为一种休闲娱乐活动，早在先秦时期已经出现。在先秦时期的古文献中有关钓鱼的记载，也多是从文化娱乐的角度而言的。如《列子·汤问》记载了詹何以钓鱼为事论述治国安邦之道；《孔丛子·抗志篇》记载了子思居卫期间，与钓者谈论为人之道不可贪图受禄等。不过，就文献记载考，以娱乐为主的钓鱼活动当推姜太公钓鱼为最早。

战国时期，铁器大量出现，铁质鱼钩也随着冶铁和锻打技术的不断提高而问世。1964年辽宁抚顺战国遗址出土了铁鱼钩，1982年湖北江陵战国遗址出土了铁鱼钩。此外，在河南陕县、广东徐闻等地也都出土有铁鱼钩。铁质鱼钩以其在制作和使用等许多方面的优越性取代了铜质鱼钩，在此后2 000多年的钓鱼史上占据重要位置。

三、秦汉时期：垂钓作为娱乐活动在人们的生活中逐渐普及

秦汉时期的经济发展，带来了封建文化的繁荣。桓宽《盐铁论·刺权》中说，西汉社会承平日久，"贵人之家，临渊钓鱼，放犬走兔，隆材鼎力，蹋鞠斗鸡"。汉严忌《哀时命》："下垂钓于溪谷兮，上要求于仙者。"可见，垂钓作为一项娱乐活动也逐渐在人们的生活中普及起来。考

---

① 冯国超：《中国传统体育》，北京：首都师范大学出版社，2007年4月。

古发现的汉代画像石图案中，很多题材是反映当时社会生活的，其中也有很多图案是反映钓鱼活动的。如山东滕县马王汉墓出土的画像石钓鱼图。画面上，垂钓者正在起钓竿，把上钩的一条大鱼提出水来。

在广泛开展钓鱼活动的基础上，汉代钓鱼技术已有新的进步。西汉时成书的《淮南子》一书中，记有一种利用谷壳浸水加热后拌以昆虫油脂等配料、再经发酵而制成的诱饵集鱼的方法，很类似现代钓鱼时常用的“撒饵作窝”方法。[①]

东汉王充《论衡》一书中记有当时发明的一项诱鱼新技术——把利用鱼类色感灵敏的特性研制的涂有红漆的木鱼模型放入水中，其随水流而浮动，以此来招引鱼类摄食。这种方法很类似于当今的模拟饵钓法。

三国魏晋南北朝时期，由于社会的动荡以及朝代更替的频繁，使钓鱼活动受到了一定的影响。但是这项活动并没有因此而间断，很多志士文人仍操竿于江河之滨，寄情于湖海之畔。如魏文帝曹丕，晋代潘尼、潘岳，南朝的沈约、刘孝威、阴铿、张正见等著名人士都喜爱钓鱼，并且写出很多以钓鱼为题材的优秀诗篇。

四、隋唐时期：钓鱼制作技术上有了新的突破

隋唐时期，封建文化日趋繁荣。钓鱼活动也作为当时人们文化生活的一个方面而开始活跃起来，并在钓鱼制作技术上有了新的突破。据研究，唐代已经发明了轮竿，当时称之为“钓车”，陆龟蒙在《渔具诗》中特别描述了日夜里使用轮竿钓鱼的情景。轮竿的发明在古代钓鱼史上具有重要意义，距今已有1 000多年的历史了。

代表高度文学艺术水平的唐诗中，有很多以钓鱼为题材的佳作。比如自号“烟波钓徒”的张志和写了《渔歌子》：“西塞山前白鹭飞，桃花流水鳜鱼肥。青箬笠，绿蓑衣，斜风细雨不须归。”著名诗人柳宗元作《江雪》诗：“千山鸟飞绝，万径人踪灭。孤舟蓑笠翁，独钓寒江雪。”此外，储光羲、沈佺期、杜甫等很多诗人都留下了许多不朽之作。可见，在唐代钓鱼这项娱乐活动不仅被志士文人所青睐，而且为众多的人们所喜爱。

① 冯国超：《中国传统体育》，北京：首都师范大学出版社，2007年4月。

五、宋代：钓鱼活动和垂钓术全面发展

北宋时期钓鱼活动开展得最为活跃。都城汴京（今河南开封）是当时政治、经济和文化的中心，宦慰曾开设金明池和琼林苑为收费钓鱼场，并且设置了专门出售钓鱼牌的机构——池苑所，这可能是有据可考的我国最早的售票钓场。

河北出土的钓龟纹瓷枕上，有一儿童弓身立于岸边执竿垂钓，水中三条栩栩如生的小鱼正在争吞钓饵。这件宋代钓鱼纹瓷枕不仅是瓷器史上的代表作之一，而且也是钓鱼史上一件难得的稀世珍宝。①

宋代大量的有关钓鱼的绘画，瓷器图案以及文献记载，突出地反映了这一时期钓鱼活动和垂钓技术的全面发展。

宋代发明了一种制作钓线的新技术。庄季裕《鸡肋篇》记载："汉水渔者，取蚕肠以作钓丝。云：虽挂千介亦不断。"据研究，这种钓丝是利用醋酸对蚕体进行化学处理后，剥出丝囊再经拉抻和干燥处理而制成的。据说这种方法在近代的湖北、福建和四川一带还有人使用。

宋代邵雍作《渔樵问答》一篇，记述了当时的钓鱼活动，并对钓钩、钓坠、钓饵、钓浮、钓线和钓竿等主要钓具作了记述。可见，至少在宋代，钓浮已经出现了。

六、元明清时期：钓鱼活动更加丰富多彩

元明清时期是我国钓鱼史上继往开来的时期。在两宋的基础上，明清时期的钓鱼活动更为普遍。不仅文人雅士喜好钓鱼，很多妇女儿童也都加入了钓鱼的行列。清代吴友如的《妇女钓鱼图》和《稚子作钓钩图》，再现了当时丰富多彩的钓鱼活动。

七、新中国成立以后：钓鱼运动被列为体育项目

为了进一步提高人们的竞技水平，让所有的人都热爱上这种高尚的休闲保健活动，钓鱼比赛便走上了历史舞台。国家体委根据广大群众的心愿和垂钓的体育娱乐特点，在 1980 年批准成立了第一家地方性的钓鱼协会

① 中国钓鱼协会：《钓鱼指南丛书·综合篇》，北京：人民体育出版社，1988 年 2 月。

——无锡市钓鱼协会。1983 年 9 月，由国家体委牵头，经中华全国体育总会批准，在无锡市正式成立了中国钓鱼协会，国家体委决定将钓鱼活动列入体育项目。

钓鱼运动在被列为中国正式开展的体育项目过程中，先后经历了国家体委管理、农业部代管、国家体育总局社会体育指导中心直管三个不同的历史阶段。1992 年，中国钓鱼协会成立，是我国第一个走市场化道路的协会，但由于种种原因，中国钓鱼协会在 2003 年被民政部注销。

2012 年 1 月，中国钓鱼运动协会成立大会暨中国钓鱼运动协会成立，标志着钓鱼运动在经过国家体委管理、农业部代管之后，重新被纳入体育运动轨道，成为国家体育总局社会体育指导中心直接管理的体育运动。中国钓鱼运动协会成立大会还举行了“全国竞钓大师授牌仪式”，中国钓鱼运动协会授予首批 36 名顶级优秀钓鱼运动员“全国竞钓大师”等级称号，迈出了竞技钓鱼运动员等级制度管理和人才队伍建设的坚实一步。

第二节　我国海钓业的发展历程

我国海钓业的发展经历了萌芽、起步、初步发展、逐步壮大等阶段。20 世纪 90 年代初，我国开始加入亚细亚钓鱼联盟，并派员参加国际海钓比赛，我国海钓业发展开始萌芽。20 世纪 90 年代末，全国第一家海洋游钓俱乐部成立，标志我国海钓业发展开始起步。2005 年，浙江舟山“2005 亚细亚国际友好矶钓大会”把海钓俱乐部的经营机制直接推向游钓市场，标志我国海钓业进入初步发展阶段。2008 年 10 月，“第 11 届大连（长海）国际海钓节”确立了我国近阶段海钓产业化发展的方向，我国海钓业发展逐步壮大。2011 年以后，随着中国钓鱼运动协会、中国休闲垂钓协会等机构的成立以及相关行业标准的完善，我国海钓业发展逐步进入新的阶段。

一、我国海钓业的萌芽

（一）新中国成立到 20 世纪 90 年代我国钓鱼活动的发展

相对于海钓，淡水池钓和库钓在国内的发展要早得多。根据《钓鱼》杂志记载，江苏无锡胜达渔具店于 1963 年组织的比赛是我国现代钓鱼史上的第一次平民钓鱼比赛。“文化大革命”开始以后，我国的钓鱼活动大多被迫转入“地下”。[①]党的十一届三中全会以后，民间和官方组织的钓鱼活动开始恢复。1980年秋，日本一旅游团在无锡开展钓鱼活动时，向我方人员介绍了日本的钓鱼社团、钓鱼文化和钓具等知识。受其影响，1980年12月，无锡市钓鱼协会成立，并于次年春季举办了正式钓鱼比赛，这是我国历史上第一次由协会举办的正式钓鱼比赛。[②] 1983年9月，全国首届个人钓鱼邀请赛在无锡举行。1983年9月8日，中国钓鱼协会成立。从1983年成立到2003年，中国钓鱼协会存在了20年，其间共举行了18届全国钓鱼比赛。从20世纪90年代初开始，民间自发的钓鱼俱乐部出现。据不完全统计，截至1996年年底，全国已有2 000多个钓鱼俱乐部。

（二）20世纪90年代我国海钓运动的萌芽

1991年6月，由日本、韩国、我国台湾地区等钓友在日本共同发起成立亚细亚钓鱼联盟，倡导爱护鱼类资源、保护环境卫生、促进世界和平、钓鱼无国界等理念。亚细亚钓鱼联盟以钓鱼交友，每年由各个国家、地区轮流主办，邀请各会员国、地区参加一年一度的国际友好钓鱼盛会。我国大陆于1992年申请加入该联盟，并于1993年5月正式派员赴日本参加比赛，后又派员到台湾澎湖、韩国丽水等地进行观摩比赛或组团参赛。[③] 亚细亚钓鱼联盟的比赛以海钓为主，这是我国参加国际海钓赛事的最早记载。

1998年9月，第二届中国投资贸易洽谈会在厦门举行，“98金龙杯”厦门海峡两岸首届名人钓鱼邀请赛于9月6日在凯歌高尔夫球俱乐部拉开帷幕。此项赛事由中国钓鱼协会、厦门市钓鱼协会、厦门亚太经济文化促进会联合主办，《中国钓鱼》杂志、《海峡体育报》财团法人长城文教基金会协办，海峡两岸共有28个队参赛。海钓比赛于9月7日在金厦海域举行，组委会共动用船只42艘。同时，9月9日在同安的五显钓鱼台举行了淡水钓比赛。9月10日，在厦门体育宾馆和福联大饭店分别举行了“两岸钓鱼技术研讨会”和“两岸钓具发展研讨会”，为两岸钓鱼、钓具界提供了交流的机会。研讨会上，两岸钓具企业家们达成了“成立两岸钓具企业

① 张炎冰：《风风雨雨 钓赛传奇40年》，《钓鱼》2007年第24期，第26—27页。
② 张炎冰：《风风雨雨 钓赛传奇40年之三》，《钓鱼》2007年第20期，第34—35页。
③ 陈平南：《做好准备，迎接2001年亚洲国际友好钓鱼大赛》，《中国钓鱼》2001年第7期，第22—23页。

家联谊会意向书”。[1]此为20世纪90年代我国举办的较大规模的海钓赛事，并就钓鱼技术、钓具发展等举办了研讨会，标志我国海钓产业开始萌芽。

二、我国海钓业的起步

（一）2000年中国首个海钓产业发展研讨会召开

2000年4月30日，中国海钓产业发展研讨会在珠海市举行。此次中国海钓产业发展研讨会成为中国钓鱼界与钓具界的聚焦。参加会议的有中国钓鱼协会副主席、中国钓鱼协会副秘书长、中国文体协会钓具分会会长以及来自全国各著名的钓具企业等数十人。会议的时间虽然只有短暂的两天，但却掀开了中国海钓产业的第一页。这次会议后，珠海成立了全国第一家海洋游钓俱乐部，并决定2001年由珠海市政府承接亚洲矶钓友好大会。

中国海钓产业发展研讨会是中国钓鱼运动史上具有里程碑意义的会议，它第一次从海洋经济的新高度、新视角来俯瞰中国海钓，把海钓当作一项新兴产业，当作一盘全新的市场蛋糕。此次中国海钓产业发展研讨会，是国内有史以来首次举办的海钓产业发展研讨会，吹响了珠海市发展海钓经济的第一声螺号，也掀开了中国海钓产业起步的第一页。

为了迎接2001年亚洲国际友好钓鱼大赛，提高我国海水矶钓技术水平，中国钓鱼协会定于2001年4月8—12日在广东省珠海市举办海钓技术培训班，这次海钓技术培训班聘请了富有经验的韩国钓手讲解海钓技术、海钓比赛规则等，参加培训的学员包括来自山东、辽宁、北京、浙江、福建、广东等地钓鱼爱好者。

（二）2001年亚细亚国际矶钓友好大会的举办

2001年11月，亚细亚钓鱼联盟、珠海市政府、中国钓鱼协会共同主办的2001年亚细亚国际矶钓友好大会在珠海方山群岛海域举行，来自日本、韩国及我国大陆地区、台、港、澳地区的103名矶钓高手们参加了比赛。11月17日，参赛钓手由主办单位特别安排的大型、安全舒适的交通船搭载到钓场附近海域，再以小船渡礁上岸，到各个岛屿进行岸上矶钓比

① 张唯、曾鸣：《昔日硝烟，今朝钓鱼忙》，《两岸关系月刊》1999年2月总第20期，第47—58页。

赛，以浮钓法或沉底钓法进行。这次大赛赛程为两天，全部为矶钓，以钓黑鲷鱼单尾重、钓综合鱼单尾重计成绩。18 日当晚，气氛热烈的闭幕式上，中国钓鱼协会肖鹏主席、小西和人会长、珠海市政府的领导、中钓协李万禄秘书长、韩国西归浦钓鱼联合会张泰顺会长、台湾钓协陈平南秘书长等领导和亚钓联成员代表为获奖钓手们颁奖。这次海钓盛世，是第一次在中国大陆举办的亚洲矶钓友好大会，增进了亚洲各国和地区钓鱼爱好者的友情，共同提高了钓鱼水平。

三、我国海钓业的初步发展

2004 年 4 月，由亚钓联中国理事王者兴先生发起，在浙江舟山举行了海峡两岸四地“海钓产业推进研讨会”，针对我国海钓产业现行存在的体制与机制问题，经过了全国性的企业与机构的艰难磨合，它的直接成果是促成了“2005 亚细亚国际友好矶钓大会”在舟山的举办，并且把海钓俱乐部的经营机制直接推向了游钓市场。①

2005 年 10 月 8—12 日，“2005 亚细亚国际友好矶钓大会”在浙江舟山群岛举行。本次比赛由亚细亚钓鱼联盟、舟山市人民政府共同主办，舟山市旅游局、舟山市体育局、舟山市普陀区人民政府、浙江大洋海钓俱乐部具体承办。10 月 8 日晚，举行了简短而又隆重的开幕式。舟山市副市长、亚细亚钓鱼联盟议长、亚细亚钓鱼联盟原会长小西和人先生致辞。来自日本、韩国、中国大陆及港台约 50 名海钓高手交流竞技。经过激烈的酣战，占尽天时、地利、人和的中国钓手掠金夺银，势如破竹，威震亚细亚钓赛。②

2005 年 10 月 11 日，“2005 亚细亚国际友好矶钓大会、沿海城市游钓产业发展研讨会”在舟山举行。来自政府相关部门的领导和社会各界的专家、学者以及新闻媒体的记者计 30 余人汇聚一堂，共同为促进我国沿海城市游钓产业的发展献计献策，摸索和寻求发展之路。经过深入研讨，与会人员达成共识，对沿海城市游钓产业发展提出了四条建议：一是要加强对海（游）钓产业的领导；二是要加大海洋生态保护力度，通过设立海洋

---

① 王依欣：《中国海钓的产业化之路》，《中国渔业经济》2009 年第 2 期，第 99—100 页。

② 张莉：《美丽舟山精彩钓赛 2005 亚细亚国际友好钓鱼大会获得圆满成功》，《钓鱼》2005 年第 21 期。

特别保护区或海钓示范区等途径，把海钓与休闲渔业旅游结合起来，通过试点引导渔民转产转业，推出“吃在渔家、住在渔村、玩在海边、钓在船上”的海上体验旅游；三是改进管理方式，加快海钓基地建设步伐，强化相关管理部门的服务意识，特别是要把安全工作列入海（游）钓业经营活动的重要内容；四是打造海洋旅游新品牌，建议将“海钓节”列入舟山市政府重大节庆行列，真正建立政府主导、市场运作的节庆运作机制，让“舟山群岛，海钓天堂”在国内外赢得更多的声誉和美誉。①

四、我国海钓业的逐步壮大

（一）第11届大连（长海）国际海钓节的举办

2008年，全国各地海钓活动此起彼伏，中国象山国际海钓节、长山岛全国海钓锦标赛、洞头国际矶钓名人邀请赛、青岛友好城市邀请赛、舟山国际海钓邀请赛暨全国海钓锦标赛、珠海国际海钓邀请赛等海钓节庆活动风风火火，参加国内海钓活动的人口增速明显，海钓活动发展速度加快。2008年10月，在大连市长海县举行的第11届大连（长海）国际海钓节上，召开了我国海钓产业化提升的第三次论坛会议，确立了我国近阶段海钓产业化发展的基调，赋予了我国海钓产业现阶段新的内涵。会议认为，规范化、规模化的海钓基地建设将是推动海钓产业化发展的重要平台，产业经济由行业联合将逐步走向区域合作和利益集团化，从而指明了当前海钓产业发展的方向。

（二）中国钓鱼运动协会、中国休闲垂钓协会的成立

2011年8月，经国务院批准，中国钓鱼运动协会、中国休闲垂钓协会同时获准成立。

2012年1月9日，中国钓鱼运动协会在北京奥林匹克体育中心成立。中国钓鱼运动协会是经国务院同意，民政部批准成立，接受国家体育总局和民政部登记管理机关的业务指导和监督管理的全国性、非营利性社会团体，是代表中华人民共和国参加相应国际钓鱼运动组织的合法代表。协会以促进钓鱼运动发展，活跃广大人民群众文化体育生活为宗旨。协会下设

---

① 张莉：《沿海城市游钓产业发展研讨会纪要》，《钓鱼》2005年第22期，第6—7页。

竞赛委员会、文化宣传委员会、市场及产业委员会等 9 个专业委员会。中国钓鱼运动协会的成立标志着钓鱼被重新纳入体育运动发展的轨道，对中国钓鱼运动的发展具有里程碑式的意义。

成立后的中国钓鱼运动协会，将在大力加强协会自身组织建设的基础上，倡导绿色环保理念，着力发挥竞技钓鱼运动对钓鱼行业、技术发展进步的引领与带动作用，通过加强制定钓鱼行业的规则、打造高水平的竞赛品牌、施行严格且合理的裁判员运动员等级管理办法，开展高水准国际交流等举措，推动钓鱼运动的制度建设和标准化建设，不断丰富钓鱼文化建设，进而全方位引领提升钓鱼运动品质，促进全民健身运动开展，服务于体育强国建设与和谐社会的构建。

中国休闲垂钓协会是由从事休闲渔业、垂钓产业的企（事）业单位、民间组织和垂钓爱好者自愿结成的非营利性具有法人资格的全国性社会团体。于 2011 年 8 月 19 日经国务院批准，2012 年 4 月经民政部核准登记成立，2011 年 12 月 23 日，中国休闲垂钓协会成立大会在北京举行。接受农业部和民政部的业务指导和监督管理。

协会的宗旨：遵守宪法、法律、法规和国家政策，遵守社会道德风尚，代表和维护会员的合法权益，开展活动，为会员服务，为行业服务，为政府服务。在政府和会员之间发挥桥梁和纽带作用，促进我国休闲渔业持续、快速、健康发展。

主要职责：协助政府主管部门制定休闲渔业产业发展规划，调查研究休闲渔业发展动态和相关问题，为政府决策提供依据；开展各类休闲垂钓活动，促进休闲渔村、渔港建设；打造休闲渔业品牌，组织专家开展垂钓基地、休闲渔业示范乡（村）的评选，制定钓具产业有关标准；宣传垂钓与渔文化，办好休闲垂钓杂志和网站，组织举办钓技交流、钓具展览等活动；开展对外交流与合作，组织参与国际性的垂钓活动；发挥产业整体优势，协调指导各分会、工作委员会开展工作。

（三）2011 年中国国际海洋休闲体育高层峰会的举行

2011 年 10 月 17 日，在国家体育总局社体中心、求是《小康》杂志社、北京大学中国区域经济研究中心共同主办的“中国国际海洋休闲体育高层峰会”论坛上正式启动了世界钓鱼运动大会的官方网站，这标志着风靡世界的这项国际海钓 A 类赛事正式落户中国。

世界钓鱼运动大会是由国家体育总局社体中心联合国际钓鱼运动协会主办，由国际钓鱼运动协会认证的国际 A 类赛事，是与 F1、网球大师杯、美洲杯帆船赛等顶级赛事同等类别的国际大赛，在世界上拥有较高的知名度和影响力。它是汇集海洋经济、休闲旅游、国际体育、文化产业、经济贸易等诸多热点要素，兼竞技性、娱乐性于一体的综合盛会。将为举办城市的旅游、休闲娱乐、渔具贸易、渔业发展等行业带来巨大的经济效益，被誉为钓鱼界的奥运会。

（四）中国首次以官方的身份参加国际 A 类海钓大赛

2011 年 7 月，第 52 届夏威夷国际海钓大赛（HIBT）在美国夏威夷举行，本次大赛共有 25 个国家和地区的 200 多名选手参赛。段全城、孙浙东等选手代表中国队参加本次比赛，这也是中国首次以官方的身份参加国际 A 类海钓大赛。①

五、我国海钓业发展的新阶段（2012 年以后）

这一阶段的特征主要表现在以下几个方面。

（一）鱼饵、钓鱼竞赛用品等相关行业标准相继出台

2013 年 7 月，由中国休闲垂钓协会主办的“钓饵行业标准研讨会”在京召开，会议起草完成《垂钓用鱼饵行业标准（征求意见稿）》。2013 年 11 月，国家体育总局社会体育指导中心和中国钓鱼运动协会在京联合召开“《中国竞技钓鱼竞赛用品标准》起草筹备会”，邀请业界 41 家知名钓具企业与会。2014 年，国内钓具产业标准化建设迈出可贵的一步。

2015 年，由中国休闲垂钓协会联合 8 家相关渔具企业共同发起起草的《人工钓饵》标准，通过专家审定。2 月 9 日，农业部以公告（第 2227 号）的形式批准发布《人工钓饵》为中华人民共和国农业行业标准，自 2015 年 5 月 1 日起实施。《人工钓饵》标准的实施，有助于规范钓饵企业生产，促进正当竞争，确保钓饵产品的质量和安全，提升产业整体水平和竞争力。对保护人身健康、水域环境和渔业资源，实现钓饵产业有序、健康、可持续发展具有重大意义。

---

① 王依欣：《中国海钓的产业化之路》，《中国渔业经济》2009 年第 2 期，第 99—100 页。

（二）我国海钓赛事的宣传、培训和标准化建设力度加大

2013年，中国钓鱼运动协会进一步对全国海钓锦标赛加强规范化建设，结合不同地域与鱼情，严谨评估安全隐患，融入不同赛制，并着重海钓赛事的形象包装及赛事规范化，培养优秀裁判团队。

在2013年的全国钓鱼工作会议上，中国钓协在国家体育总局和社体中心的指导下，围绕“美丽中国”这一主题，进一步助力地方休闲观光旅游、生产方式转型、城市名片打造、休闲农业渔业增值。协会将在着力自身组织建设、完善管理运作机制的同时，继续巩固与发展体现中国特有竞技垂钓技术的淡水竞赛活动，并加大库钓、湖钓、江钓、游钓、海钓等与自然环境紧密结合的垂钓项目的开展。中国钓协将侧重钓鱼运动项目的全方位宣传推广工作，尝试赛事活动进行跨界合作运营，促进项目快速、富有生命力的持续发展。同年，中国钓协举办了国家级裁判员培训班、加强钓鱼赛事人才队伍建设，举办第二次大师颁发证书仪式、举办大师晋级赛，并着力指导、审查、推动全国钓鱼竞赛训练基地的建设，命名一批优质的“全国钓鱼竞赛训练基地”。

（三）中国休闲垂钓协会海钓分会成立

为深入贯彻国家海洋强国战略，从根本上转变我国休闲渔业发展方式，构建现代休闲渔业发展体系，促进渔民增收、渔村经济发展，经中国休闲垂钓协会批准，决定成立我国第一个以推动海洋休闲与海钓产业发展为目的的全国性组织。

2015年1月26日，中国休闲垂钓协会海钓分会成立大会在北京召开，来自从事海钓相关产业的50多位理事会候选人及业内专家参加了本次会议。会上，中国休闲垂钓协会宣布了成立海钓分会的决定，讨论并通过了中国休闲垂钓协会海钓分会管理办法和会费标准及使用管理办法等议案，选举组建了协会理事会。海钓分会一届理事会成员来自文化、旅游、研究、游艇、海钓俱乐部、媒体、投资机构、健康、服装、钓具、钓鱼组织、垂钓基地等领域的企业和机构。

中国休闲垂钓协会海钓分会的成立，构建了一个以赛事为龙头，以创意为核心，以产业链整合为方向，以传播为媒介，以服务为创新方式，以基地建设为核心的产业发展服务平台，标志着我国海钓产业发展迈上一个新的台阶。

第三章　我国发展海钓业的优势、现状和对策

第一节　我国发展海钓业的优势与意义

一、我国发展海钓业的基础和优势

（一）我国海域辽阔，渔业资源丰富

我国地处北温带和亚热带，海域辽阔，有海岸线18 000多千米，海域面积达300万平方千米，拥有面积大于500平方米的海岛7 300多个，小于500平方米的海岛有上万个。我国拥有丰富的海洋资源，管辖海域内有海洋渔场280万平方千米，20米以内浅海面积2.4亿亩[①]，海水可养殖面积260万公顷；已经养殖的面积71万公顷。浅海滩涂可养殖面积242万公顷，已经养殖的面积55万公顷。[②]

我国黄海、东海、南海和渤海等海域都蕴藏着丰富的渔业资源，黄、渤海区的鱼类有291种，东海大陆架海区的鱼类有727种，南海北部大陆架海域的鱼类有1 064种。[③] 海南三亚、浙江沿海、广西北部湾、广东沿海以及北方的渤海湾等地区有许多天然的海钓区域和钓点，拥有鲷类、石首鱼科、石斑科、鲉科、龙虾等珍贵钓品，适宜海洋休闲旅游的季节较长，尤其是东南沿海适合海上休闲娱乐鱼钓期长达8~9个月，具有开展海钓活动得天独厚的条件和优势。

（二）我国垂钓文化历史悠久，海钓爱好者不断增加

我国垂钓文化历史悠久，开展垂钓活动由来已久，当今钓鱼运动在全

① 亩为非法定计量单位，1亩=0.066 7公顷，下同。
② 国家海洋局：《全国海岛保护规划》，2012年4月。
③ 国家海洋局：《2014年中国海洋经济统计公报》，2014年3月。

国范围拥有深厚的群众基础和庞大的爱好者群体。

随着社会经济的发展，人们休闲时间增多，对休闲娱乐方式的需求呈多方位发展，走向大海、走进渔村、跨上游船进行海洋休闲垂钓，已成为一些城镇居民个人休闲生活的重要内容。据不完全统计，目前全国钓鱼爱好者有9 000万人，全国各地各类钓鱼比赛活动总参与人数突破50万人次。[①] 为满足这些以海为伴、以钓为乐的海钓爱好者，近年来全国沿海城市建立了经营海钓业的俱乐部超过400家。我国海钓运动虽然兴起时间不长，但发展非常迅猛，由业余活动上升为专业比赛，由自发式钓鱼发展到现在的专业俱乐部运作，充分体现了它强盛的生命力。目前国内的海钓发展与国际上发达国家依然有一定距离，但我国海钓产业发展潜力巨大。

（三）我国已经确立建设海洋强国的战略目标

我国已经确立建设海洋强国的战略目标，海洋经济是未来中国经济增长的新增长点。现代海洋经济主要包括海洋渔业、海洋交通运输业、海洋船舶工业、海盐业、海洋油气业、滨海旅游业等。国家海洋局发布的《2014年中国海洋经济统计公报》显示，2014年全国海洋生产总值59 936亿元，比上年增长7.7%，海洋生产总值占国内生产总值的9.4%。我国海洋产业在总体保持稳步增长的同时，在总量上受国内外经济的影响有所放缓，现在的发展重点是转变经济发展方式和调整海洋经济发展结构，一二三产业的结构在进一步的调整和优化之中，二产所占比重略有降低，三产比重略有提高，特别是滨海旅游继续保持较快发展态势，邮轮游艇等新兴旅游业态发展迅速。据统计，2014年，我国滨海旅游全年实现增加值8 882亿元，比上年增长12.1%。[②] 这说明我国的海洋经济结构正在进一步完善。

（四）海洋旅游、休闲渔业等相关产业发展迅速

1. 海洋旅游发展迅速

旅游业因其兼具经济和社会功能、资源消耗低、带动系数大、就业机会多、综合效益好等特点而被誉为“朝阳产业”。2009年12月国务院发布

① 首届中国品牌渔具博览：《中国钓鱼爱好者近九千万》，人民网，http：//sports. people. com. cn/n/2013/1112/c22176－23517970. html。

② 国家海洋局：《2014年中国海洋经济统计公报》，2014年3月。

的《关于加快发展旅游业的意见》明确提出，要把旅游业培育成国民经济的战略性支柱产业和人民群众更加满意的现代服务业，要加快由世界旅游大国向世界旅游强国迈进的步伐。

中国沿海地带跨越热带、亚热带、温带3个气候带，具备“阳光、沙滩、海水、空气、绿色”5个旅游资源基本要素，旅游资源种类繁多，数量丰富。据初步调查，中国有海滨旅游景点1 500多处，滨海沙滩100多处，其中最重要的是由国务院公布的16个国家历史文化名城，25处国家重点风景名胜区，130处全国重点文物保护单位，以及5处国家海洋、海岸带自然保护区。按资源类型分，共有273处主要景点，其中有45处海岸景点、15处最主要的岛屿景点、8处奇特景点，19处比较重要的生态景点、5处海底景点、62处比较著名的山岳景点以及119处比较有名的人文景点。[①] 据统计，2014年，我国滨海旅游全年实现增加值8 882亿元，比上年增长12.1%。[②]

海洋旅游作为旅游的重要形式，因能给旅游者以远离城市喧嚣和回归自然的心理感受而越来越受到游客的青睐，成为世界旅游市场中长盛不衰的热点。大力发展海洋旅游，是发展沿海地区海洋经济、优化产业结构、促进就业的重要选择。尤其是我国实行五天工作制，法定节假日也有着增加的趋势，庞大的消费群体已经具备了休闲的时间和条件，这些都为发展休闲渔业和渔民增收提供了广阔的市场和巨大的商机。

2. 休闲渔业发展前景良好

休闲渔业是因顺应民众休闲消费、渔业资源养护及渔民安置工程需要而开拓出来的一条新路子，是对渔业资源的综合利用，实现渔业产业结构调整、渔业振兴和渔民增收的战略选择。加快发展休闲渔业，对加快培植新的经济增长点、优化产业结构、促进渔业经济的可持续发展，具有重要的战略意义。[③] 20世纪90年代初以来，我国休闲渔业的兴起为渔民转产转业、增收致富发挥了重要作用。

2013年《国务院关于促进海洋渔业持续健康发展的若干意见》（国发

---

① 国家海洋局：《全国海岛保护规划》，2012年4月。

② 国家海洋局：《2014年中国海洋经济统计公报》，2014年3月。

③ 王琛、包特力、根白乙：《我国休闲渔业发展研究综述》，《黑龙江水产》2009年第1期，第35—37页。

〔2013〕11 号）提出，要切实促进捕捞渔民转产转业。编制捕捞渔民转产转业规划，加大转产转业政策扶持力度，调动渔民减船转产积极性。支持发展海水养殖、海水产品加工和休闲渔业，延长产业链，提高渔业效益，拓宽渔民转产转业和增收渠道。落实相关就业创业扶持政策，加强渔民职业技能培训，鼓励用人单位积极吸纳渔民就业。

3. 体育产业黄金时代即将来临

2014 年 10 月，国务院印发了《关于加快发展体育产业促进体育消费的若干意见》（以下简称《意见》），提出了要把全民健身上升为国家战略，把增强人民体质、提高健康水平作为根本目标，把体育产业作为绿色产业、朝阳产业进行扶持，力争到 2025 年，体育产业成为推动经济社会持续发展的重要力量。《意见》还提出要发展健身休闲项目，大力支持发展健身跑、健步走、自行车、水上运动、登山攀岩、射击射箭、马术、航空、极限运动等群众喜闻乐见和有发展空间的项目。①

4. 中国已成为世界上最大的钓具生产国

钓具、饵料行业是海钓产业的重要组成部分。中国钓具产业从 20 世纪 80 年代起步，现已成为世界上最大的钓具生产国，据不完全统计，我国钓具生产量（只包括钓鱼竿、渔线轮、钓鱼钩和抄网等其他用具）超过全球钓具市场的 80%，年出口值近 10 亿美元。② 但总的来说，我国钓具在开发、制造、外观、适用性、舒适性及环境适应性方面与世界先进水平仍存在差距，产品缺乏自主创新技术，研发力量和研发水平仍显不足。

5. 游艇消费市场不断壮大

游艇产业是一个融合制造业和服务业互动发展的体系，是一个包含游艇制造、游艇俱乐部的服务、与游艇相关的度假休闲及各种商务活动的完整的产业链。进入 21 世纪以后，奥帆赛和世帆赛后的余热、《国务院关于推进海南国际旅游岛建设发展的若干意见》、《国民旅游休闲纲要（2013—2020 年）》以及大力发展海洋经济等政策的出台，特别是近年来在我国陆

① 国务院：《关于加快发展体育产业促进体育消费的若干意见》（〔2014〕46 号），2014 年 10 月。

② 侍玮、辛燕飞、钱伟等：《渔具行业未来发展前景研究》，《市场周刊》2015 年第 1 期，第 37—39 页。

续举办的国际游艇展及游艇论坛，将我国游艇业的发展推上了高点。游艇作为高端消费品逐渐被高收入人群所接受，游艇消费热情不断高涨，游艇消费市场初见端倪。随着国民生活水平的不断提高，游艇这种高端的消费产品势必会进入越来越多民众的生活，游艇帆船成为当前最具活力和发展潜力的新兴产业之一。

二、我国发展海钓业的意义

（一）有利于发展体育事业和产业，促进全民健身

自古以来，垂钓就是一种高雅的体育健身活动。海钓活动使人们活动于空气清新、风景秀丽的海滨与海洋，更可以放松人的肌体功能，陶冶人的情操，预防和治疗疾病，达到强身健体、延年增寿之功效。现代科学研究表明，海洋环境空气中含有大量带负电符的负离子，当人体吸入负离子之后，可使体内的血红蛋白及钾、钠、镁等正离子结合，使血液中的氧以及携带的营养物质增多，人就会倍感舒服，精力充沛。经科学测定，城市居室每立方米空气仅含负离子40～50个，室外也只有100～200个，而海滨地区却高达2万个，高于城市的数百倍，而这些负离子的气体分压越高，进入肌体的溶解度就越大，血液中的氧合血色就越多，使人的肌体功能得以改善，从而耳聪目明、思维敏锐、手脚灵便。[①] 从表面上看，海钓活动大量消磨时间，但实际上是养精蓄锐，有利于促进身心健康。

（二）有利于带动海洋休闲旅游等相关产业的发展，提高海洋旅游产品档次

随着社会经济和旅游事业的发展，我国海洋休闲旅游近年来发展较快，海洋旅游业已经成为沿海地区国民经济发展新的增长点，但同时我国的海洋旅游开发也存在产品层次较低、海洋文化内涵挖掘不够、休闲度假产品和参与性活动少、对游客吸引度不够等问题。而海钓休闲作为海洋休闲的一种重要形式，参与性和竞技性强，游客逗留时间长，重复率高，是观光型旅游向体验型、竞技型旅游转变的有效形式，是丰富海洋旅游内涵、提高海洋旅游档次的一个重要手段。沿海地区充分利用当地的渔业资

---

① 李舒云：《温州海钓休闲中心可行性研究》，《经营管理者》2009年第9期，第27—28页。

源和资源优势，通过开发海钓产品，举办一些海钓国际国内比赛活动，能够更加有利于宣传沿海地区的海洋资源，提升地区知名度，以吸引更多的国内外游客来休闲度假，可以整合利用多种资源，带动渔具饵料、餐饮、酒店经济、购物消费、游艇经济、海景房产经济等相关产业的发展，从而形成一个包含“吃、住、行、游、购、娱”在内的海洋休闲产业链，对促进地方经济的发展具有十分重要的作用。

（三）有利于调整渔业经济结构，发展休闲渔业

海钓活动作为休闲渔业的重要形式，不仅开发了一项对游客具有吸引力的海洋旅游产品，也开辟了海洋休闲渔业发展的新领域，对渔业经济结构调整和渔民转产转业有积极的推动作用。目前，随着世界海钓业的不断发展，海钓职业化已经成为海洋休闲运动的一种趋势，许多国家已经拥有一批职业化的导钓员以及许多经过专门培训的专业人员在从事海钓服务、接待等工作。在我国部分沿海地区，因渔业资源枯竭，一些“失海”渔民面临转产转业的压力。在这些地区大力发展海钓业，通过引导和组织部分渔民发展休闲渔业，从事海钓服务、接待、导钓等工作，不失为解决渔民就业问题的一条有效途径。

（四）有利于促进游艇、钓具、饵料等行业的发展

加快海钓业的发展，有利于推动我国钓具行业的产业结构调整，促进产业优化升级，加大技术创新和产品升级力度。我国沿海主要城市在政府政策的大力扶持下，游艇产业链正在不断发展完善。海钓运动作为游艇的重要消费载体，一方面，游艇消费业将带动游艇码头、游艇运输、游艇休闲旅游、水上娱乐、餐饮服务业等一大批相关行业的迅猛发展，成为未来新的经济增长点；另一方面，海钓休闲运动的普及和发展，也势必促进我国游艇市场的消费和游艇产业的完善。

（五）有利于保护渔业资源，促进海洋生态平衡

2013 年《国务院关于促进海洋渔业持续健康发展的若干意见》（国发〔2013〕11 号）提出，要大力加强渔业资源保护，严格执行海洋伏季休渔制度，积极完善捕捞业准入制度，严格控制近海捕捞强度，建设一批水生生物自然保护区和水产种质资源保护区，严厉打击非法捕捞、经营、运输水生野生动植物及其产品的行为，完善海洋渔船管理制度，逐步减少渔船

数量和功率总量，发展海洋牧场，加强人工鱼礁投放，加大渔业资源增殖放流力度。

随着我国近些年海洋资源生态环境的日益恶化，狂捞滥捕已超过了海洋资源的再生能力，鱼类资源已开始小型化和低龄化，导致我国沿海渔民正面临着无鱼可捕、无钱可赚的窘境。我国海洋环境不断受到无选择性的捕鱼方式（如三层网、炸药、高压电网、污染、拖网等）的破坏，鱼量急速下降，种类日渐减少。

与传统的海洋产业相比，海钓旅游项目消耗水产资源少，可以说是“资源节约型、环境友好型”的朝阳产业。海钓以渔业资源为基础，以休闲娱乐为内容，海钓产业涉及渔业、渔船、渔民、码头、岛礁、深海资源、气候、环境、陆地交通、通信、安全救护、钓具及配件生产、导钓服务等各个环节，海钓产业链长，经济和社会价值高，能够充分利用海洋资源和不改变渔民的传统生活方式，将渔民从以捕捞业为主的直接海洋经济模式转变成依靠海洋资源创造陆地经济的模式，有利于海洋资源的保护和促进海洋生态平衡。

（六）有利于现代海洋经济结构调整，促进沿海区域经济与社会的和谐发展

从世界范围来看，休闲渔业在美国、日本等发达国家已经成为一种重要的综合产业。大力发展海钓业，可以整合利用多种资源，带动渔具饵料、餐饮、酒店经济、购物消费、游艇经济、海景房产经济等相关产业的发展，从而形成一个包含“吃、住、行、游、购、娱”在内的海洋休闲产业链，对促进地方经济的发展具有十分重要的作用，是沿海地区海洋经济发展新的亮点。有关资料显示，海钓直接产生的经济效益与其带动的综合经济效益比例为1:6。同时，海钓业也是一种宣传当地海洋资源、提高城市知名度、增加游客吸引度的有效方式，同时，有利于促进我国海洋经济结构的优化调整。另外，发展海钓业对沿海城市提升管理水平、完善基础设施、营造良好环境提出了更高的要求，能客观上促使城市管理部门不断思考创新，正确分析发展海钓业带来的综合影响，不断为海钓业创造基本条件和良好环境，推动沿海城市经济与社会的和谐发展。

第二节 我国主要海洋渔业资源与钓场

一、我国主要海洋渔业资源与渔场

（一）我国主要海洋渔业资源

我国已经记录有海洋鱼类1 694种，近海的虾蟹类600多种，沿海分布有常见藻类200多种。经济价值较大鱼类有150多种，重要的捕捞对象有带鱼、鲐、鲹、鲱、鲅、鳓、鲮、大黄鱼、小黄鱼、鲆、鲽、鲳、鲷、笛鲷、金线鱼、鳕、马面鲀、沙丁鱼、鲀、鲨鱼、鳗鱼等；具有经济价值的软体动物有乌贼、柔鱼、章鱼、鲍鱼、扇贝等；节肢动物有对虾、毛虾、鹰爪虾、青虾、龙虾、梭子蟹、锯缘青蟹等。

由于我国海域从南到北共跨越37个纬度，呈现暖温带、亚热带、热带各种不同的环境差异，鱼类种数的分布有南多北少的趋势。黄、渤海区的鱼类有291种，东海大陆架海区的鱼类有727种，南海北部大陆架海域的鱼类有1 064种。

我国近海渔场有鱼类1 700多种。主要经济鱼类70多种，包括大黄鱼、小黄鱼、带鱼、鲐鱼、鲳鱼、鳓鱼、纳鱼、马鲛鱼、青鱼、鳗鱼、马面鲀、蝶鱼、石斑鱼、金枪鱼以及墨鱼（乌贼）、对虾、毛虾、梭子蟹、海蜇等。其中大黄鱼、小黄鱼、带鱼、墨鱼是中国人民喜欢食用而且产量较大的海洋水产品，被称为“中国四大海产”。由于过度捕捞，这四种海洋水产资源都有不同程度的衰退。其中大、小黄鱼已经多年形不成鱼汛，年产量由几十万吨下降到3～5万吨。①

（二）我国海洋渔业资源的特点②

1. 鱼的种类多

中国海域从热带、亚热带到温带，跨越37个纬度。生物种类组成复

---

① 《我国有丰富的海洋渔场》，中国科普博览，http://www.kepu.net.cn/gb/earth/ocean/exploit/exp202.html。

② 《我国的海洋渔业资源概况》，和谐海洋网，http://www.huaxia.com/hxhy/hykf/2011/06/2463326.html。

杂，有冷温、暖温、暖水性种类，暖水性种类约占总数的2/3。世界有2万多种，我国有近2 000种。

2. 生长快，成熟早，食性复杂

一般情况下，由于海水冬季对流强烈，常带来营养物质，初级生产力越大，为鱼类提供食物越丰富，鱼类生长、成熟就越快。鱼类初次性成熟的年龄一般为2~3龄，繁殖力比较高。

3. 产卵期交错，产卵场广布

不同的鱼种产卵的时间不一。一年四季都有鱼类产卵。如东海的小黄鱼在3—4月产卵，大黄鱼在4—6月产卵，带鱼在5—7月产卵。

4. 分布比较集中

中国海域的中下层鱼类多为浅海性种类，大多栖息在100米等深线以内的海区，受大陆架限制，水平洄游范围较小。如大黄鱼栖息水深一般不超过60米，小黄鱼在深于100米的海域不多见。在100~200米深的海域则生活着一些暖水性的鱼类。

（三）我国主要海洋渔场

我国主要渔场有：黄渤海渔场、舟山渔场、南海沿岸渔场、东沙渔场、北部湾渔场、中沙渔场、西沙渔场、南沙渔场等，其中黄渤海渔场（由石岛渔场、大沙渔场、吕泗渔场等组成）、舟山渔场、南海沿岸渔场（由珠江口渔场等组成）、北部湾渔场由于产量高，被称为“中国的四大渔场”。

1. 石岛渔场

该渔场是北方海区的一个主要渔场，位于山东石岛东南的黄海中部海域。由于它是多种经济鱼虾洄游的必经之地，又是对虾、小黄鱼的一个越冬场，还是黄海鳕鱼的产卵场，因此渔业资源比较丰富，常年能够作业。

2. 大沙渔场

该渔场位于黄海南部，是多种经济鱼虾越冬和索饵的场所，也是黄海暖流、苏北沿岸流、长江冲淡水交汇的海域，浮游生物繁茂，渔业资源丰富，是黄海的一个优良渔场。

3. 吕泗渔场

该渔场位于黄海的西南部，是大沙渔场的西邻。由于紧靠大陆，大小河流带来的营养物质有利于浮游生物大量繁殖，同时又处在苏北沿岸流、长江冲淡水与外海高盐水的交汇处，加上水浅，地形复杂，潮流湍急，因而为大、小黄鱼产卵和幼鱼索饵、生长提供了良好的环境，成为群众渔业捕捞大、小黄鱼的好地方。

4. 舟山渔场

这是我国近海最大的冬汛带鱼渔场。位于舟山群岛的东部。除了冬季的带鱼汛，这里还有夏秋季的鲐、鲹鱼汛。舟山渔场是长江、钱塘江的出海口，冷、暖、咸、淡的不同水系在此汇合，水质十分肥沃，饵料十分丰富，因而，鱼群也十分密集。舟山渔场是中国最大的渔场，自古以来因渔业资源丰富而闻名，是浙江省、江苏省、福建省和上海市等地渔民的传统作业区域。渔场因受台湾暖流和日本寒流的交汇影响，饵料丰富，为当地的水生动物提供了很好的物质环境，以大黄鱼、小黄鱼、带鱼和墨鱼（乌贼）四大家鱼为主要渔产，共有鱼类365种，其中暖水性鱼类占49.3%，暖温性鱼类占47.5%，冷温性鱼类占3.2%；虾类60种；蟹类11种；海栖哺乳动物20余种；贝类134种；海藻类154种。①渔民习惯按各作业海域把舟山渔场划分为浪岗渔场、黄泽渔场、岱衢渔场、中街山渔场、洋鞍渔场和金塘渔场、大戢渔场、嵊山渔场等。渔场的中心基地位于嵊山。

5. 渔山渔场

渔山列岛位于浙江象山最东南的岛屿，陆地面积2.3平方千米，分北渔山、南渔山、五虎礁三群岛。这里碧海奇礁，风光优美，海水透明度达10米以上，站在礁岩上可看到各种鱼类在水中畅游。渔山列岛由13岛41礁组成，岛礁总面积约2平方千米，岸线约21千米。渔山列岛处于南北洋流交汇带，鱼类、贝类、藻类资源丰富，共计各种海洋特产300余种。列岛海蚀地貌景观以及丰富的岛礁资源使之成为多种海洋生物资源的集居地。随着海钓运动的兴起，渔山列岛被誉为“亚洲第一钓场”，岛礁棋布，

---

① 许想想、傅建祥、王超：《浙江省海洋渔业经济发展战略研究》，《农村经济与科技》2011年第5期。

暗礁林立，海水清澈，除了一些常见鱼类外，还有真鲷、黑鲷、黄鳍鲷、石鲷、石斑鱼、黑毛、鲈鱼等 15 种名贵鱼种。

6. 台州渔场

台州附近海洋面积广阔，资源丰富。有 6 个县（市、区）濒海，面积大于 5 平方千米的岛屿 695 个。10 米等深线以内浅海面积达 4 054. 1 平方千米，居浙江省首位。台州拥有 8 万平方千米的大陆架海域和 280 平方千米可供养殖的浅海滩涂，渔业资源十分丰富。台州有披山、大陈、猫头三大渔场。这三大渔场南北相连，三大渔场盛产大黄鱼、小黄鱼、带鱼、鲳鱼、鳓鱼、马鲛、海鳗、石斑鱼、墨鱼等数十种经济鱼类，以及对虾、梭子蟹和大量的贝壳类海产品。开发利用的浅海滩涂，除了生产海带、缢蛏等传统的海产品外，还大量养殖石斑鱼、黄鱼、真鲷、黑鲷、鲍鱼、鲈鱼、青蟹、河鳗、甲鱼等。

7. 洞头渔场

洞头县是温州市辖县，地处浙南沿海，瓯江口外，是全国 14 个海岛县（区）之一，由 103 个岛屿和 259 座岛礁组成。洞头渔场是仅次于舟山渔场的浙江省第二大渔场，面积 4 800 平方千米，常年洄游的鱼、虾、蟹类达 300 多种，10 米等深线以内浅海 26. 6 万亩，潮间带滩涂 10. 16 万亩。洞头港是国家一级渔港，东沙港是国务院批准的活海鲜锚地，鹿西港是东南海上最大的水产品市场。全县建有五个海洋捕捞基地，六个海水养殖基地，拥有机动捕捞渔船 1 200 多艘，其中渔轮 170 多对，海水养殖面积 3. 02 万亩，是全国最大的羊栖菜养殖加工出口基地和浙江省紫菜养殖基地。

8. 闽东渔场

这是一个一年四季都有鱼可捕的优良渔场。这个渔场有金钗溪、七都溪、赤岸溪、怀溪、白马河、霍童溪、北溪、鳌江和闽江等许多大小溪河注入，又有低温低盐的浙闽沿岸水与高温高盐的台湾暖流分支汇合，因而是多种鱼虾产卵、索饵和越冬的良好场所。

9. 闽南渔场

这是我国一个重要的中上层鱼类渔场，产金枪鱼、舵鲤、蓝圆鲹、沙丁鱼、脂眼鲱。渔场位于台湾海峡中部，既有高温高盐的黑潮水系，又有低温低盐的浙闽沿岸水；既有高温高盐的南海水，又有高温低盐的粤东沿岸水。

10. 珠江口渔场

我国南海近海的主要渔场，主要是由珠江口冲淡水与外海水交汇形成的，盛产蓝圆鲹、金色小沙丁鱼、鲐鱼和腹鲱等，鱼汛主要在12月至次年4月，2—3月为旺汛。

11. 北部湾渔场

这是南海一个较大的渔场，是九州江、南流江、钦江、北仑河和红河等许多大陆江河带来的大量有机物质滋润起来的渔场。

12. 西沙群岛渔场

西沙海域气候炎热，水温终年很高，水质清新，为珊瑚虫的大量繁殖提供了良好的条件。而珊瑚虫的大量生长，又为海洋鱼类带来了丰盛的饵料和优越的栖息场所。鱼类繁殖快，生长迅速，而且终年都能繁殖生长，是南海的一个优良渔场。西沙群岛渔场海底崎岖不平，礁石丛生，不宜拖网作业，但却适合各种钓具、挂网、敷网作业。由于这里资源丰富，故上钓率特高，在我国沿海首屈一指。

13. 南沙群岛渔场

南沙群岛是由230多个岛礁、沙洲、暗沙、暗滩等组成的群岛，周围有许多沉没的海底山和珊瑚礁。受这种地形的影响，常能形成局部的涌升流，把底层丰富的营养成分带到表层。同时，众多的珊瑚礁又为鱼类提供了栖息的好场所，因此南沙群岛渔场饵料充足，环境优越，水产资源丰富。

二、我国主要海钓钓场

（一）海钓钓场的定义和分类

对于什么是海钓钓场，学术界和业界至今尚无统一的规定。山东省海洋与渔业厅2014年1月颁布的《山东省休闲海钓钓场认定办法（试行）》对休闲海钓钓场是这样定义的：休闲海钓钓场是指符合政府规划要求，利用岛礁、人工鱼礁、岸堤、沙滩、矶石、海水钓池、船筏等开展海钓经营活动，具备一定规模和条件的休闲海钓场所。①

休闲海钓钓场按类型分为船钓钓场、岸钓钓场两类。

船钓钓场是以乘船出海为基础，有固定的海上钓区、一定数量的海钓船、具备相应的海钓从业服务人员，陆地基础设施相对完善。

岸钓钓场以滩钓、矶钓、海水钓池为基础，有相对固定的岸钓钓区，具备相应的海钓从业服务人员，陆地基础设施完善。

（二）海钓钓场的要求

根据《山东省休闲海钓钓场认定办法（试行）》，申报船钓钓场应该符合以下要求：①具备天然暗礁、公用沉船钓点4个以上；②拥有已确权的海域面积2 000亩以上，人工鱼礁海上钓场规模：石块礁10万方以上，或混凝土构件礁、沉船礁8 000空方以上；③筏式网箱养殖面积2 000平方米以上；④满足上述三个条件之一，并拥有休闲海钓渔船6艘以上，同时接待海钓人员30人以上，导钓员5人以上，陆地服务中心建筑200平方米以上。

申报岸钓钓场应该符合以下要求：①滩钓岸线2千米以上；②天然岩礁岸线或人工建造岸堤300米以上；③海水钓池水面面积200亩以上；④满足上述三个条件之一，并有导钓员3人以上，陆地服务中心建筑200平方米以上。

（三）我国主要海钓钓场选介

中国临海海域广阔，海域面积共约483万平方千米，占了整个国土的一半，海上分布着5 400多个岛屿，海岸线总长度3.2万千米（大陆海岸线1.8万多千米，岛屿海岸线1.4万千米），自然形成了不少理想的海钓场所，从北向南依次有辽宁獐子岛、长山群岛、山东潍坊、莱州、蓬莱和长岛钓场，威海钓场、青岛、江苏连云港，浙江嵊泗列岛、岱山列岛、舟山群岛、渔山列岛、大陈列岛，洞头列岛、南北麂列岛、福建四霜列岛钓场、连江，厦门海域、东山岛，广东桂山岛、万山群岛、上下川岛、阳江海域、茂名海域、广西斜阳岛、涠洲岛，海南、西沙群岛等。

1. 黄渤海海域主要钓场

（1）长山群岛钓场。长山群岛曾名长山列岛，位于辽东半岛东侧的黄

---

① 山东省海洋与渔业厅：《山东省休闲海钓钓场认定办法（试行）》，2014年1月。

海北部海域，由200多个海岛组成，属我国八大群岛之一，是我国黄海最大岛群和重要的渔业基地，盛产鱼类、海参、牡蛎等。总面积约170平方千米，有居民居住的岛屿22个，人口约8万，原隶属辽宁省长海县管辖（1949年建县，始称长山县，1954年改名为长海县）。长山群岛产鱼虾百种以上，其中产量较大的有鳃鱼、台鱼、青鱼、黄鱼、黑鱼、鳖鱼、虾蝶鱼、牙片鱼和星蝶等。贝类有牡蛎等。大力发展海带和贻贝等近海养殖。长山群岛水产品总产量历年来都名列全国前茅（县级）。1978年水产品总产量达12万余吨，其中鱼产量9万余吨。海珍品类的海参、鲍鱼、干贝、对虾是长山群岛的四大特产，尤以海参、鲍鱼、对虾产量最多，闻名国内外。

长山列岛的獐子岛位于北纬39°，隶属于辽宁长海县獐子镇，位于长山群岛的南部，为原中国钓鱼协会海钓基地。该岛周围盛产海参、鲍鱼、扇贝等海珍品。多次国际国内海钓赛事在獐子岛举办。2015年全国海钓锦标赛暨大连长山群岛国际海钓节在獐子岛成功举行，在大赛期间，獐子岛被中国钓鱼运动协会授予“全国海钓竞赛基地”荣誉称号。

（2）庙岛群岛钓场。庙岛群岛，又称长岛，历称庙岛群岛，古称沙门岛。是隶属于山东省烟台市的一个群岛，全岛属长岛县管辖。长山列岛位于渤海、黄海交汇处，胶东半岛和辽东半岛之间。在黄海和渤海的交汇处，共有大小岛屿32个，就像32颗珍珠撒落在渤海海峡。这些岛屿的陆地面积为55.96平方千米，构成了大小99处海湾、65处山峰、41处明礁。岛上居民有43 000人，海岸线总长为146.41千米，南北纵贯56.4千米。南山岛是长岛最大的岛，陆地面积有12.8平方千米，是县政府驻地。长岛县盛产海产品，有贝类、藻类、鱼类海产品217种，是刺参、皱纹盘鲍、栉孔扇贝、光棘球海胆等海珍品原产地；年途经候鸟320多种，达120多万只；年栖息太平洋斑海豹近400只，是国家级自然保护区和省级海豹自然保护区。

（3）灵山岛钓场。灵山岛，也称水灵山岛，位于山东胶南市东沿海中，距大陆约10千米，岛形狭长，南北约5千米，最高峰歪头山海拔513米，是中国北方第一高岛，在中国仅次于台湾岛和海南岛，有“中国第三高岛”之称，现有居民3 000余人。此岛山高海阔，景象万千；峰峦起伏，植被茂密，郁郁葱葱，如锦似画，为典型的火山岛。灵山岛周围海底礁石密布，礁石间鱼类丰富，是进行海钓的好地方。

(4) 薛家岛钓场。与青岛隔海相望（统称南山）位于岛城的西南，胶州湾的东南，与青岛遥相对峙，是黄海进入胶州湾的必经之地，也是由市区去竹岔岛一带的必经之路。

薛家岛分布着许多自然村，均沿海，当地居民以渔业为主，以农业为副。近年来薛家岛已开发成旅游区，更为垂钓的理想去处。这里的钓场很多，均以盛产鲈鱼、真鲷、黑鲷、鳗鳞、六线鱼、黑鲪等鱼种吸引着岛城无数的垂钓者前往矶钓、船钓（船钓为宜），胶州湾内的鱼种这里均有，岛周围的大桥、小桥（海中的航标灯塔）三号浮、中沙也是船钓的极佳钓场，去该区域垂钓往往有意想不到的钓获。

(5) 菩提岛钓场。位于河北省乐亭县渤海之滨，菩提岛原名石臼坨，又名十九坨，2000 年更名为“菩提岛”。释迦牟尼在菩提树下顿悟成佛，几百棵菩提树植于岛上，菩提岛由此得名。岛上有潮音寺等名胜古迹。菩提岛位于唐山湾国际旅游岛渤海湾之中，总面积 4.4 平方千米，南北长 3 千米，东西宽 1 千米，是华北第一大岛。岛上有各种植物 260 多种，自然植被覆盖率 98% 以上，有“孤悬于海上的天然动植物园”之美誉；且有潮音寺和朝阳庵遗址等佛家古迹。

2. 东海海域主要钓场

(1) 嵊山钓场。嵊山海域为嵊山渔场的主体区域，盛产带鱼、乌贼、鲳鱼、虾、梭子蟹、鳗鱼、大黄鱼、石斑鱼等。全年水清时间超过 200 天，特别是在小水潮的时候，整个海域清澈无比，阶梯式的水深从 8 米开始，一直可以延伸到 60 多米。

(2) 渔山列岛钓场。渔山列岛位于浙江象山最东南，陆地面积 2.3 平方千米，分北渔山、南渔山、五虎礁三群岛，由 13 岛 41 礁组成，是中国领海线基点所在地、国家一级渔港、省级森林公园和浙江省海钓基地，岛周海域是浙江省第二大渔场。渔山列岛处于南北洋流交汇带，岛礁棋布，暗礁林立，海水清澈，鱼类、贝类、藻类资源丰富，共计各种海洋特产 300 余种，被誉为“亚洲第一钓场”。

(3) 东极诸岛钓场。东极海岛位于舟山本岛以东，距离本岛的普陀城区 45.5 千米，地处中街山渔场，行政区划为一个建制镇。全镇由 8 个岛屿和 108 个岛礁组成，其中庙子湖、青浜、黄兴和东福山 4 处为住人岛，全镇陆地面积 11.7 平方千米。由于靠近公海，加上四周是传统渔场，这里有丰富的鱼类资源，共有石斑鱼、虎头鱼、黑鲷、真鲷、鲳鱼、鳓鱼、铜盆鱼、墨鱼、沙鳗等 20 余种。

（4）大陈岛钓场。隶属于浙江省台州市椒江区大陈镇，位于椒江区东南 52 千米的东海海上，由“上大陈岛”（面积 7 平方千米）和“下大陈岛”（面积 4.89 平方千米）组成，同属台州列岛。下大陈岛是大陈镇的驻在地。岛上森林覆盖率达 50% ~60%，为省级海上森林公园。大陈岛上岗峦起伏，自然景观和人文景观独特，适宜度假、休闲观光和寻访史迹旅游。大陈岛是国家一级渔港、省级森林公园和省级海钓基地，岛周围海域是浙江省第二渔场。

（5）南麂列岛钓场。南麂列岛位于浙江省鳌江口外 30 海里的东海，距鳌江港 56 千米，离台湾岛约 150 千米。隶属平阳县。区域总面积 200 平方千米，陆域面积 11.3 平方千米，由 52 个大小岛屿组成。海洋风光秀丽，生态保持良好，1990 年成为中国首批 5 个海洋类型的自然保护区之一，是中国唯一的国家级贝藻类海洋自然保护区，被誉为“贝藻王国”，于 1999 年被联合国教科文组织列为世界生物圈保护区网络。南麂列岛内的稻挑山，为中国大陆领海基点之一，1985 年 10 月平阳县政府在此立碑为志。中国钓鱼协会于 2001 年将南麂岛列为国家级垂钓基地，主要有黑鲷、黄鳍、石斑鱼、鲈鱼、黄姑鱼等，每年 5—10 月为钓鱼旺期。

3. *南海海域主要钓场*

（1）南鹏列岛钓场。是位于广东阳江市西南端的海陵岛总体规划的岛南旅游区的一部分。由大镬、二镬、南鹏三岛构成，最大岛屿是南鹏岛，东狭西宽。面积 1.63 平方千米。环岛悬崖峭壁林立，遍山葱郁，海滨曲线优美，渔业资源丰富。

（2）万山群岛钓场。位于珠江口正南方，是广州出海航道必经之地。原指万山列岛，范围几经变化，一度为伶仃洋外 100 余岛之总称。后指珠江口东部的青洲水道、大西水道以东、香港大屿山（大濠岛）、索罟群岛、蒲台群岛以南岛礁，包括担杆列岛、佳蓬列岛、三门列岛、隘洲列岛、蜘蛛列岛、万山列岛和外伶仃岛、桂山岛等大小岛屿共 76 个，面积 2 600 平方千米，岛屿总面积 80.582 平方千米。万山海域渔业资源丰富，区域内的万山渔场是全国第二大渔场，具有捕捞价值的鱼类有 200 多种，其中经济鱼类70余种，另有贝类68种，虾蟹等甲壳类61种，藻类18种，是珠海海域渔业资源最丰富、发展潜力最大的海区，是中国重要的海钓基地，已经成功举办十一届“万山论钓”，被誉为中国海钓界的“奥斯卡”，该赛事已在珠海举办十一届。

（3）北部湾钓场。北部湾位于我国南海的西北部，是一个半封闭的海湾，东临雷州半岛和海南岛，北临广西壮族自治区，西临越南，与琼州海峡和南中国海相连，为中越两国陆地与中国海南岛所环抱，主要港口有中国湛江港、防城港、钦州港和北海港以及越南的边水、海防等。北部湾渔业资源丰富，盛产鲷鱼、金线鱼、沙丁鱼、竹荚鱼、蓝圆鲹、金枪鱼、比目鱼、鲳鱼、鲭鱼等50余种有经济价值的鱼类及虾、蟹、贝类等，是我国优良的渔场和海钓基地之一。

（4）三亚钓场。三亚市属热带海洋性气候，岸边生长着许多珊瑚鱼种。三亚市海岸线山峰较多，也有多个岛屿及暗礁区域，很适合矶钓。此外，正在开发建设之中的海棠湾也是不错的滩钓钓点，马友、金鲳、三点鲳、沙丁很多。其中铁炉港、亚龙湾、大东海、大小洞天、西岛等都是船钓、浮游矶钓的好钓点。可钓鱼种包括：三点鲳、白毛、橙斑、鹦哥鱼、青衣、石鲷、石斑、红鲉、连尖、金鼓鳗、苏眉、墨鱼、海鳗等。

（5）万宁钓场。万宁市位于海南岛东南部沿海，东经110.39°，北纬18.8°，东濒南海，西毗琼中，南邻陵水，北与琼海接壤。万宁市海岸线长达109千米，有大小岛屿6个，水质肥沃，饵料生物丰富，盛产带鱼、马鲛鱼、金枪鱼、鱿鱼等。万宁海域海水较深，是深水渔场，可以钓获多种鱼类。近岸是滩钓、浮游矶的良好钓场，可以钓获连尖、石斑、水针、海狼、海鳗、泥猛、黑鲷、牛港、三点鲳、红友、茂公等鱼种，大洲岛、洲仔岛、加井岛、大花角、后海等地是垂钓的优良地点。

（6）西沙群岛钓场。西沙群岛位于南海西北部，距海南岛东南方180多海里，以永兴岛为中心。西沙群岛主体部分处于北纬15°40′～17°10′，东经110°～113°之间。东面为宣德群岛，西面为永乐群岛。西沙群岛是我国四大群岛之一，与东沙、中沙、南沙群岛构成中国最南端的疆土，由45座岛、洲、礁和沙滩组成。西沙群岛是我国主要热带渔场，那里有珊瑚鱼类和大洋性鱼类400余种，是捕捞金枪鱼、马鲛鱼、红鱼、鲣鱼、飞鱼、鲨鱼、石斑鱼的重要渔场。海产品主要有海龟、海参、珍珠、贝类、鲍鱼、渔藻等几十种。

三、我国主要海钓钓品

（1）条石鲷（英文 Striped Knifejaw、拉丁文 Oplegnathus fasciatus）。

鲈形目，石鲷科。俗名：石鲷、七色。

习性：体呈灰褐色，体侧具 7 条黑色横带。为暖水性近礁底层鱼类，肉食性，齿锐利，可咬碎贝类或海胆等坚硬之外壳，普通钓法及钓具很难有重量级收获。每年的 9—11 月为最佳钓季。

主产地：中国大陆沿海、台湾海峡有不规则分布，是专业海钓人的最爱，被列入当地特别保护品种。

（2）四指马鲅（英文 Fourfinger、拉丁文 Eleutheronema tetradactylum）。

鲻形目，马鲅科。俗名：章跳。

习性：体延长，侧扁，口大下位齿细小，背侧面灰青带黄色，腹部银白色。为暖水性近海岩礁鱼类，食肉性且凶残，最大体长可达 210 厘米，重达 40 千克，为东亚地区最著名的船上游钓鱼类之一，钓期在农历的立夏至霜降之间，尤以夏至到秋分为最，有一定的集群数量。

主产地：我国沿海均产之，以东海、南海为多。

（3）黄尾狮（英文 Yellowtail amberjack、拉丁文 Engraulis japonicus）。

鲈形目，鲹科。俗名：海蜓王。

习性：体呈长圆形，腹面圆，锥形头，吻尖，口大。主要栖息于较深礁石区海域，生活水层在 18 ~ 360 米，以无脊椎动物及小型鱼类为食。旺产期为每年的 6—10 月份，在黄海和东海盛渔期是 5—8 月，据记载，最大的可达 250 厘米，重 96 千克，是夏秋季深海船钓比较适宜的可选钓种。

主产地：我国东海、黄海和渤海均有分布。

（4）带鱼（英文 Snakefish、拉丁文 Trichiurus haumela）。

鲈形目，带鱼科。俗名：白带鱼。

习性：体甚延长，侧扁，呈带状，头窄长，齿强大。为暖温性集群洄游鱼类，一般栖息于近海泥质底质，活动水深在 50 ~ 100 米处，最大体长 234 厘米，体重 5 千克。喜弱光，厌强光，有明显的昼夜垂直移动习性，是海钓体验者最佳的夜钓品种。主要钓获期为春、秋两个汛期。以每年的 7—10 月为佳。

主产地：我国各地沿海。

（5）鮸鱼（英文 Chinese drums、拉丁文 Miichthys miiuy）。

鲈形目，石首鱼科。俗名：鮸鱼、米鱼。

习性：体延长，侧扁，背部浅弧形，头较尖突。为近海常见大型食用鱼类，常见体长在70厘米以下，生活在15～100米水层，隔清隔混水域多见，钓期以夏、秋两季为主，是专业海钓者的可选船、矶钓之一。

主产地：分布在我国沿海，但形不成集群数量。

（6）真鲷（英文 Genuin porgy、拉丁文 Pagrosomus major）。

鲈形目，鲷科。俗名：红铜盆、红加吉等。

习性：体呈长椭圆形，侧扁，头大，眼偏背方，口小，体淡红色，尾鳍边缘为黑色。喜栖息于清水区域的沙质或岩礁底质，以甲壳类及软体动物等为食，最大体长可达100厘米，体重10千克，最佳钓期为每年上半年的立夏与下半年的霜降前后。是专业海钓者的重要矶钓对象鱼，但已很难形成一定的集群量。

主产地：我国近海均有出产。

（7）黑鲷（英文 Black seabream、拉丁文 Sparus macrocephalus）。

鲈形目，鲷科。俗名：青郎、海鲫鱼等。

习性：体呈长椭圆形，侧扁，吻钝尖，眼侧位而高，体青灰色具银色光泽。喜栖息于清水区域的沙质或岩礁底质，以甲壳类及软体动物等为食，最大体长可达80厘米，体重6千克，为广温、广盐性鱼类，宜钓期在春、秋两季，是专业海钓者的主力钓种，有相当数量。

主产地：我国沿海均有产之，以东海、南海产量为多。

（8）赤点石斑鱼（英文 Red spotted grouper、拉丁文 Epinephelus akaara）。

鲈形目，脂科。俗名：花石斑、红斑、鸡鱼等。

习性：体呈长椭圆形，侧扁，体背腹缘皆钝圆，头背部圆突，短吻。属暖水性中下层鱼类，喜栖息于岩礁与沙砾底质海区，一般体长在53厘米以下，成鱼不成大群活动，为舟山游钓的贵重鱼种，产量不大，是夏、秋季专业游钓船、矶钓的对象鱼。

主产地：我国产于南海和东海南部。

（9）鲈鱼（英文 Japanesw sea bass、拉丁文 Lateolabrax japonicus）。

鲈形目，脂科。俗名：七星鲈鱼、花鲈。

习性：体延长，侧背，背腹缘皆钝圆，眼中大，口大，体背侧青灰色，背鳍等散布的黑色斑点随年龄增长而减少。为近岸浅海常见的常年性钓种，最大体长可达100厘米以上，体重15千克以上。9—11月份为盛产期，生活在河口咸水中，是专业游钓者与海钓体验者的理想可选鱼种，有一定量。

主产地：我国沿海及通海的淡水水体中均有产之。

（10）鲻鱼（英文 Gray mullet、拉丁文 Mugil caphalus Linnaeus）。

鲻形目，鲻科。俗名：乌头鲻、鲚鱼等。

习性：体延长，前部呈圆筒形，后部侧扁，吻宽短，眼圆形。体青灰色，腹部白色，记载的最大体长为120厘米，体重8千克，为舟山当地主要食用鱼，鲻鱼是洄游性鱼类，喜欢生活于浅海、内湾或河口水域，每年农历的春分至小雪都可钓获，有相当数量，是参与性游钓的主要鱼种。

主产地：我国沿海均产之，尤以南方沿海为多。

（11）褐菖鲉（英文 Japanese stingfish、拉丁文 Sebastiscas marmoratus）。

鲉形目，鲉科。俗名：虎头鱼、石九公。

习性：体延长，侧扁，头大，头部各种棘和棱众多，属暖温性低层鱼类，栖息于清水近岸岩礁海区，喜钻石缝，背棘有毒，一般体长10~18厘米，味道十分鲜美，易上钩，农历的清明至冬至都可钓获，有相当数量，是普通游客参与性船钓、岸钓最理想的游钓鱼种。

主产地：我国南海、东海、黄海、渤海均有分布。

（12）皮氏叫姑鱼（英文 Belengers croaker、拉丁文 Johnius）。

鲈形目，石首鱼科。俗名：白果子、巴拉格、高老婆子。

习性：体延长，侧扁，背部微隆起，腹部钝圆，尾柄细长，体背黄褐色。为泥质地近海底栖性小型鱼类，一般体长在30厘米以下，舟山近海各地有较大分布，容易上钩，是普通游客参与性船钓、滩钓最佳的钓品选择之一，东海海区旺产期为6—9月份。

主产地：我国沿海均有分布。

（13）红拟石首鱼（英文 Red drum、拉丁文 Sciaenops ocellata）。

鲈形目，石首鱼科。俗名：美国红鱼。

习性：外型与大黄鱼相似，呈纺锤形，侧扁，口端位，齿细小。为广温、广盐性鱼类，游泳迅速，喜集群，洄游习性。记载的最大体长为155厘米，体重可达45千克，有一定数量，是游钓参与性滩钓、岸钓的可选钓种。

主产地：原产于美国大西洋沿岸及墨西哥湾，目前舟山海域中野生红鱼原多为我国沿海人工养殖，并已在舟山广泛海域自然生长、繁殖。

（14）大泷六线鱼（英文 Greenling、拉丁文 Hexagrammos otakii）。

鲉形目，六线鱼科。俗名：花鲷、花斗。

习性：体延长，侧扁，头中大而尖，体色会因环境不同有所变化。为近海底层食肉性鱼类，主要生活在岩底质的海域，常见体长15～25厘米，最大记载为57厘米，重2.4千克，常年可以施钓，每年农历小寒至春分为旺产期，是冬春过渡期的较佳钓品之一。

主产地：我国主产于渤海、黄海、东海，舟山东部、东南部岛礁海域都有集群分布。

（15）蓝圆鲹（英文 Pacific mackerel、拉丁文 Decapterus maruadsi）。

鲈形目，鲹科。俗名：青占鱼、鲐鲹鱼、三楞。

习性：体长梭形，稍侧扁，吻锥形，脂眼睑发达。属于暖水性中上层鱼类，一般体长在25厘米以下，是夏、秋季近海船钓、矶钓的休闲游钓较佳品种。

主产地：我国沿海均有分布。

第三节　我国海钓产业发展的现状和对策

一、我国海钓业发展的现状

我国钓鱼业虽然历史悠久，但长期以来淡水湖钓、河钓、池钓等传统方式一直占主导地位，海洋垂钓还是近几年刚刚兴起，海钓参与人群只是少数爱好者，海钓作为一个产业，在我国还远不成熟。海钓产业作为风靡世界的休闲渔业，即集渔业、休闲游钓、旅游观光为一体的产业，在中国还刚刚起步，但蕴含着巨大的市场潜力。

（一）海钓人群不断扩大，由单纯的体育活动逐步向海洋休闲体验形式过渡

随着人民生活水平的不断提高和闲暇时间的增加，我国海洋休闲旅游发展迅速，海钓由原先的体育活动正逐步向海洋休闲体验形式过渡，并提升到作为我国新时期倡导的一种全新的生活方式高度，这是一个重大的观念突破，也是作为产业基础的需求市场发育变化的一次根本性的转折。据不完全统计，中国至少有9 000万人的钓鱼大军，每年还以20%的速度增加。按保守估计，大部分人每年钓鱼1～4次，消费约为100元，全年活动总消费达人民币90亿元。

（二）海钓由单纯的个人行为提高到产业发展高度，并受到各级政府的重视

经过多年的发展，海钓已经由单纯的钓鱼人个人行为演变成系统的产业，成为塑造区域品牌，延伸地方海洋经济产业链的重要途径。近年来，海钓业已经受到沿海地区各级政府的重视，海钓业呈现出良好的发展趋势和前景。一些沿海地区以发展休闲渔业和海洋旅游业为目的，建设了一些垂钓设施和垂钓基地，在海底建造了适合鱼类等海洋生物栖居的人工鱼礁，在海上建设了一些浮式游钓休闲平台，并将海钓业作为重要产业加以培植。

山东省2013年12月出台了《关于培育和发展休闲海钓产业的实施意见》，提出要大力发展休闲海钓产业，着力增加休闲海钓产品供给，优化休闲海钓产业结构和布局，健全休闲海钓服务体系，促进休闲海钓产业上水平、上档次。通过政策引导，鼓励社会资本投资休闲海钓产业，加快培育一批具有国际竞争力的休闲海钓骨干企业，打造一批具有国际影响力的休闲海钓品牌，努力将休闲海钓产业做大做强，将其打造成现代渔业经济的重要增长点。此外，浙江、辽宁、广东等地都纷纷把海钓业作为新的海洋休闲渔业或海洋旅游业来培植。

如浙江省舟山市提出的“舟山群岛——海钓天堂”、宁波市象山县推出的“中国渔山——海钓圣地”、大连长海县提出打造的“黄海第一钓岛”等海钓品牌形象。此外，自从20世纪90年代以来，我国不少城市组织开展了一些海洋垂钓节庆活动，举办了一些国际国内海钓比赛。进入21世纪

以后，我国海钓节庆集群初步形成，一些节庆活动有较长的举办历史，举办地域在我国沿海全线分布。

（三）海钓活动的兴起催生了钓具和游艇等相关产业的发展

自“十二五”以来，在国家的大力支持下，我国钓具行业发展迅速，年均增长速度达20%，成为全球钓具生产和出口第一大国，门类丰富，种类齐全，产品能够适应各种环境、各种鱼种、各类钓法，在世界钓具市场上具有举足轻重的地位。

近年来，游艇业作为新兴产业受到很多地方的高度重视，全国各地特别是沿海各大城市出现了游艇发展热潮，很多城市在做游艇产业规划，建设游艇俱乐部，发展游艇商务活动。游艇作为有效的载体，已经不仅是一个运动产品和交通工具，而是一个休闲产品和商务载体，游艇制造企业规模不断扩大，游艇进出口数量和金额均出现大幅度攀升。

（四）专业海钓俱乐部和海钓基地等发展迅速

随着海钓业的逐步发展，近年来，以经营海钓为主要业务，实行企业化操作的专业海钓俱乐部也在我国一些城市应运而生，如北京、青岛、大连和浙江舟山等地都相继成立了专业海钓俱乐部。据初步估计，目前我国海钓休闲运动的参与者在数千万以上，已有规模不等的俱乐部不下300余家，达到专业级别的海钓人数不下30余万。①

随着海钓业的不断发展，我国海钓基地建设引起了各地的重视，如浙江象山县将渔山国际海钓基地建设作为重点工程项目之一，全力推进渔山旅游开发与资源的保护，重点完善基础配套设施建设，打造高品质国际海钓基地；山东省海洋与渔业厅制定了《省级休闲海钓示范基地建设实施方案》，将在全省范围内选择15处具备一定工作基础、发展潜力较大、积极性较高的海钓基地，作为省级休闲海钓示范基地；威海市通过《威海市海洋游钓基地布局规划》，重点规划了威海北游钓区、威海湾游钓区、市区东南游钓区、荣成游钓区、文登游钓区、乳山游钓区、沉船及深水游钓区七大海洋钓场。

---

① 《海钓运动：发展与建设同行》，人民网，http：//www.chinadaily.com.cn/hqgj/jryw/2012-12-21/content_7826878.html。

二、我国海钓业发展存在的主要问题

(一) 缺乏与国际水平接轨的海钓基地和海钓场所，钓鱼方式传统

我国海钓业近年来虽然取得了一定的发展，已经拥有一定数量的海钓基地和海钓场所，但由于观念、资金和技术等原因，与国际水平接轨的海钓基地和海钓场所非常缺乏。由于我国以淡水和池钓为主的传统钓鱼方式一直占主导地位，而海水钓鱼和淡水钓鱼在鱼的品种、钓具、环境、操作方法等方面存在着很大的差别，导致我国与海钓配套的钓具行业（如饵料、鱼竿、救生设备等）与世界先进技术和装备还有一定的差距，因此大部分垂钓活动只能在附近浅海进行，深海和远海钓鱼（船钓和矶钓）尚需进一步发展。

(二) 部分地区无序的海钓使渔业资源和海域环境遭受破坏

近几年来，随着我国海钓爱好者的增加，部分海域秩序混乱，使近海渔业资源受到了一定程度的破坏。一些常年以钓鱼为业的海钓专业户，不顾及各种鱼类的排卵期，不顾及“钓大放小”，进行掠夺性生产，造成鱼类品种减少。据报载，在舟山海域，大批吸引国际钓客的主要鱼类之一的“黑鲷”鱼就不断遭电瓶偷捕者不分大小被成群捕杀，对刚刚起步的舟山海钓业走向国际将直接造成影响。另外，如何控制部分海钓者的遗弃物造成的对海域环境的污染也是一个不容忽视的问题。

(三) 缺乏专门的管理机构和专业人才

由于我国海钓业发展起步较晚，专门管理机构不健全，包括钓手、裁判员和船员等在内的海钓专业技术人才比较缺乏，部分海钓者缺乏海钓知识。一些地方的船员不具备登礁技术，一些船只缺乏必要的救生设备就冒险出海，甚至存在一些无证船只出海钓鱼的现象。这些现象既存在很大的安全隐患，也不利于我国海钓业规范有序的发展。

以被誉为“海钓天堂”的海南为例，尽管自然条件得天独厚，但海钓发展仍处于初级阶段。海钓行业许多元素还处在空白状态；专营海钓产业的企业几乎没有，只有个别海滨酒店用交通艇满足有强烈需求的住店客人；没有合适钓鱼的专业船只，钓手们只能自己租渔船出海；矶钓中所用的登礁艇缺乏，更没有游钓相关的配套设施与经营模式。此外，当地也没

有专业的游钓接待能力，无法激发出这一类客户的需求，很少有国内外专门前来海钓的游钓团队。①

（四）科学研究和宣传力度有待加强

海钓业在我国大部分地区还是一个新生事物，了解的人群不多，社会影响力不大，这在一定程度上与新闻媒体的宣传力度不够有关。另外，为了促进我国海钓业的可持续发展，尽快与国际接轨，社会各界对海钓活动的理论研究也有待加强。

另外，海钓业作为一项可与旅游业、休闲渔业、海洋体育、鱼具钓具等产业有机结合的产业，其关联性强、综合效益高的优势在我国远远没有发挥出来。

三、我国海钓业发展的模式

（一）协会组织

把海钓经营企业纳入行业协会的管理服务范围，是当前国内外普遍推行的一种模式。海钓分会要发展成民间性、自律性的社会中介类服务机构，起到沟通政府与企业、企业与企业的桥梁作用，其职能主要是海钓区域划分、会员资格审查、准入资格审批、专业培训发证、组织赛事、海钓船出海进港动态掌握，协助政府有关部门保护鱼类资源和水域环境、管理休闲渔船。

（二）企业运作

经营海钓业，必须坚持谁投资，谁得益的原则，实行自主经营、自负盈亏，独立承担民事责任。企业经济类型可以是个体，也可以是合伙制或公司制，国有资产可以参股经营。目前，国内外比较流行的海钓经营企业组织形式为俱乐部，当然还有其他形式，由投资者按自己的意愿选择。

（三）政府引导

发展海钓业，需要各级政府积极引导。一是舆论引导。要运用网络、广播、电视、报刊等新闻媒体，宣传海钓业，有关部门要组织力量，推介

① 《海钓运动：发展与建设同行》，人民网，http：//www. chinadaily. com. cn/hqgj/jryw/2012 -12 -21/content_ 7826878. html。

海钓业。二是信息引导。要通过多种形式，及时介绍国内外海钓业发展动态，以及海钓业务知识、赛事活动。三是政策引导。要制定出台发展海钓业的相关政策，激发投资者的投资热忱，鼓励他们把更多的资金投向海钓业。

四、我国海钓业发展的对策思考

（一）加强规划，完善法规，建立健全海钓管理制度

一是结合各地海洋功能的区划，根据岛礁海域的资源和环境条件，依法科学划定岛礁范围，在全国范围内建立一定数量的能够承担国际国内比赛的海钓基地和海钓活动示范区，兴建一些适合游客参与的海钓基地和日常钓点，立足资源对产业的发展做出全面科学的海钓业发展规划。二是强化管理，完善海钓专业队伍建设，加强海钓协会的建设，规范扶持海钓专业机构的发展，对海钓营业单位进行资格审查，对海钓船只（包括人员配备、安全设施的配置等）按照程序进行严格审批，及时发放钓船的牌照，做实监管，对从业人员进行相关知识的培训，实现从业人员持证上岗。[1]三是出台和完善海钓的法规，对海钓的比赛、裁判等方面做出具体规定，在海钓比赛的操作规程方面尽快与国际水平接轨。四是建立和完善全国性的海钓管理和行业准入制度，稳定投资者预期，让更多民间投资参与进来。

（二）健全海钓配套设施建设，促进钓具等相关行业的发展

海钓集群性、高关联性、高风险性的特点，决定了海钓配套设施和安全保障等方面的重要性。首先，相关部门在进行海钓基地建设的同时，必须加强陆上基地配套设施和安全保障设施建设，对于矶钓区域，岛礁上必须要有能容纳一定数量钓手的安全地带和上下岸安全通道。其次，根据海钓业的特点和钓客的要求，建设吃、住、行、娱等配套设施，大力培育海钓经营和服务企业，如因地制宜地发展海钓俱乐部、海钓经营公司、渔具经销生产企业，建设、培育导钓员队伍，提高服务质量，发展和维持长期客户等。另外，应出台相关配套政策，扶持和促进与海钓配套的钓具行业（如饵料、鱼竿、救生设备等）和游艇行业的发展，在潮流、工艺技术和

---

① 马振涛：《海钓业发展“蓝海”广阔》，《中国旅游报》，2012 年 12 月 17 日第 002 版。

市场等方面树立与世界接轨意识，打造一批具有中国特色的钓具和游艇品牌，尽快跟上世界海钓业的发展步伐。

（三）强化保护，保护重要休闲鱼种资源量及其栖息地

随着海钓人员的增多，渔业资源和海域、礁石等生态环境将遭到不同程度的破坏。渔政、水产、环境、公安等相关部门应对重点海钓点实施保护，加大渔业行政监管力度，对海钓的准入条件、船舶要求、钓品规定、生态环保、安全等方面做出具体规定。对海钓点实行排卵期回避，在鱼类排卵期内严禁在该海域开展海钓等活动，对非法电鱼、炸鱼等现象，应依法严厉打击。应该加大人工渔礁的建设力度，增进海洋鱼类的栖息和繁衍，以形成良好的垂钓场所。政府在对海洋污染和海洋资源破坏加大治理力度的同时，要进行深入调研，积极探索符合当前中国国情的海钓发展之路，通过设立海洋特别保护区或海钓示范区等做法，实现定位管理，促进我国海钓业的健康持续发展。

（四）加大海钓与休闲渔业、旅游等产业有机结合的力度

由于海钓业是丰富海洋旅游内涵、提升海洋旅游档次的一个重要手段，各地应该把发展海钓业与旅游、休闲渔业和无居民岛屿开发有机地结合，把海钓与当地的旅游发展规划和旅游产品开发密切结合，把海钓作为发展当地海洋旅游和海洋经济的精品和亮点。在规划旅游产品和旅游线路时，可以建设海钓船只的船队或公司，为游客提供海钓指导和相关服务，把海钓活动纳入旅行社的旅游线路之中，与观光旅游相融合，以增加旅游的参与性和娱乐性，增长游客逗留时间，增加旅游收入。另外，发展海洋游钓，要把海钓与休闲渔业旅游结合起来，推出“吃在渔家、住在渔村、玩在海边、钓在船上”等海上旅游体验活动，以休闲渔业带动海钓活动的开展。

（五）加大海钓的宣传力度，打造海钓节庆品牌

要使海钓在国内、国际具有一定的知名度，定期通过举办海钓比赛是一种很好的途径。各地可以根据实际情况，定期举办一些较大规模和高水平的国际国内比赛，打造海钓节庆品牌。各新闻媒体对海钓比赛进行大量的宣传报道，以扩大海钓的社会影响。旅游界、理论界等社会各界应该组织活动，加强对海钓活动的科学研究，为促进我国海钓业的可持续发展，

尽快与国际接轨，提供理论基础和决策参考。同时，政府要利用宣传的便利，教育钓鱼人文明钓鱼，克服乱丢垃圾、随意采集贝藻类、大小鱼通吃等不文明、不理性的钓鱼行为，自觉做保护海洋资源的“排头兵”。此外，还应鼓励各地组建海钓专业队伍，培育一流的海钓团队，抓好软件建设，不断提高服务质量，从而创出国内外知名的海钓品牌。最后，要大力发展社会中介组织，发挥钓鱼协会或海钓协会组织在扩大宣传、组织活动、行业自律、规范市场方面的作用和职责，鼓励其担当起助推海钓产业的角色。

第四章　海钓俱乐部和海钓基地建设理论与实践

第一节　海钓俱乐部

一、俱乐部（会所）

（一）俱乐部（会所）的定义和起源

俱乐部（Club）也叫会所，目前并无统一的定义。《现代汉语词典》的解释为：俱乐部是进行社会、文化、艺术、娱乐等活动的团体和场所。还有一种常见的解释为：所谓俱乐部，就是由企业经营者出面组织，会员在自愿、互助、互惠的基础上自主参加，并有相应的权利和义务的协会或团体。

俱乐部文化起源于欧洲。17 世纪时期，英国上层社会出现一种民间社交场所——绅士俱乐部。这种俱乐部的内部陈设十分考究，除古香古色的房间和美轮美奂的装饰，俱乐部内还都设有书房、图书馆、茶室、餐厅和娱乐室等。俱乐部定期组织社交活动，还向会员提供餐饮、银行保险、联系和接洽等各项服务。在传统的英国俱乐部中，英国绅士良好的教养、优雅的传统及对生活的高雅品位都可以得到充分体现，一个人拥有多少知名俱乐部的会员资格是此人社会地位高低的体现。

亚洲较早成立的俱乐部有香港游艇会（1849 年成立）、香港马会（1884 年成立）等。中国大陆最早的一家会所名为“皇家俱乐部”，1990 年成立于北京，由境外投资，引进国外高档俱乐部的经营与管理模式。1994 年，北京出现了长安俱乐部、京城俱乐部等会员制商业俱乐部。当时的富商为了生意上的需求多在此结交朋友，多以商务会员为主。1996 年前后，我国以俱乐部为主的会所开始转型，大型的高档社区出现了私家会所，会所的设计以及经营管理方面受港式会所的影响较大。

（二）俱乐部（会所）的类型

按功能设置，俱乐部可以分为综合型俱乐部和主题型俱乐部。前者为绝大多数俱乐部采取的方式，功能分项较多，没有突出的主题，是一个相对大而全的俱乐部；后者则侧重于功能设定中的某一项内容或整个会所定位为一个主题俱乐部。

1. 按经营模式分

俱乐部可以分为营利性俱乐部和非营利性俱乐部。市场上的俱乐部多数为营利性俱乐部，其按管理模式又细分为会员制和非会员制两种形式，但在会员吸纳收费和服务方面各家会所又有较大差别。非营利性俱乐部实质上是一种免费俱乐部，这种俱乐部市场上极少，服务内容也往往大打折扣。

2. 按照使用范围分

俱乐部分为公共会所和私人会所，公共会所的使用者不做任何限定，面向所有人开放，但绝大部分采用会员制的形式存在。私人会所的概念来源于欧洲富人阶层。首先盛行于我国发达城市，是有钱人的娱乐场所，一年的会费几十万，多的上百万。

（三）会所（俱乐部）的设计要素

会所（俱乐部）作为蓬勃发展的新时代产物，时代性、社会性和服务性是装饰设计功能的重要影响要素。由于各地不同的风俗习惯，会所设计的形式、面积大小、位置、用料、风格也各不相同。尽管如此，所有的会所设计都需要注重以下设计要素。

1. 尊贵

会所往往是一个高贵的地方，代表一定的档次，会员在社会上有一定的地位，是身份的象征。因此，会所的设计要体现出优越感，设计要讲究用料，选材及气氛比较豪华。另外，会所风格的选择很多，其中以西方传统的古典风格来突显尊贵较为人所熟悉。

2. 独特

会所设计应该悉心剪裁，有个性、特色，给人深刻印象，独有的设计元素能令会所有独特的气质，这种与众不同、唯我独尊的感觉，往往能够增加会所的价值。独特的创造可以从多个方面来推敲寻找：例如，针对性的剪裁空间，利用建筑上赋予的独特的空间条件及其他环境，也可取材于历史、文化和艺术背景，更必须同时考虑功能定位的需要；而设计者可将创作的元素表现于建筑造型、灯具及家具造型、色彩及材料利用、装修节点、摆设及挂画等，以此来塑造独特的个性便更加给力。

3. 和谐

会所设计不一定要追求时尚，不一定很现代，但是一定要和谐，要给人一种亲切、舒服及和谐的感觉。无论建筑造型、色彩、灯光、家具搭配、装饰摆设都必须做到平和、优雅，最重要是舒服。会所不是商店，好的会所设计应该历久常新，应该一直流传下去，所以说，和谐非常重要。

二、海钓俱乐部（会所）

（一）海钓俱乐部（会所）的定义

海钓俱乐部（会所）一般是指海钓爱好者和支持海钓事业发展的社会各界人士组成的群众体育组织和场所，是为广大海钓爱好者提供服务的平台；或由企业经营者出面组织，会员在自愿、互助、互惠的基础上自主参加，并有相应的权利和义务的海钓爱好者协会或团体。早在19世纪初，美国大西洋沿岸地区就出现了专业垂钓俱乐部，在一些海域开展以休闲娱乐为目的的海洋垂钓活动。

（二）海钓俱乐部（会所）的组建

组建海钓俱乐部，需要会员自愿自主参加，会员愿意承担相应的权利和义务。俱乐部的组建需要制定章程来约束，章程中一般规定以下内容。

1. 成立宗旨

海钓俱乐部的成立宗旨，一般是指在遵守国家法律法规、遵守社会道德风尚的框架下，积极为海钓会员打造一个服务平台，倡导高尚生活品质，为会员提供海钓运动和商务休闲活动服务，以及商业洽谈的场地和设施，增进会员间的友谊，促进海钓事业的发展。

2. 组织机构

海钓俱乐部的最高权力机构是会员大会，理事会是会员大会的执行机构，负责俱乐部日常工作，对会员大会负责。理事会的理事人选由俱乐部全体会员民主推荐产生。俱乐部换届选举、重大事项等活动，必须召开全体会员大会，所有决议采用少数服从多数的办法。

3. 主要任务

非营利性海钓俱乐部的主要任务一般有：运用各种形式，积极宣传和开展海洋环境保护、海钓健身活动；组织举办各类海钓知识、经验交流和海钓竞技训练等活动；组织参加地区及全国性海钓比赛，协助上级钓协举办海钓赛事活动；接待国内外海钓社团，协助有关部门开拓海钓旅游事业；争取社会各界的捐赠和资助等。

营利性海钓俱乐部的主要任务一般有：为会员提供渔具销售、钓鱼培训、海钓沙龙、商务休闲、海上旅游等海钓服务，会员为各项服务支付一定的费用。

4. 会员的权利与义务

对会员享受的导钓服务、海钓培训、海钓比赛参赛权、场所使用优惠等方面进行规定。

会员义务主要包括：遵守章程，维护名钓会利益，积极参加名钓会活动，按规定缴纳年费和支付各种活动费用，遵守海钓礼仪，倡导健康的海钓文化等。

5. 入会和退会条件

凡承认俱乐部章程，作风正派，身体健康，并拥有一定海钓技能和海钓自救救生装备的海钓爱好者。

6. 经费开支

对俱乐部经费来源、经费开支进行规定。

（三）我国海钓俱乐部（会所）发展现状

随着海钓业的逐步发展，近年来，以经营海钓为主要业务，实行企业化操作的专业海钓俱乐部也在我国一些城市应运而生，如北京、青岛、大连和浙江舟山等地都相继成立了专业海钓俱乐部。据初步估计，目前我国海钓休闲运动的参与者在数千万以上，已有规模不等的俱乐部不下 300 余家，达到专业级别的海钓人数不下30余万。[①]

（四）海钓俱乐部选介

1. 中华名人垂钓俱乐部海钓中心

2005年6月正式成立。海钓中心是中华名人垂钓俱乐部下属的从事推动海钓运动发展的专门机构。中华名人垂钓俱乐部海钓中心由一群热爱海钓事业的海钓人组成，他们近年来游钓于全国各地沿海城市，多次参加国内外各类比赛，曾在多次比赛中取得过优异的成绩。成立不久的中华名人垂钓俱乐部海钓中心即经受了两次大型赛事的考验：2005年7月“浙江舟山全国海钓锦标赛”和代表中国参加的“2005年法国世界深海拖钓比赛”。这两次赛事，海钓中心均取得了不俗的成绩，不仅为中华名人垂钓俱乐部海钓事业的发展创造了良好开端，更为我国与国际海钓运动的接轨奠定了坚实和重要的基础。

2. 浙江大洋海钓俱乐部

成立于2003年12月，位于浙江省舟山群岛朱家尖岛乌石塘景区以东的樟州湾。海湾略显长条形，两岸青山夹峙，平时风平浪静，港水一碧如染，拥有海光山色之美，可以港中游艇，可以岸边垂钓，是朱家尖风景旅游区理想的海上观光游览和修身怡情的场所。俱乐部主要经营海洋垂钓、渔业养殖、钓具销售、海洋文化、体育及旅游产业开发与服务。

3. 中国普陀海洋文化创意产业园区

2014年，中国普陀海洋文化创意产业园区在舟山成立，园区定位为“景区级标准泛游艇类综合性产业园区”，规划占地300多亩。该园区旨在打造一处集合海岛休闲自助、海钓、游艇、帆船等为海洋运动服务，拥有游艇管理、培训、停泊、修造、售卖、会展为配套的综合性海洋产业园区，完全建成以后，将成为世界级游艇类产业区，国家级风景区，全国海洋文化示范区。

该园区的主要业务：一是提供海钓爱好者所需要的一体化综合性服务；二是规范舟山海钓业经营模式，用标准化的操作引导休闲渔业管理；

---

① 《海钓运动：发展与建设同行》，人民网，http：//www. chinadaily. com. cn/hqgj/jryw/2012－12－21/content_ 7826878. html。

三是推动海钓产业化进程，促进海洋渔业的转产转业，保护舟山海洋渔业资源。

4. 青岛名钓会海钓俱乐部

位于美丽的海滨城市青岛，于2008年6月正式成立。其宗旨在于为高端用户提供差异性、个性化服务。一楼主营野生鱼日本料理；二楼为会员专区，内设进口国产精品渔具销售，附带茶室，会员培训教室。现拥有大小船只10余艘。其中7~10米近海双体船钓专用船8艘，8~11米浮游矶钓登礁船、路亚船、拖钓艇3艘，16米的远海豪华游钓艇1艘。俱乐部下设田横岛名钓会会员专用海钓基地，提供海钓休闲旅游吃、住、行一条龙服务。被评为世界钓鱼联盟官方IGFA研究员俱乐部。

5. 宁波国际海钓体验中心

成立于2014年7月，由宁波国际海钓俱乐部、宁波钰德旅游文化公司投资建设。宁波国际海钓体验中心包括了宁波市体育馆馆藏体验和宁波渔山列岛现场体验两个实体阵地，是浙江省首个涵盖海钓运动、海钓装备、海钓基地、海钓休闲旅游、海钓渔文化全系列在内的社会运行机构，是宁波国际海钓俱乐部旗舰体验中心。

位于宁波市体育馆的宁波国际海钓体验中心拥有500平方米展示体验区，包括海钓知识宣传、海钓技巧辅导、海钓网络体验、钓场联络推介、鱼拓艺术欣赏、海钓渔具购置六大体验区，为宁波市民和海钓爱好者提供了一站式的综合服务和体验。借助宁波国际海钓体验中心这一平台，宁波国际海钓俱乐部与全国40多家俱乐部结成战略合作伙伴，涵盖大连、青岛、深圳、三沙等我国海钓运动发达、钓场资源丰富的区域。揭牌当日，全国40多家俱乐部的代表出席，并在宁波国际海钓体验中心挂牌建立宁波接待站。

宁波国际海钓体验中心为海钓爱好者提供一系列专业服务，提供顶级专业设备，传播海钓经验，推介经典钓场，聘请专业律师保障国际海钓权益。宁波国际海钓体验中心以开发浙江省海钓梦幻钓场为基点，同时覆盖全国、连通国际，将定期举办国际海钓赛事，聘请国内外海钓大师担任顾问，搭建了浙江省内最大、最高水平的海钓服务平台。

6. 温州市海钓俱乐部

成立于2008年，是该市海钓爱好者和支持海钓事业发展的社会各界人士组成的群众体育组织，是温州市钓鱼协会的非法人代表和非经营性团体会员。该俱乐部旨在推动我国海钓事业发展，促进与国外海钓组织建立友好关系，交流海钓经验，提高竞技水平。

7. 海南蓝鳍海钓俱乐部

成立于2014年4月，隶属于“海南蓝鳍海钓产业开发有限公司”，总部位于海南省海口。其连锁机构分布于海南三亚、海南文昌、海南谭门、海南万宁、海南洋浦，规划于2015年年底前在北京、沈阳、上海、成都、长沙、昆明分别设立“蓝鳍海钓俱乐部”分支机构，同时在新西兰、夏威夷、泰国、菲律宾、马来西亚等国家和地区设立蓝鳍海钓俱乐部游钓接待处，以便更好地为广大会员及钓鱼爱好者服务。

蓝鳍海钓俱乐部致力于发展海洋旅游经济，传播海洋游钓文化，打造海洋牧场（人工鱼礁）、游钓驿站，以及举办各种规格的海钓赛事、路亚赛事活动等。目前，俱乐部拥有多艘专业钓鱼艇及休闲钓鱼船，可以提供海上“船钓”、“拖钓”、“路亚”、“矶钓”、“漂流钓”等不同钓法的游钓服务行程。蓝鳍海钓俱乐部还从事游艇及钓鱼艇的托管与租赁业务。

第二节　休闲海钓基地

一、海钓基地的概念和功能

（一）海钓基地的概念

海钓基地是指具有一定的海钓区域资源条件，具备相应的海洋渔业产业基础、特定的海洋游钓专业服务与配套服务设施和功能的海钓场所，是一个集海钓生物资源维护、海洋游钓活动、海钓接待服务的系统集成。

海钓基地的一般功能通常包括在一定区域范围内提供海钓休闲渔船（游艇）码头、港湾避风、物料（冰、水、油、饵料）供给、器具（钓具、服装）保管、船只维护（托管）、应急救助、垃圾处理、保鲜保活、渔获物监管、钓鱼培训、导钓员服务、接入交通（停车场）、休闲活动以及系列生活服务（会所、餐馆、酒店）等配套的服务设施，对于具备国际接待功能的区域中心基地，还应增加游艇码头中转服务和签证服务项目等。①

（二）建设海钓基地的意义

创建海钓产业基地的主要意义表现在：挖掘与保护各类海洋生物资源，发展配套、服务产业；形成完善的而系统的休闲海钓以及旅游产业链；促进区域产业结构调整，提升区域海洋经济可持续发展能力；塑造区域城市形象，提升区域文化品质，打造区域城市名片。

二、海钓基地的类型

根据海钓基地所在的地理位置、交通状况、活动区域的距离、周边海钓资源特性、环境容量以及投资规模，海钓基地主要可以分为三种类型。

（一）区域中心基地

是区域性的、以出入基地便捷作为主要考虑因素，能为专业海钓者和休闲体验游钓者提供系列较为全面的、相配套的海钓休闲活动、生活服务、专业配套、安全保障的区域性游钓综合性服务基地。

（二）海钓俱乐部基地

以海钓俱乐部会员为主要服务对象，除了通常的生活服务，还应具有自备码头以及一定的专业配置和专业服务水平，能为会员提供人性化、个性化服务的专业性游钓服务基地。

（三）公共游钓体验基地

以当地良好港湾及特色游钓资源为基础，以普通海洋休闲体验者为主要服务对象，具有船队、码头等设施设备，具备一定的活动指导、生活服务、安全保障等配套服务功能的大众化游钓体验接待服务基地。

三、建设海钓基地的基本条件

（一）具备良好的海钓资源条件

一个地区的海钓资源丰富程度取决于宜钓种类数量的多少，而宜钓种

① 王依欣：《我国海钓基地建设推进路径的探讨》，《渔业信息与战略》2013 年第 11 期，第 253—256 页。

类及数量的多少又决定这一地区游钓活动形式的可选择程度与对游钓客的吸引力强弱。目前，国内海钓资源通常分为特色种、名贵种、常见种三种。专业海钓者更加注重对当地特色种与名贵种的品级与数量的关注，这方面的特色越鲜明，这一地区的对外吸引力就越强；而休闲游钓体验者对渔获上钩率和体验活动本身感兴趣，对渔获品种的选择则不一定敏感。

（二）具备较好的钓地环境

钓地环境主要由当地的气候条件、海洋水文、钓地地形底质等要素构成，以上这些特定环境形成了当地特定鱼获种类的栖息习性，是这一地区游钓产业最根本的基础性发展条件，也是衡量产业发展优劣势的主要要素。游艇基地建设前，按照海钓基地项目建设对当地生态与环境的可能影响程度，需要对相关要素进行评估，如基地与海洋功能区划的相容性与当地土地利用规划的一致性、基地建设对一定范围保护鱼种的可能影响、基地建设对人工鱼礁及养殖水面的利用、周边游钓活动对航道的影响、游艇活动可适用性、基地建设对国防设施及用途的影响评价等。

（三）具备较好的休闲渔业和海钓产业基础

海钓产业的推进不仅需要有钓地、资源等特定环境，而且还需要有一个对产业的服务容纳、范围扩展、产业延伸等相关联的发展外围要求。如当地传统作业（包括钓业）方式、当地渔家文化传承特色、当前新渔村建设的基础设施推进进度、当地休闲渔业和旅游业发展状况等，都将对海钓基地以及海钓产业的发展带来直接或间接的影响。[①] 海钓基地应具备一地产品有充分的旅游发展潜力，在活动内容的丰富度、趣味性、安全链、舒适度上能够做深做透；同时，也要充分考虑周边岛屿（村落）其他旅游项目的可利用条件，在资源容量允许的条件下，应尽量延长游客逗留时间，增加旅游消费总量。

（四）具备良好的客源市场条件

目前我国海钓客源主要由两部分组成，即由散客层面形成的休闲体验性游钓客源与有组织以及海钓爱好者织成的专业海钓团队。从职业构成

① 王依欣：《我国海钓基地建设推进路径的探讨》，《渔业信息与战略》2013 年第 11 期，第 253—256 页。

看，我国海钓客源主要以企业经营业主与管理层为主；从文化程度看，大部分具有较高的受教育程度，拥有较强的生态意识和旅游素养；从年龄比例上看，30～45岁的中青年占主体部分；从出行组成上看，多数具备自备车条件，表现出3～7人的小团体群落特征；从区域分布上看，以我国沿海大连、青（岛）威（海）、上海、宁波（舟山）、厦门、广州、深圳、海口等9大区域中心城市为代表的逐级辐射特征。目前，参与性游钓是整个市场的客源主体，利用休闲游客培育市场，依托专业团队打响影响将是当前和今后一个时期海钓产业推进的主要工作目标。①

（五）具备较好的交通基础和服务配套设施

交通的便捷性是基地选址的一个重要方面，尤其是在中心基地的选择上，更应突出客源进入的直达性条件与赴周边钓区的出航航程时间，延长活动时间、缩短途中时间是当前与未来基地建设考虑的首要因素。服务配套设施是不可缺少的必要条件，海钓基地需要一个由当地一定人口数量支撑的消费与服务环境，它既是一个要求相对完整的旅游服务项目，又是一个与当地消费环境密切相关的开放式经营开发项目。此外，海钓基地项目的建设布局主要利用的是港口、码头、停车场的基础性设施，应该在政府产业指导下启动项目与实施推进，建立一个与建设目标及接待能力相适应的配套设施与健全的服务体系。

海钓与游艇是一种互相依存的关系，海钓因为游艇的加入提高了文化品味和服务档次；而游艇因为海钓的介入丰富了游艇的休闲内容。在目前国内游艇开放的大背景下，要充分考虑接纳游艇服务的设施与要求，有计划留有充分的游艇配套系泊码头建设余地，以改变目前游钓参与者的结构层次，提高游钓收益。

四、我国海钓基地建设现状

随着海钓业的不断发展，我国海钓基地建设引起了各地的重视。

2009年10月，首个国家级海钓基地落户温州洞头，国家体育总局领导为首个国家级海钓基地——洞头列岛“全国海钓基地”授牌。洞头县是

① 王依欣：《我国海钓基地建设推进路径的探讨》，《渔业信息与战略》2013年第11期，第253—256页。

浙江省温州市辖县，地处浙南沿海，瓯江口外，由103个岛屿组成，故有“百岛县”之美称，是浙江省第二大渔场，海洋资源丰富。洞头县曾经两次成功举办过大型国际国内钓鱼赛事活动。

2011年，浙江象山县提出，要整合县域海岛旅游资源，重点推进檀头山、花岙岛、渔山岛等海岛开发建设，将渔山列岛国际海钓基地建设作为重点工程项目之一，全力推进渔山旅游开发与资源的保护，重点完善基础配套设施建设，打造高品质国际海钓基地。后来又决定建设韭山列岛、渔山列岛和象山港三个面积达50平方千米的“海洋牧场”，带动周边海域资源保护与恢复，辐射海区超过500平方千米，将基本形成集海洋环境保护、渔业资源增殖、海上休闲游钓等功能于一体的“海洋牧场”框架。

2012年，浙江舟山市提出了深度开发海洋旅游新业态、新产品，精心打造以邮轮、游艇、海钓、康体、禅修五大基地为重点的时尚海洋旅游项目，加快提升海洋旅游目的地服务水平，积极创新海洋旅游品牌营销模式，深入推进海洋旅游管理体制机制改革，依托丰富的海洋生物资源，建设完善白沙、泗礁、朱家尖、秀山、嵊山—枸杞、东极等钓场，引进国际海钓赛事，培育大众和专业海钓品牌，使舟山群岛成为浙江省乃至全国的海钓中心，并进一步打造世界级的海钓基地。

2014年，山东省制定了《省级休闲海钓示范基地建设实施方案》，将在三年内在青岛、烟台、威海和日照四个地市及相关县市区范围内选择15处具备一定工作基础、发展潜力较大、积极性较高的海钓基地，作为省级休闲海钓示范基地；省级休闲海钓示范基地在钓场建设、岸线整治、增殖放流、海钓船审批、赛事安排等项目上优先安排资金扶持。在省级休闲海钓示范基地建设中，山东省将统筹考虑投放新型礁、放流恋礁鱼、建造标准钓船、美化海岸线、提供餐饮救助等相关服务。这些基地建成后年接待海钓人员将达到20万人次，同时每年举办国家级海钓比赛3次，省级比赛8次，以推动山东休闲渔业和海洋旅游业的发展。[①]

2013年，山东威海市通过《威海市海洋游钓基地布局规划》，遵循“立足当前、着眼未来，整合资源、提高效用，生态环保、持续发展，凸

---

① 中国日报山东记者站：《山东省将建设15处休闲海钓示范基地 打造海洋旅游新亮点》，中国在线，http：//www.chinadaily.com.cn/dfpd/sd/bwzg/2014－02/26/content_17305590.htm。

显特色、体现差异”的原则，以市区为重点，结合区域资源特性，在全市重点规划了威海北游钓区、威海湾游钓区、市区东南游钓区、荣成游钓区、文登游钓区、乳山游钓区、沉船及深水游钓区七大海洋钓场。西霞口集团休闲海钓基地是山东省第一家通过省级休闲海钓钓场认定和省级休闲海钓示范基地认定的海钓基地。它可以提供船钓、岸矶钓、驳钓、沙滩钓等多种形式的钓鱼方式，是休闲渔业、海上运动、滨海度假、体育竞技相结合的休闲海钓旅游基地。目前，该基地拥有各种游钓船只 40 余艘和 500 处垂钓钓位。

山东烟台市从 2005 年开始至今，已投放人工鱼礁规模约 355 万空方，构建人工鱼礁、海洋牧场面积 3. 5 万亩。计划到 2015 年年底前，建设 30 处休闲垂钓基地，其中海钓休闲基地 20 处左右。①

2014 年 9 月，青岛黄岛区休闲海钓基地建成开放。作为青岛最大的省级休闲海钓示范基地，该项目是由青岛鲁海丰集团投资 2. 2 亿元建设而成，除了渔家风情小院，还拥有海域 5 万多亩，建设人工鱼礁区。在满足养殖生产功能的同时，兼容生态旅游休闲功能，建设主题景点、观光平台、海钓设施、交通设施、安全设施和旅游服务设施。②

近年来，日照市把休闲海钓基地创建作为发展休闲海钓产业、促进渔业转型升级的重要抓手，在政策、资金、项目和服务上给予大力支持。据统计，海洋渔业部门曾自筹资金 300 万元专项支持 3 家省级休闲海钓示范基地开展规范化创建和品牌打造工作。2014 年，渔业部门还安排蓝黄两区专项资金 2 000 万元用于阳光海岸湿地的保护和修复，直接配套服务万宝休闲海钓基地的发展，并在 3 个休闲海钓区投放恋礁鱼 647. 72 万尾。同时，建立了现场办公、联席会议、项目建设周报制度，协调解决相关问题。日照 3 家休闲海钓钓场日前顺利通过省水生生物资源养护管理中心组织的专家评审，被授予“省级休闲海钓钓场”称号。③

2014 年，海峡两岸“莆澳杯”海钓（矶钓）邀请赛在福建南日岛成

---

① 中国日报山东记者站：《山东省将建设 15 处休闲海钓示范基地 打造海洋旅游新亮点》，中国在线，http：//www. chinadaily. com. cn/dfpd/sd/bwzg/2014 －02/26/content_ 17305590. htm。

② 青岛将建休闲海钓示范基地：《放流恋礁鱼 1 025 万》，中国日报网，http：//news. qingdaonews. com/qingdao/2014 －02/28/content_ 10298245. htm2014 －02 －28 12：24：39。

③ 《日照 3 家休闲渔企获“省级休闲海钓钓场”称号》，大众网，http：//tour. dzwww. com/lvnews/201502/t20150209_ 11874207. htm。

功举办。当地提出，南日岛具备海洋资源优势，要利用举办海钓（矶钓）邀请赛的机会，倾力打造全国海钓基地，大力发展以海钓为主的休闲体育旅游，打响休闲海钓旅游新品牌，推进旅游经济强区的创建步伐，加快推进南日岛黄金海洋牧场建设，为莆田市海洋经济的发展注入新鲜血液。

五、海钓基地策划案例

舟山东极休闲海钓基地策划方案。

（一）策划背景

东极是舟山群岛东端岛屿，同时也是中国海洋最东端的岛屿。东极诸岛远离舟山本岛，距沈家门 45.5 千米，陆域面积为 11.7 平方千米，拥有大小 28 个岛屿和 108 个岩礁。全镇现有在册人口 6 468 人，下辖庙子湖、青浜、黄兴、东福山四个乡。庙子湖是东极政治、经济、文化中心，更宜体现文化、景点、综合甚至人居的“综合岛”发展定位，建设成为海岛特色的现代化综合性生态旅游新城镇，以发展休闲、旅游、观光等第三产业为主，集休闲、娱乐于一体的高品位港湾，是建立海钓、游艇水上活动和休闲渔业的理想基地。东极岛的海钓旅游资源经过几年挖掘，已相当成熟。

（二）指导思想

1. 立足现在，着眼未来

按照东极岛的现有条件和发展趋势，先做现成、先做局部、先做精品，实施以小见大的战略。

2. 生态环保，持续发展

生态环保是海钓项目规划的永恒主题，海钓旅游开发尽量在不破坏景区、景物原生态的前提下进行，执行持续发展战略。

3. 突出特色，体现差异

实施产品的特色和差异化战略，创建属于自己的独特性的产品。

4. 以人为本，打造精品

设计精致产品、强化教育训练、严格管理行为，在实施各项工作规范化的同时，更多地倾注人文关怀，在细节上体现完美和品位。

（三）海钓旅游开发优劣势分析

1. 优势

（1）区域旅游环境优越。舟山地处长江口杭州湾外缘的东海洋面上，背靠以上海为龙头的长三角城市群，具有明显的区位优势。

（2）鱼类资源类型丰富。东极镇地处中街山列岛东部，是舟山渔场的中心。舟山渔场是我国最大的渔场，素有“东海鱼仓”和“中国渔都”之称。附近海域有经济鱼类100多种，虾、蟹类40多种，贝类32种，藻类25种，其中可钓鱼类品种有黑鲷、真鲷、鲈鱼、虎头鱼、石斑鱼、白姑鱼等20多种。东极原生条件优良，岛礁海蚀地貌独特，是营造海钓度假旅游基地的理想条件。

（3）基础设施较齐全。岛上水电、通信、有线电视、客运码头一应俱全，与舟山本岛享受同等基础设施条件，开发建设成本相对较低。已经局部开通了直升机航线。

（4）海水条件。常年水清，一年具有10个月以上清澈的海水。

2. 劣势

东极海钓开发的制约突出反映在交通状况和可到达性上。每天只有一条运输船往返接送游客和居民，一次承载能力只有几百人，并且旅程时间过久，直接制约着东极海钓旅游的发展。东极岛一部分现有的旅游资源与其他岛屿具有雷同性，缺乏本身的独特性，需要整合周边区域知名度较高的旅游景区或项目，才能找到独特的市场卖点和突破口。

3. 机遇

以京津唐、长三角和珠三角为中心的沿海发达地区的休闲度假旅游市场发育相对成熟，海钓旅游已经成为目前国内旅游市场的新热点。作为整体全方位开发海钓项目，结合亚洲最佳海钓资源，东极岛已被列入市政府近、中期城市旅游规划中推出的第一批计划开发的岛屿之一。

4. 挑战

海岛旅游产品竞争日益激烈。舟山享有盛名的桃花岛、秀山岛、蚂蚁岛等是东极岛最直接的现实竞争对手；此外，浙江的象山、玉环、宁海等城市正在进行的大手笔海岛旅游开发，也将成为东极岛潜在的竞争对手，面对现实，面向未来是东极岛唯一的选择。当今，休闲度假旅游需求日益趋向多样化，游客消费也日趋理性化，旅游者对休闲、度假的环境、设施、节目、服务等方面要求也越来越高。

（四）近期东极海钓项目开发定位

总体定位：海钓基地，度假天堂，综合度假岛——高品质的度假社区。

功能定位：海钓、度假、休闲、美食、娱乐。

目标定位：①国际海钓基地：庙子湖岛属于远离大陆的中街山列岛，水质清澈，渔业资源丰富，据称是亚洲最好的海钓场所之一，岩线长度及基质全国第一，定位为国际海钓基地。②“极地”度假：岛上空气清新，风光秀美，几乎没有工业污染，随着舟山岛屿旅游的发展，外海岛屿将以更为自然独特的形象提供给游人一个全新的感觉，由于其面积较大，因此完全有可能成为综合性休闲度假的理想之地，在此基础上可以突出“运动”（健康）概念、疗养概念、会所概念。③渔家风情：结合原住民的人文遗迹并经适当改造，可以从多角度体现目前已不多的海岛生活原生态。

（五）海钓总体布局与空间分区

主要由“原油库附近钓区、财伯公东侧钓区、机场下侧钓区、达直岙钓区、后岙钓区”五条精品线路构成东极岛的总体休闲海钓旅游格局。

第五章　我国钓具制造行业发展

第一节　渔具和钓具概述

一、渔具

渔具是指在水域（包括内陆和海洋）直接用于捕捞和采收水产经济动物的各种工具的总称。为提高捕捞效率而为渔具配置的仪器、仪表等辅助设备以及渔船和机械装备等不属于渔具的范围。

早在旧石器时代人类就利用天然的树枝钩刺和鹿角、猪齿、石头等制成原始渔具在河流、湖泊中捕食鱼贝。6 000 多年前，中国已出现骨制鱼叉、钓钩、枪头、鱼镖等。3 000 多年前已出现铜制钓钩。当今盛行的渔具和捕鱼方法是近二三百年产生和发展起来的，如长带型的流刺网和围网、袋型的拖网和定置网、各种形式的钓渔具等。自 20 世纪 50 年代起，世界渔具已渐趋现代化。现代渔具的发展特点和趋势：一是由小型、简单发展到大型、复杂；二是由沿岸作业延伸到深海大洋作业；三是渔具材料逐渐被合成纤维、塑料以及高科技材料等取代。

由于结构、捕捞对象、作业方式等不同，渔具种类和形式繁多，又由于地区、习惯等因素的关系，性质相同或相似的渔具也存在很多差异。根据渔具的结构特点和作业原理大致可以分为网渔具、钓渔具、耙刺类、笼壶类等类型。

（一）网渔具

网渔具由网片、绳索、浮子（如浮桶、浮体、浮球等）、沉子等组成。根据捕捞对象和作业方式不同，渔具又分为刺网、围网、拖网、张网、大拉网、敷网、抄网、掩网、陷阱 9 类。世界上使用网渔具捕获的水产品的占总渔获量的 80% 以上。

（二）钓渔具（钓具）

钓渔具（钓具）通常由钓钩、钓饵、钓线等组成，有些还装上浮子、沉子、钓竿或其他附件。钓钩是结缚在钓线上起钩刺作用的部分，分倒齿结构和无倒齿结构两类。钓饵的选择常是影响渔获丰歉成败的关键，可分为真饵和假饵两种。

（三）耙刺类

具有耙挖、突刺等性能的渔具。前者带有锋利齿爪的耙，将潜于泥沙底中的捕捞对象耙挖而捕获；后者包括鱼镖、炮锯、长柄钩等投射器和空钩等，作业时瞄准捕获对象射入体内而捕获，或利用空钩尖刺捕获。

（四）笼壶类

利用某些捕捞对象喜欢钻穴的习性，在其经常栖息逗留的水域设置带有小孔的笼、罐、海螺壳等，引诱其潜入而捕获。如鳝鱼笼、虾笼、海螺笼等。

二、钓具

钓具类是渔具中的重要分类，是指侧重个人从事钓鱼活动或竞赛的用具，主要包括鱼竿、鱼线轮、钓鱼钩、抄网、鱼线，以及其他杂品、配件等。有一些与钓具相关的行业企业主要生产与钓具和钓鱼活动相关的产品，以满足消费者差异化需求，如钓鱼服装、户外用品等。根据《中华人民共和国国家标准国民经济行业分类与代码》的说明，钓具制造企业归属渔具及渔具材料制造业。[①] 一般来说，钓具制造行业主要是指鱼竿、鱼线轮、钓鱼钩、抄网、鱼线、鱼漂、鱼坠、鱼饵、假饵等产品的加工制造型企业。

（一）鱼竿

鱼竿是一种捕鱼工具，外形为细长多节竿状物，通常有一个把手，由把手到后端逐渐变细变尖，要用一根钓线连接带有饵料的鱼钩来使用。鱼竿最初是人类用于捕鱼维生的工具，现通常用于户外运动中的钓鱼休闲，同时也会用于一些钓鱼竞技类型的体育或户外比赛。

① 陈跃民：《中国钓具制造企业竞合策略研究》，中国海洋大学，2012 年 12 月。

按照材质，可分为竹木鱼竿、玻璃钢（玻璃纤维材料）鱼竿、碳素鱼竿、钛合金鱼竿等系列。其中，碳素钓竿根据含碳量的不同，分为低碳钓竿、高碳钓竿和超高碳钓竿等。

按照用途，鱼竿分为海竿（又叫甩竿、投竿）、手竿两大种类。海竿是指在钓竿上装有绕线轮、过线导眼，可放线、收线的钓竿。手竿分成七个小类，即溪流竿、鲫鱼竿、鲤鱼竿、综合竿、战斗竿、手竿、手海竿。

目前国内市场知名品牌的鱼竿主要有：太平洋钓具（1976 年，台湾，太平洋钓具有限公司）、迪佳 TICA 钓具（1965 年，台湾，达金兴业股份有限公司）、钓鱼王（大型钓具企业，钓鱼王集团）、光威钓具（中国大型钓具集团企业，威海光威渔具集团）、风行老鬼（著名品牌，湖北风行钓具有限公司）、碧海钓具（大型钓具企业，北京碧海钓具公司）、渔拓 etuoh 钓具（1976 年，台湾渔拓企业股份有限公司）、东美钓具（中韩合资企业，东美钓具（佛山）有限公司）、东区钓具（1980 年，台湾，著名大型钓具连锁品牌）等。

国际著名鱼竿品牌主要有：达亿瓦 DAIWA（1955 年，日本）、禧玛诺 SHIMSNO（1921 年，日本）、伽玛伽兹 GAMAKATSU（日本）、英大 YING-DA（英国，全球领先的纳米硼纤维新型高碳钓竿开创者）、纯钓 PURE FISHING（美国，旗下品牌包括阿布 ABU 贝克力 BERKLEY 芬威克鹰 FEN-WICK 等）、普雷斯顿 PRESTON INNOVATIONS（英国著名品牌，主打中高端渔具市场）、索尼克 SONIK（欧洲钓具品牌）等。

（二）渔线轮

渔线轮也叫渔轮、放线器、卷线器，古称钓车，是抛（海）竿钓鱼必备钓具之一，通常由摇把、摇臂、逆止钮、主体、轮脚、导线轮、线轮、抛线螺帽、勾线夹、线壳、泄力装置 11 个主要部件组成的一个收线传动装置，固定在抛竿手柄的前方的钓具，是构成抛竿钓组的主要钓具。

一般来说，渔轮分成两大类别：“排线方向跟进出线方向平行”的鼓式轮和“排线方向跟进出线方向垂直”的纺车式轮。

（三）鱼饵

鱼饵是指钓鱼时装于鱼钩之上用以引诱鱼上钩的食物。按照不同的划分标准，鱼饵可以分为以下不同的种类。

按鱼饵的性质分，可分为植物性鱼饵、动物性鱼饵、动植物混合性鱼饵。后两种饵料通常被称为腥饵或荤饵。

按诱鱼原理分，鱼饵可分为真饵和假饵。所谓真饵，是鱼类可以食用的动、植物性饵料的通称，主要通过引起鱼的食欲诱鱼。假饵也称模拟钓饵或拟饵，是以塑料、金属或其他材料制成的类似小鱼、虾和虫类的小器件。

按使用的时代划分，可以分为现代饵料和传统饵料。现代饵料是使用现代诱鱼技术，经科学配方和工业化生产的饵料。传统饵料是指沿用过去的饵料使用方法和习惯，自己采集和加工的饵料，如像蚯蚓一类的虫饵等。

（四）渔线

渔线又称钓线、鱼线，是用来将钓具配件连接起来的丝线，主要是用来连接鱼竿和鱼钩。从前的渔线多是棉、麻、蚕丝等天然纤维制成，强度不高、透明度不好、柔软度和耐磨性不够。现代渔线主要是尼龙、聚乙烯纤维、碳素线、钢丝线等制成，强度、透明度和耐磨度等方面有较大提高。由于尼龙类渔线具有透明度高、柔软性好、比较耐磨等特点，尼龙渔线成为渔线市场的主力军，占据渔线市场80%以上的份额。①

渔线按用途可以分为手竿线、海竿线、海钓线（矶钓线）、路亚线、防咬线等。

（五）浮漂

浮漂，又叫浮子、鱼漂、鱼浮、浮标等，是钓鱼的重要渔具之一。浮漂的主要作用包括传递鱼吞食钓饵的信息、表明钓饵的位置、调整浮漂与坠子间的配重关系、显示水的深浅、显示咬钩鱼的种类等。

按照形态分，浮漂的种类多种多样，但归纳起来，主要有立式浮漂、卧式浮漂、球形浮漂、线浮漂四大类。按材料分，浮漂包括孔雀羽去壳软尾、芦苇标材质、巴尔沙木、纳米浮漂等。

（六）渔坠

坠子是用来增加鱼饵的潜水力、锚定力以及扔的远度。他们可以有各

① 侯敏枫：《钓具形态研究》，吉林大学，2006年3月。

种不同形状，环境问题是选用鱼坠子材料的主要问题。为了减少水的阻力和入水时的响声，鱼坠子一般是两头尖、中间大。鱼坠的主要品种有海竿坠、手竿坠和抛砣法重坠等种类。

鱼坠通常是用铅制成，再装一个钩，通常用软的材料覆盖来吸引鱼。近年来，由于钨合金的高密度、小体积、环保等特点，已逐步替代了铅坠。该鱼坠可以用于咸海以及淡水区，深受大众喜欢。

（七）钓钩

钓钩即钓鱼的钩。钩的种类按长短和形体可分为长柄钩、短柄钩、串钩、爆炸钩、朝天钩、三角锚钩、假饵钩等。

此外，钓具还包括钓鱼服装（如钓鱼服、钓鱼镜、钓鱼帽等）及其他设备。

三、现代钓具主要的流行风格

（一）自然派

伴随着崇尚自然、返璞归真的观念不断增强，竹、苇竿等自然原料的钓竿在钓具领域占有一定市场。油光闪亮的竹制鱼竿独具特色，宛如一件优美的工艺品。而现代技术工艺为仿自然材质的钓具加工注入了新的活力，使其既具有时代气息，又不失传统韵味。

（二）奢华派

在简约风格盛行的今天，主打奢华风格的钓具可谓凤毛麟角，有一部分市场是追求高品质的，为特定人群设计的天价产品。以外观吸引人的奢华钓具一般都有炫目的造型和价格不菲的材质，让人一眼望去便可知其珍贵。无论是极富传统风格的钓竿，还是现代风格的精美钓具，其“含金量”还在于齐全周到的功能。侧重于多功能的奢华钓具将在近几年更为受人关注。

（三）时尚派

简约风格盛行的今天，碳素纤维及玻璃纤维在时尚钓具中广泛使用，鲜红、橙红、草绿、明黄、亮紫等所有明快的色调都登场成为现在以及未来几年内的流行主角。

（四）个性派

钓具市场需求走向是个性化与多元化，用一根竿钓遍各种鱼的时代已经过去，设计创造个性化、多元化钓竿的时代已经来临。钓线、钩、浮漂、配件、鱼饵的开发理念也同样如此。钓鱼人的需求不断提高和异化，使得钓具市场进一步细分，钓具生产厂家只有适应细分市场的需求，推出个性化的产品，才能生存下去。形态独特、风格前卫，能够展现极强个性化风采的钓具成为很多人的首选。

（五）高科技派

钓具无论是材料的选择及加工工艺都是现代工业的尖端技术的成果。尤其是高档钓具在材料选择上都紧紧跟随着现代高科技的步伐，几乎凡是最先应用在民用上的最尖端合成材料技术，必在钓具上有所体现。

（六）民族地域传统派

即使在现代钓竿普及的今天，也有很多人对民族地域传统的钓具情有独钟。云贵地区的钓鱼爱好者通常用楠竹制作独龙竿。北方的少数民族垂钓者喜用竹制大漆竿。江浙一带现在也还有对传统的荻芦竿爱不释手的，沿海一带垂钓者还喜用竹制抛竿、自动抛竿等，这种集民族情结、地域韵味于一体的钓具仍具有很强的生命力。[①]

第二节　我国钓具制造业发展历程、现状与战略

一、我国钓具制造业发展历程

随着人们生活质量的不断提高，钓鱼成为人们修身养性及健身的一种休闲娱乐活动，在神州大地迅速发展起来，钓具行业应运而生。自20世纪80年代中叶中国诞生第一支玻璃纤维钓竿之后，我国的钓具业如雨后春笋般蓬勃发展起来，市场的需求在不断增加。

20世纪80年代，我国钓具行业开始起步，在起步阶段我国钓具制造企业采用简单、陈旧的手工劳动从事加工，产品只能在国内进行销售，后

① 侯敏枫：《钓具形态研究》，吉林大学，2006年3月。

期开始加工玻璃纤维竿，少量投放国外市场。进入 20 世纪 90 年代以后，玻璃纤维鱼竿、低档鱼线轮开始大规模生产。1996 年以后，国内企业开始大规模制造碳纤维鱼竿并大量出口，带动了钓具制造企业快速发展和壮大。“十二五”期间，在国家的大力支持下，钓具工业得到快速发展，年均增长速度达 20%，成为全球钓具生产和出口第一大国，门类丰富，种类齐全，产品能够适应各种环境、各种鱼种、各类钓法，在世界钓具市场上具有举足轻重的地位。

近年来，随着世界范围经济危机影响的加剧，国际需求持续下降，国内企业开始由片面追求快速发展逐渐转向追求有质量的成长。在 2011 年，中国内陆遭遇了致命的大面积干旱，中小湖泊干枯，鱼类死亡无数，自然水域鱼类数量下降，干旱导致粮食减产，农副产品（鱼饲料）涨价使鱼类养殖业萎缩，鱼价上涨，在收费钓鱼的水库和人工钓场，钓鱼收费涨幅在 30% ~50%，使得中国占绝大多数的工薪阶层从事淡水钓鱼的人员次数减少，这意味着国内渔具市场的消费总额减少。由于通货膨胀的影响导致了材料、人工、能源等价格上涨，并推动了渔具产品的价格上扬，这给已经缩水的消费群体增加了负担。由此导致的中国国内渔具市场的整体销售额保守估计下降20% ~30%，部分产品的销售额客观估计下降 40%。众多企业进行了多方面的探索和试验，不断寻找钓具制造企业的成功转型之路。①

二、我国钓具制造业发展现状

（一）钓具行业所占世界市场份额不断增大

中国生产的渔具产品已经占世界市场的 80%，中国钓具出口总额占世界钓具出口总额的 70%，渔具产业正在迅速崛起。根据国家海关统计数据，2010 年，我国钓具行业（只包括钓鱼竿、鱼线轮、钓鱼钩和抄网及其他）出口总额达 10 亿美元，同比增长 10.4%，增长幅度提高了近 10 个百分点。其中：钓鱼竿出口 7.7 千万副，金额为 4.2 亿美元；数量与上年同比增长 4.42%，金额与上年同比增长 8.87%；钓鱼钩出口 546 万公斤，金额为 8 千万美元；数量与上年同比增长 2.6%，金额与上年同比下降 12%。

① 侍玮、辛燕飞、钱伟等：《渔具行业未来发展前景研究》，《市场周刊》2015 年第 1 期，第 37—39 页。

渔线轮出口5千万个，金额为2.1亿美元；数量与上年同比增长8.15%，金额与上年同比增长14.7%，抄网等其他出口5.78亿个，金额为2.87亿美元；数量与上年同比增长11%，金额与上年同比增长17.3%。① 2011年全国钓具制造行业年产值超过150亿元人民币，出口额近11亿美元。2012年1—9月共完成出口9.25亿美元。②

（二）一大批钓具行业国家标准出台

我国已成立中国钓具技术标准化研究中心，主要负责钓具产品国标、行标的研究、制定、修订，钓具标准化国际合作，建立钓具标准体系、标准信息库，钓具标准宣贯、解释和咨询工作，钓具行业标准化人才的培养，钓具产品研究、检测以及标准查询等工作。同时建立了符合ISO 17025《检测和校准实验室能力的通用要求》的钓具产品检测实验室，研究符合钓具产品实际的测试设备。自2012年以来，我国陆续制定和出台了《钓具 抄网》、《钓具钓鱼线》、《旋压式鱼线轮》、《封闭式鱼线轮》、《钓鱼竿配件——导眼轮座 卡箍》、《钓鱼竿支架》、《旋压式鱼线轮》、《钓具 钓鱼竿支架》等一系列行业标准。

（三）涌现了一大批钓具生产龙头企业和品牌产品

全国钓具制造行业知名品牌一览表

序号	企业名称	产品商标	备 注
1	威海光威集团有限责任公司	光威	始创于1987年，大型钓具集团企业，世界花色品种最全、产量最高的钓具生产企业之一
2	宁波羚祐渔具有限公司	迪佳 TICA	1965年始创于台湾，十大渔具品牌，集研发设计制造生产、行销及服务于一体的企业
3	嘉兴太平洋钓具有限公司	太平洋	1976年创于台湾，跨国大型知名企业，从渔线研发生产和市场行销开始起步，自创品牌企业
4	湖北钓鱼王渔具有限公司	钓鱼王	渔具业的领军企业，行业影响力品牌，专注于钓具经营和为钓鱼人提供优质服务的企业

① 侍玮、辛燕飞、钱伟等：《渔具行业未来发展前景研究》，《市场周刊》2015年第1期，第37—39页。

② 石文：《专业委员会年会在浙江临安召开》，《文体用品与科技》2013年第2期，第12页。

续表

序号	企业名称	产品商标	备注
5	湖北老鬼鱼饵有限责任公司	风行老鬼	成立于1993年，行业影响力品牌，专业从事体育用品及钓具制造销售的综合性公司
6	湖北龙王恨渔具集团有限公司	龙王恨 LOONVA	中国驰名商标，湖北省著名商标，湖北名牌，鱼饵行业领军企业，农业产业化龙头企业
7	北京碧海钓具有限公司	碧海	始于1988年，国内大型的专营钓具用品的企业，行业内享有很高的知名度，渔具十大品牌
8	山东环球渔具股份有限公司	环球	山东省著名商标，山东名牌，从事碳纤维及玻璃纤维钓鱼竿开发和制造的专业生产厂商
9	宁波市北仑海伯精密机械制造有限公司	海伯	浙江省著名商标，国内最大的高档渔具制造商之一，渔具行业知名品牌
10	杭州法莱渔具制造有限公司	法莱	专业生产高密度碳纤维钓鱼竿和玻璃纤维钓鱼竿，渔具行业综合型企业，渔具十大品牌

资料来源：由博思数据（bosidata. com）汇总多方统计及网友反馈收集博思数据整理，排名不分先后。

2013年2月17日，中国文教体育用品协会钓具专业委员会在河北廊坊国际会展中心举行了全国钓具制造行业新优产品推荐会。根据公示结果，中国文体用品协会钓具专委会对8家企业12个产品颁发推荐证书，并在国内外进行推荐宣传。① 主要品牌和生产企业如下。

全国钓具制造行业新优产品表

序号	品牌	产品特点	生产企业
1	海钓中高级纺车式渔线器——猎豹系列	具有多项知识产权的全金属结构渔线轮，由铝合金制成主体，采用新型高强度材料线壳，铝合金机加工摇臂，不锈钢一体式抛线，以及高强度压铸锌合金传动系统零件，使得产品强度更大，使用寿命更长	宁波市北仑海伯精密机械制造有限公司

① 《全国钓具制造行业新优产品推荐活动结果公布》，http：//www. csg. org. cn/NewsInfo. asp?id =9079。

续表

序号	品牌	产品特点	生产企业
2	路亚水滴轮——APOLLO 系列	使用双色氧化零件，运用人体工程学的星形扳手及打弯摇臂，采用磁性屏蔽阻尼结构，使产品具有大范围阻尼调节等特点	宁波市北仑海伯精密机械制造有限公司
3	钓线导架 XDM	一种结构新颖、连接强度高、防转和抗弯曲能力强、重量轻的钓线导架	威海兴泰金属制造有限公司
4	锋锐伸缩路亚竿	采用变插接式路亚竿体为伸缩式竿体，竿体可以收放自如，杜绝了插接式竿体需组装拆卸的麻烦，方便实用并有效保护钓竿	杭州法莱渔具制造有限公司
5	全碳纤维材料电子浮标	采用碳纤维布卷模而成，配有电子发光系统，具有体轻、灵敏度高、美观实用等特点	岳阳名昶钓具有限公司
6	全手工无缝芦苇浮标	用江南芦苇材料，经特殊工艺处理手工合成，浮标无接缝，外观美且钓性好、灵敏度高	岳阳名昶钓具有限公司
7	路亚竿——CROSS 系列	采用镶嵌式连接工艺，TIP 前端采用 SOLD TIP，将实心稍嵌入空心的素材里，再调整出顺滑的弧度设计改变了空心素材不能达到的弯曲度与敏感度以及超细的外径。竿胚采用进口高模量碳材，导眼采用钛合金支架，SIC 导眼，把手采用葡萄牙进口的纯天然软木，使竿的重量减轻 20% 以上，使用寿命得到延长	科尼渔具有限公司
8	S - JOINT 螺旋振出式钓竿	利用螺旋式条形凸棱结构在相邻竿节的结合面上呈“S”形规则环绕，能够有效防止钓竿在结合处受外力后容易出现的死节和断竿现象	湖北龙王恨渔具集团爱龙碳纤科技公司
9	双层爆炸饵	上层主要为轻质谷物材料，黏度小、密度松，抛入钓点触水后迅速膨松散开，诱鱼快。下层相对上层黏度大、密度松，投入钓点触底后会在 3 ~ 5 分钟内快速膨松、腾起。大型鱼类吞吸膨松和雾化的鱼食时把鱼钩一起吞入。该产品使钓鱼人挂钩、抛投方便，简单实用，多上鱼，省饵料	上海三信渔具有限公司
10	二层“月饼”底窝料	制成二层“月饼”形状，鱼进窝后只能慢慢啃吃其表面膨松雾化的食物，可以诱鱼快，留鱼久	上海三信渔具有限公司

续表

序号	品牌	产品特点	生产企业
11	1406 渔线轮	整体采用钛碳复合材料注塑成型，重量减轻20%，抗弯强度增加 1 倍。主轴采用高强度钛合金材料，重量轻，噪音小，强度增大。卷线盘的裙边采用新设计，渔线更易出线，标点更远更准确。卷线盘增添了碳布，更美观，更轻。摩擦片采用碳素垫片，保证在高温下拉头设定值的稳定	威海光威集团
12	双速渔线轮	首创的一种具有两种收线速度和两种钓力的纺车轮	威海光威集团

（四）我国渔具钓具展会蓬勃发展

中国渔具展是中国渔具市场发展的产物，是广大渔具厂商交流贸易的平台，推动了中国渔具行业的蓬勃发展。20 多年来，众多的中国钓具企业积极参加渔具展会，寻找市场，打造品牌，企业规模不断发展。近年来，大型著名渔展会年年创新高，其他各地大大小小的渔展会如雨后的春笋破土而出，据不完全统计，2012 年全国渔展会多达 40 次，平均每个月就有 3 次渔展会。参展的厂家数量从小展会的几十家至一般展会的几百家，到大型展会几千家不等，采购商从几十人至几百人到上万人不等。

1. 中国国际钓鱼用品贸易展览会

简称“中国国际渔具展”或 CHINA FISH，始创于 1991 年。其时，中国刚刚开始制造玻璃纤维钓竿，展会最初的定位仅限于中国国内渔具市场，后展会定位调整为国际贸易型的专业展览会。经过十几年的卓绝努力和对专业化的坚持，如今 CHINA FISH 已成为国内外渔具制造商和贸易商普遍认可的、最重要的世界性的渔具展览会之一，与美国的 ICAST、欧洲的 EFTTEX 并称为世界三大国际钓鱼用品专业展览会，展览规模、业内美誉度、客商美誉度和回头客率四项指标都登上五星级。自 1996 年以来，本展览会均在每年 2 月份举办，参展商是国内外渔具及相关产品制造商，贸易商是来自世界各地的渔具产品经销商。展会见证和促进了中国渔具行业的崛起和发展，现已成为全球渔具信息交流平台，促成国内外渔具企业的合作与竞争，共享全球化收益。

2. 中国（廊坊）渔具展销订货会

每年在河北廊坊举办，是中国文教体育用品协会（钓具分会）精心扶持的渔具展，旨在为中国钓具行业打通上下游产业链、整合钓具产业链以及探索对接模式和机制，打造一个高效、无缝对接的交流与合作平台。

中国（廊坊）2015 年春季渔具展销订货会于 2015 年 2 月在廊坊国际会展中心成功举办。此次展会展出面积 15 000 多平方米，600 多个展位，展会为期三天，吸引来自全国各地数千名专业采购商前来洽谈、采购，交易情况盛况空前。此次展会有来自全国各地近 400 多家渔具产品生产单位，产品包含：钓鱼竿、鱼钩、钓具箱、鱼饵、浮漂、抄网及配件、绕线轮、防水靴、鱼类探测器、鱼绳及线索、钓鱼服装、钓鱼专业用刀、钓具的相关出版物、垂钓场所、垂钓设施、垂钓船具、垂钓相关产品的广告宣传机构等。

3. 北京碧海钓具展

北京碧海钓具展是目前亚洲最大的渔具展销会，也是中国国内最具规模的钓具交易平台。北京碧海钓具展销会经历了北京亚运村—北京怀柔—河北廊坊—天津（梅江）的举办地点转换，从最初的宾馆室内房间交易发展到规范化的展馆贸易；2013 年移师天津梅江现代化的展馆，将使碧海钓具展驶上高速发展的快车道。碧海钓具展经 20 年的市场磨砺，不断发展壮大，品牌日益提升，已成为国内渔具界的风向标。

4. 上花（苏州）渔具展

近年来崛起的上花（苏州）渔具展由上海市花木公司主办，上花展历史悠久，1989 年开始举办渔展会，原名为上海伽玛卡兹渔展会，是一个以上海为中心、区域性很强的展会。2008 年前曾在上海杨浦宾馆、蓝天宾馆、广西宾馆、宝山饭店、上海青年活动中心、上海美丽华度假村举办，至 2008 年春开始落户苏州国际博览中心，优良的展馆、现代化的设施，使 20 多年的上花（苏州）渔具展有了广阔的发展空间，从而华丽转身，立足华东、辐射全国，展会规模连连创新。

5. 广州金花地渔具展

广州金花地渔具展始于 2002 年，由广州市金花地渔具市场主办，近

10 年在广州花卉博览园展览馆举办，但该馆设备简陋，阻碍了展会的发展。为谋求更大的发展，从 2011 年秋季开始，金花地渔具展会迁移新址到广州琶洲展览馆，无论硬件还是交通都有较大的改善，展品范围和行业影响不断增长，成为华南地区重要的渔具交易平台。

6. 河南郑州渔具展

郑州钓鱼运动开展得轰轰烈烈，渔具批发商云集。这里是中原地区交通枢纽，也是渔具行业的集散地。知名的渔具人士吴晓明和河南达金渔具公司携手，创办了河南郑州渔展会，从 2009 年秋季至今已举办七届，为中原及周边的渔具厂商提供了一个拾遗补缺的和谐的渔具交流场所。

7. 河北大厂渔展会

大厂国际渔具城被称为永不落幕的渔展会，是国内“渔具城”模式的开拓者。大厂渔具城地处河北大厂回族自治县内，云集全国知名渔具厂商 200 余家，根据市场情况，每年组织举办 4 ~ 6 次渔具展销会，吸引了众多的企业和采购商及周边的钓鱼爱好者，成为北方重要的渔具集散地。

（五）出现了一批钓具生产基地

我国钓具行业在发展过程中，涌现了一批钓具产业集群和区域性的海钓生产基地，如山东威海的钓竿、浙江慈溪的渔线轮、湖北的鱼饵、湖南临湘的浮漂、浙江东阳的渔线等钓具生产基地。2011 年 8 月，中国轻工业联合会推荐授予浙江慈溪市“中国钓具生产基地”荣誉称号。在所有的生产基地中，山东威海市是全国最大的钓具用品生产基地，钓具产业集群被确定为全市“十二五”期间重点培育的十大中小企业产业集群之一。目前威海市拥有 1 200 多家钓具制造和配套企业，钓具年产量超过 4 000 万支，年出口额达 3 亿美元，主导产品钓鱼竿占全球 60% 以上的市场份额，各类钓具产品产量和出品量均居全国首位，已经形成了比较完整的产业链条，构建了规模效应明显、专业化分工完善的产业集群。2011 年 12 月 12 日，中国轻工业联合会批准授予威海市“中国钓具之都”称号。

三、我国钓具业发展存在的问题

（一）产品缺乏自主创新技术，研发力量和研发水平不足

中国钓具产业从 20 世纪 80 年代起步，现已成为世界上最大的钓具生

产国，产品门类已包括了所有钓法和环境及鱼种的各类钓具，部分产品的技术质量水平已达到和接近国际先进水平。但从整体上看，我国钓具在开发、制造、外观、适用性、舒适性及环境适应性与世界先进水平仍存在差距，主要表现为产品缺乏自主创新技术，价格竞争仍是产品竞争的主要手段，原材料加人工成本仍是我国钓具制造企业的主要经营方法。尽管国内众多钓具制造企业聘请国外专家协助开发或担纲开发，但关键技术仍被国外垄断。国内知名的几家钓具制造商如光威集团、海伯公司、中源渔具、富司达公司等已建立自己的研发平台，但研发力量和研发水平仍显不足，行业内、企业间存在竞争关系，除本身力量原因外，企业间缺乏交流也是一个主要原因。

（二）市场相对饱和，出现产值过剩

近年来，国内钓具生产企业和品牌日益增多，导致渔具行业出现产值过剩。按照钓具品种的分类，有竿、线、漂、钩、饵、轮、配件和服饰等9大类。每年的美国钓具展和欧洲钓具展，评选新产品基本上围绕这9大类，不过在每个大类中再细分出小的类别，这9大类产品中，除鱼钩和饵料，其他超过70%是从中国进口的，中国钓具行业的产能，在出口方面释放出相当大的部分。从2008年席卷美国和欧洲的次贷危机开始，中国的钓具出口受到影响，很多做外销的钓具企业转为开拓内销市场，但发现国内市场竞争激烈，产品同质化严重，经营同类产品，价格竞争进入白热化程度。①

（三）行业不正当竞争严重

近年来，由于我国钓具行业技术门槛不高，钓具企业除了要迎接国外品牌的强有力竞争，还要受到国内不正当竞争的干扰。纵观国内钓具展览会，展馆内展位设计精美、产品各具特色，品牌众多，使人目不暇接。然而，在展馆外则是凌乱的摊位，铺天盖地的低质低价产品，各种假洋品牌的钓具比比皆是，不正当竞争肆意猖獗，严重影响了我国钓具的有序竞争。

---

① 佚名：《中国渔具行业出现产值过剩》，钓鱼123网站，http：//www.diaoyu123.com/yujudaquan/3460.html。

（四）一些小企业经营困难

我国钓具行业企业普遍规模较小，由于近年来钓具行业普遍遇到原材料涨价、招工困难、企业经营成本增大、汇率变动、企业融资难等问题，不少中小企业出现经营困难。

四、我国钓具业可持续发展对策

（一）建立精细化的联合发展模式，有效整合行业资源，推动行业发展

应致力于打造新的联合发展模式，带领企业抱团取暖、共渡经济形势下滑的不利时期，开展强强联合，从而增强企业的抗风险能力。通过实施多元化的市场战略，大力发展国内钓具市场，逐步实现由“中国制造”向“中国品牌”的靠拢，使中国的钓具企业在不断发展变化的国际市场中立于不败之地。同时，相关企业要加强行业自律，政府相关部门要进一步规范和拓展钓具市场，抵制低价倾销和同质化竞争，提高产业集中度和国际市场高端钓具自有品牌的份额。

（二）着力推动结构调整，促进产业优化升级

面对目前经济发展形势，要积极与政府及相关方面协调沟通，及时反映行业发展中存在的共性问题和特殊困难。围绕调整结构、产业转型升级、科技创新，努力争取相关政策支持、项目支持和资金支持以及打击假冒伪劣和知识产权保护的支持。钓具企业应积极探索促进行业经济发展方式转变的有效途径，把增强技术创新能力作为推动行业转型升级的重点环节，继续探索新品推荐、品牌推广的有效方法，引导企业加快技术改造、提升产品品质，增强企业新产品开发能力和品牌创建能力的同时，建立健全钓具产业知识产权的保护措施，提升钓具行业生产水平和竞争能力。

（三）加快、加大技术创新、技术改造力度和产品升级

钓具行业应用材料门类齐全，产品往往除满足钓鱼要求外，对产品的舒适、美观、耐用、轻便、产品细分等要求较高，是一个跨材料学、生物学、仿生学、造型学、机械学、电子学、控制学、化学等学科的产品系列。钓具的技术创新和技术改造应赋予时代科技特性，以应用现代技术和提高传统技术为主要特征，了解和掌握现代科技发展情况和成果十分重

要。加快新型复合材料的应用，特别是碳纤维、芳纶纤维及超高分子量 PE 等材料在钓具中的应用及应用方法的研究。大产出、大消耗、低质量、低效益的经营模式已不符合我国的实际情况和社会发展要求，应加大精细化生产，改变对环境影响大的落后生产工艺，促进和提高高性能、高附加值产品的生产能力。

（四）进一步加强钓具标准化工作

要充分发挥中国钓具行业技术标准化研发中心的作用，对已经颁布的标准要举办培训班进行宣传贯彻，要加紧完成已经批准的标准项目，继续做好国家行业标准项目的申报。同时要结合标准的宣贯工作，推动全行业产品质量的提升，将钓具行业的标准化工作提高到一个新的水平。

（五）打造自己的民族钓具品牌

当今的市场竞争，归结为品牌的竞争，因为它反映了现代市场经济发展中的一个重要趋势：科技创新推动新产品的开发越来越快，生产同类产品的制造商越来越多，销售同类商品的经销商越来越多。在这种形势下，只有在市场上被消费者认可的名牌产品，才会受到青睐。在企业已经意识到品牌重要意义的同时，也对市场的规范化提出了更高的要求。①

（六）大力推动产业集群、特色区域建设

继续扩大“中国钓具之都”和“钓具生产基地”在国内外的影响，提高产业集群的质量和档次，并依托产业基地建设钓具行业公共信息服务平台和展览、展示、销售物流平台，积极推动行业专业市场的建设，鼓励和支持行业优秀展会的发展。钓具生产基地要进一步加强公共服务平台建设，引导钓具企业坚定不移地走转型升级、提质增效之路，建成具有国际影响力的钓具生产和集聚基地。

五、我国主要钓具行业组织

（一）中国文教体育用品协会

成立于 1989 年 10 月，是经国家民政部批准登记的国家一级工业协会。它是由文教体育用品行业的生产、销售、科研教育等企、事业单位自愿组

① 章欣荣：《培养钓具民族品牌刻不容缓》，《文体用品与科技》2006 年第 7 期。

成的跨地区、跨部门的全国性行业组织。现有会员单位740家。协会分为文教用品行业专业委员会（学生专用文具、纸品本册、美术用品、金属文具、化工文具、塑料文具、扑克牌、教具、办公器具、绘图仪器仪尺等）和体育用品行业专业委员会（健身休闲器材、钓具、羽网球运动器材、乒乓球运动器材、射击器材、运动球、体育器械、棋类运动用品、户外运动器材、武术运动器材、水上运动器材、冰雪运动器材、运动护具等）2个专业委员会。

（二）中国文教体育用品协会钓具用品分会

前身为中国钓鱼协会。1983年9月在江苏无锡市成立，2003年6月6日，民政部发布第41号公告，公布了包括中国钓鱼协会在内的63个不予重新登记的全国性社团名单，取消活动资格。2007年3月5日，中国文教体育用品协会在廊坊国际会展中心，组织召开钓具专业委员会换届筹备会议。2007年8月12日，中国文教体育用品协会钓具专业委员会在廊坊国际会展中心召开第三届一次理事会暨换届选举大会。

第六章　游艇产业发展的理论与实践

游艇是一种集航海、运动、娱乐、休闲等多种功能于一体的海上交通工具和消费品。在发达国家，游艇像轿车一样多为私人拥有。而在发展中国家，游艇大多作为公园、旅游景点的经营项目供人们消费，少量作为港监、公安、边防的工作手段。随着经济的发展，游艇将会和汽车一样，在大多数国家成为家庭和个人的耐用消费品。海钓作为一项极具魅力和发展前景的休闲活动，产业相关度高，拉动效应强。海钓运动的迅速发展，为国内外游艇市场的发展提供了机遇，游艇制造业研发了很多设施齐全、功能丰富的游艇，以满足海钓人士对海钓用船更先进、安全、快捷的需求，游艇业是海钓产业的重要关联行业。

第一节　游艇概述

一、游艇的定义

目前国内外业界和学术界对什么是游艇尚无一致的定义。

欧洲在法律上对游艇的界定为："长度不小于 2.5 米，任何性质的作为或可作为水上的移动装置的航水器具或设备，且用于非营利性的海上运动、钓鱼运动或娱乐。"新西兰有关法律规定，游艇系指仅用于船东娱乐或作为船东住所的，且不被用于出租或取得报酬的船舶。香港商船（游艇）规例规定，游艇系指符合以下条件的小轮、私人游艇、充气式船只、中式帆船、西式中国帆船或其他船只：①已装备或者载有引擎，或设计为可装设或载有引擎，藉以使该船只能靠机械设备推进；②纯为游乐而拥有或使用的；③并非为收取租金或报酬而出租（根据租船协议和租购协议的条款租出者除外)。①

根据我国交通运输部令2008年第7号《游艇安全管理规定》，游艇被定义为“公民、法人或者其他组织所有并使用，从事非营业性游览观光、休闲娱乐、业余水上体育运动等活动的具备机械推进动力装置的船舶”，并指出“如果船舶为出于休闲娱乐目的而组建的俱乐部所有，仅被用于俱乐部成员、成员家属的游览观光、休闲娱乐、业余水上体育运动，并且除了俱乐部，船舶使用者不得通过船舶的使用获得任何其他费用，该船舶也属于游艇；对于一定乘员定额和长度的游艇，比如12人以上或者20米以上，将按照客船进行管理。”我国《海事局游艇驾驶员适任考试、评估和发证办法（试行）》中有关“游艇”的定义是：本办法所称游艇系指船舶总长度不少于5米，除操纵船舶的船员以外的乘员不超过12人的以水上休闲、娱乐为目的的非营业机动船艇。

本书所探讨的游艇是用于娱乐休闲、游览观光、水上运动、航海或商务接待的营业性或非营业性机动或非机动船艇，包括各类旅游客船，主要侧重其休闲娱乐、运动等特征，区别于作为运输工具的高速船和旅游客船，不包括运输用船、军用船等。

二、游艇的分类

（一）按大小分类

按照国际标准，游艇的规格是以英尺②计算的，从尺寸大小上分为三种：36英尺以下为小型游艇；36～60英尺为中型游艇；60英尺以上为大型豪华游艇。

（二）按产地分类

目前世界上的游艇产地和主要品牌以欧美各国为主，国内游艇厂家，大多是一些外资企业在中国的生产基地，大都没有达到一定的规模，还完全没有形成品牌。各地生产的游艇风格不同，如意大利、法国的游艇设计具有浪漫、豪华、典雅等特点，代表着现代游艇的潮流；美国游艇更体现个人品味，注意自我个性化设计；英国的游艇具有浓郁的古典贵族气息；

① 张磊：《浙江游艇产业现状与管理研究》，浙江工业大学，2011年12月。

② 英尺为非法定计量单位，1英尺=0.3048米，下同。

台湾游艇比较随意，较适合大多数华人使用等。

（三）按功能分类

游艇通常由个人、企业、政府和社团等购买，按照不同功能分别有休闲艇、商务交际艇、赛艇、钓鱼艇、缉私艇、公安巡逻艇、港监艇、搜救艇等。严格地讲，后三种与游艇的性质相悖，但从建造规模、技术上讲与游艇相同，有人也把它们归入游艇类。

1. 休闲型游艇

此类游艇大多为家庭购买，作为家庭度假所用。一般以 30 ~ 45 英尺的游艇为主，设计时也是考虑到家庭使用的方便性，装潢时也以烘托家庭氛围为卖点，市场上游艇的种类也是以此类为主。

2. 商务游艇

这类游艇一般都是大尺寸的游艇，里面装潢豪华，也可以说是豪华游艇，一般被用于大型企业集团法人、老总们购买，大多被用于商务会议、公司聚会、小型聚会。

3. 钓鱼艇

主要用来从事钓鱼尤其是海钓的游艇，分为豪华型和普通型等种类。随着海钓业的迅速发展，未来会有更多的游艇企业、经营机构将海钓作为一个重要的细分市场，对海钓功能游艇设计、游艇租赁服务起到积极的促进作用。

（四）按造价分类

根据《2013—2017 年中国游艇深度评估与投资前景评估报告》，游艇有高档豪华游艇、家庭型豪华游艇、中档普通游艇及廉价游艇之划分。高档豪华游艇，艇长在 35 米以上，艇上装备有最现代化的通信和导航等系统，这种豪华游艇的价格在数百万美元不等，有的高达上千万美元。家族型豪华游艇尺度一般为 13. 5 米以上，单价在 30 万美元以上。中档普通游艇尺度一般为 9 ~ 13. 5 米，单艇售价在 5 万 ~ 20 万美元，这种游艇质量适中，消费市场广阔。廉价游艇尺度在 9 米以下，单艇售价在 5 万美元以下，这种游艇销售量最大。

（五）按动力类型

按动力类型，游艇分为有无动力艇、帆艇、机动艇等。帆艇又分为无辅助动力帆艇和辅助动力帆艇。机动艇又分为舷外挂机艇、艇内装机艇。艇内装机艇还可分为小汽艇和豪华艇两个档次。

（六）按材质分类

由于游艇的消费者通常对产品性能要求较高，因此对游艇的建造材料要求也比较高。除了美观、舒适外，游艇建造材料还需具有较好的机械性能与安全性能。目前常用的艇体材料为夹层结构材料，这样不仅可以保证游艇结构坚固、结实耐用，而且外型美观、性能优良。

游艇主要有木质艇、玻璃钢艇、凯芙拉纤维增强的复合材料艇、铝质艇和钢质艇。当前，玻璃钢艇占绝大比例，赛艇、帆艇、豪华艇使用凯芙拉增强材料的较多；铝质艇在舷外挂机艇和大型豪华游艇中占一定比例；钢质艇在35米以上远洋大型豪华游艇中占比例较大。艇体的夹层结构材料外层面板常采用玻璃钢，玻璃钢是由玻璃纤维作增强材料与树脂物理合成的复合材料；夹层结构材料芯材则常采用BALTEK巴沙轻木及AIREX泡沫夹层结构材料的芯材。①

（七）按艇上结构分类

按艇上结构分类，游艇可以分为小型敞开艇、小汽艇、滑水艇、半舱棚游艇、住舱游艇、帆艇和个人用小艇（又称水上摩托）等。

三、游艇的设计和建造特点

（一）实用性和时尚性兼顾

实用性和时尚性是游艇作为高档休闲商品的重要特性，游艇的艇型既要满足航速、抗风浪等航行实用方面的要求，又要体现出买主的身份和品位。有的客户对游艇的艇型要求很高，艇型实际上像一套时装，它的流行期短，但价值却很高。

（二）安全性要求高

游艇是高级消费品，游艇的买主对安全性的要求很高。因此，除时尚性和舒适性外，安全性是游艇设计中考虑的首要因素。由于游艇的航速较

① 周祝林、张长明：《舰船用玻璃钢夹层结构设计基础》，《中国造船》2004年第3期，第43—48页。

快，为了保证安全，游艇设计对稳定性的要求很高。

（三）结构设计要有足够的纵向强度和扭转强度

为了使游艇能够以较快的速度在水上航行，游艇的整体重量不能太重，因而在设计中要充分考虑所使用的材料和设备对游艇航速的影响。同时，为了在航行中不出意外，特别是游艇艏部在高速航行中要承受住波浪的强烈拍击，因此在设计中要充分考虑到材料的强度。

（四）充分考虑其经济性

虽然游艇是一种面向高端消费群体的消费品，但由于市场竞争的激烈和消费者购买心理的成熟，在设计中必须要考虑到游艇的经济性，既包括厂商建造游艇的经济性，也包括消费者购买和使用游艇的经济性。在当前的国际游艇市场，由于各个厂商之间的激烈竞争，游艇的成本对于提高游艇的价格竞争力十分重要，因此在设计中必须考虑到游艇的经济性因素。

（五）建造工艺和方法因艇而异

由于各种游艇所使用的材料各异，因而游艇厂的建造方法也各不相同。豪华游艇多为钢质艇体和铝合金上层建筑，一些游艇也采用铝合金建造艇体。而对于玻璃钢游艇而言，其艇体成型主要采用手糊成型法，部分使用喷射成型法和机械湿法铺敷成型。为了降低成本，国际知名的游艇厂商目前普遍在设备方面加强投资，包括引进计算机辅助制造设备、机器人化设备以及虚拟工程技术等，促进设计生产的一体化，提高产品部件的精度和质量水平，提高生产效率。

游艇，尤其是豪华游艇是一种高级奢侈品，为了达到享受和娱乐的目的，消费者对艇内装修和设备的要求很高，每艘游艇要体现出拥有者的个性和特色，因此内部装修水平和设备安装就成为游艇建造的一个重要环节。游艇内部装修多以手工装修为主，难度大，周期长，其内装材料要比一般船舶高级得多。

四、世界游艇产业的起源和发展

游艇产业是一个融合制造业和服务业互动发展的体系，是一个包含游艇制造、游艇俱乐部的服务、与游艇相关的度假休闲及各种商务活动的完整的产业链，具体包括游艇驾照培训和考核、专有码头建设、游艇维修、俱乐部建设和管理、零配件制造、内部环境装修、专业保险等许多环节。游艇业的销售收入包括新旧艇的销售，发动机、拖车、附件、安全设备、燃料等收入以及保险、维修保养、停靠、下水、储存、俱乐部费用。

游艇起源于17世纪中期的欧洲。1660年，英国查尔斯二世继承王位时，英国有了世界上第一艘做工精细、具有休闲意义的皇家狩猎渔船。到了18世纪，游艇逐步发展并成为欧洲海洋国家的贵族、富豪自我炫耀、显示地位的一种象征。1807年，美国人罗伯特·富尔顿建造了世界上第一艘蒸汽机动力的轮船。第一次工业革命后，英国人把蒸汽机和螺旋桨安装在游艇上。20世纪初期，由于玻璃钢这种材质在游艇建造技术上的发展和生产成本的下降，玻璃钢游艇开始进入市场，所有现代工业的新式动力机器都用在了游艇上。20世纪中期，第二次世界大战之后，西方发达国家在第三产业中衍生出游艇俱乐部，在解决游艇的停泊难题后，游艇产业得到了更为蓬勃的发展。游艇成为当今世界仅次于私人飞机的高档休闲娱乐工具。

国际游艇设施委员会的数据表明：目前世界游艇年消费额高达400亿美元，加上关联产业的费用，全球游艇经济收入超过500亿美元，其中豪华游艇占50%以上。从全球游艇市场总体看，美国、意大利、法国和英国等欧美国家主导着市场。2009—2010年，世界休闲游艇市场仍保持年均7%的增长率。2010年时，世界休闲游艇市场的年需求达到332亿美元。与发达国家平均每171人拥有一艘游艇相比，挪威、新西兰等地人均拥有游艇比例高达8∶1，美国为14∶1，内陆国家瑞士人均拥有游艇也达到69∶1。

美国是世界上游艇业最发达的国家，从生产量看，美国每年建造休闲游艇2万艘左右，居世界第一位。2007年，仅美国国内休闲游艇的建造生产企业就达1 100家，与之配套的船用动力主机生产企业有50多家，休闲游艇生产建造企业及配套企业的就业人员达50多万人，生产企业和就业人员列居各国之榜首。[①] 1990—2008年，美国游艇数量基本维持在1 600万～1 800万艘，美国游艇消费量仍保持平稳，年均增速在0.8%，处于游艇业

① 周祝林、张长明：《舰船用玻璃钢夹层结构设计基础》，《中国造船》2004年第3期，第43—48页。

成熟期。[①]

欧洲是世界第二大游艇消费市场，与北美市场不同，欧洲游艇市场的需求主要集中在豪华游艇和大型游艇。法国、意大利、英国、德国和澳大利亚、新西兰等国家的游艇业较为发达，游艇文化氛围浓厚，拥有游艇的密度较高，同时游艇制造、消费和租赁等市场前景广阔。

亚洲游艇产业在20世纪70年代后期发展比较迅速，游艇制造业主要集中在日本、韩国、中国台湾地区，游艇旅游在日本、中国香港、新加坡等经济较发达的地区较为盛行。伴随着全球游艇制造业向低成本生产要素国家的转移，以日、韩、中国台湾为主的亚洲国家和地区在游艇制造业方面将扮演越来越重要的角色，但亚洲国家的游艇消费能力、消费意愿远不及欧美，游艇消费市场仍需开发，潜力巨大。中国游艇的人均占有量仍有巨大提升空间。可以预计，随着经济的进一步发展，人们生活观念的逐步转变，游艇业将会在中国得到迅猛发展。

五、世界主要游艇品牌

世界主要游艇品牌一览表

序号	品牌	产地	备注
1	Riva（丽娃）	1842年，意大利	世界游艇界中最悠久、最传奇、最昂贵的品牌之一，全球公认其为游艇中的“劳斯莱斯”
2	Fairline（菲尔兰）	1963年，英国	英国境内首屈一指的豪华游艇制造商，也被公认为世界顶级豪华游艇的制造者
3	Astondoa（阿斯通达）	1916年，西班牙	西班牙最大的游艇制造商，是欧洲首屈一指的游艇制造商
4	Jeanneau（亚诺）	1957年，法国	全球规模最大的船艇制造公司之一，制造5～20米不同规格的帆船和豪华游艇
5	Azimut（阿兹慕）	1969年，意大利	全球领先的豪华游艇品牌和意大利顶级游艇的代表
6	Beneteau（博纳多）	1884年，法国	是世界著名豪华游艇品牌，世界最大的帆船生产商之一，欧洲五大动力艇建造商之一

① 陈云飞、丁敏、闫哲彬：《我国游艇消费需求分析及游艇码头建设展望》，《水运工程》2011年第9期。

续表

序号	品牌	产地	备注
7	Searay（希瑞）	1959年，美国	全球最大的豪华游艇制造商，拥有旗下40余款船型。1986年，加入世界游艇巨头美国宾士域集团，成为其旗下重要的游艇品牌
8	WALLY（沃利）	1992年，摩纳哥	世界豪华游艇品牌，十大游艇品牌，豪华游艇品牌中的典型代表
9	Sunseeker（圣汐）	1962年，英国	世界著名游艇品牌，世界著名豪华游艇制造商之一，家族企业，英国圣斯克公司
10	Sea Ray（宾士域）	1845年，美国	世界游艇巨头美国Brunswick集团旗下，全球最大的豪华游艇制造商之一，知名顶级游艇品牌，美国Brunswick集团，世界财富500强企业之一
11	Bertram（拜泰姆）	1965年，美国	世界著名豪华游艇品牌，世界著名的运动型海钓用游艇品牌，欧洲第一大豪华游艇设计制造公司
12	PERSHING（博星）	1985年，意大利	意大利法拉帝集团旗下九大品牌之一，世界著名游艇品牌，有"海上跑车"之称，世界最大的运动型海钓游艇供应商
13	Princess（公主）	1965年，英国	世界顶级游艇制造商之一，世界顶级豪华游艇的典范，最受中国千万富翁青睐的豪华游艇品牌之一

资料来源：由笔者根据相关资料综合整理。

第二节　我国游艇产业的发展现状和对策

一、我国游艇产业的发展历程

中国是传统的造船大国，我国现代游艇制造业始于20世纪70年代。从前，游艇曾被视作奢侈、腐朽的象征。现在，越来越多的人接受它是休闲生活方式的一部分，甚至是一种商业工具。

1978年，东莞开始来料加工8艘30英尺帆船，此为中国制造游艇的开始。1996年3月，第一届"中国国际船艇及其技术设备展览会"在上海举办，游艇私人消费在中国从无到有，开始显露其潜在的良好前景。在经过金融海啸的洗礼之后，游艇业在中国已经发生了巨大的变化。

进入21世纪以后，奥帆赛和世帆赛后的余热、《国务院关于推进海南国际旅游岛建设发展的若干意见》《国民旅游休闲纲要（2013—2020年）》以及大力发展海洋经济等政策的出台，特别是近年来在我国陆续举办的国际游艇展及游艇论坛，将我国游艇业的发展推上了高点。游艇作为高端消费品逐渐被高收入人群所接受，游艇消费热情不断高涨，游艇消费市场初见端倪。①

二、我国游艇业发展现状

（一）全国各地对游艇产业的发展日益重视

过去，我国游艇业的发展更多的是注重游艇制造，对游艇消费市场这块大蛋糕还没有足够的重视。近年来，游艇业作为新兴产业受到很多地方的高度重视，并把它作为城市品牌来打造。近年来，全国各地特别是沿海各大城市出现了游艇发展热潮，很多城市竞相做游艇产业规划，建设或者规划游艇俱乐部，举办游艇展会，积极将游艇业发展与休闲海钓、商务活动等活动结合在一起。辽宁、河北、山东、江苏、上海、浙江、福建、广东、海南等沿海和内陆水上旅游资源丰富且经济相对发达的省市，游艇业已有所发展，其中以深圳、上海、青岛、日照、广州、舟山等地发展较快。

（二）游艇制造企业规模不断扩大

经历了20余年的发展，我国游艇消费完成了从无到有的跨越，实现了以游艇加工制造业为先导到游艇制造与游艇消费全产业链并举的转变。据中国船舶工业协会游艇分会以及海关的统计数据，目前我国内地约有游艇制造企业374家，年销售额1 000万元以上的企业32家，主要分布在我国环渤海湾、长三角以及珠三角一带。2014年我国游艇制造业产出规模接近80亿元，国内游艇消费市场规模约为30亿元，各类游艇拥有量合计约为16 000艘，其中8米以上商务休闲游艇保有量在3 700～4 000艘之间，5

① 陈云飞、丁敏、闫哲彬：《我国游艇消费需求分析及游艇码头建设展望》，《水运工程》2011年第9期。

米以上钓鱼艇、帆船、快艇 12 000 艘左右。[①]

（三）游艇进出口数量和金额均出现大幅度攀升

目前我国出口中型游艇在 200 万元人民币/艘，小型游艇从几十万到 200 万之间，50～60 英尺的豪华游艇在 100 万美元以上。2011—2012 年，中国游艇进出口数量和金额均出现大幅度攀升，其中出口数量达 429.7 万多艘，同比增长 24.72%；出口额高达 4.1 亿美元，同比增长 32.38%。进口数量达 18 万多艘，进口额为 3.6 亿美元。2012—2013 年中国游艇出口数量虽然有所减少，但出口额却没有随之下降，反而继续呈上升趋势，增长幅度高达 49%。进口数量为 29 万多艘，进口额为 5.86 亿美元。[②]

（四）游艇码头和游艇俱乐部蓬勃发展

2009 年至今，国内游艇俱乐部的发展更加受到重视，更多的合作与交流在国内外俱乐部之间展开，硬件上不断完善，服务意识和水平也有了显著提高。

据全国游艇俱乐部协作联盟统计，截至 2013 年 4 月底，全国已建成游艇俱乐部 46 家，在建游艇俱乐部 17 家，全国已建成游艇泊位 6 404 个（指大陆拥有或经营 10 个及以上游艇泊位的机构，不包含港澳台地区）。[③] 截至 2013 年 4 月，以游艇俱乐部名义注册的运动休闲服务机构数量达 54 家（不包含港澳台地区），这类游艇俱乐部不能算是真正意义上的游艇俱乐部，它本身没有码头，租用泊位将自家游艇停泊在码头上，以在游艇上组织活动为主要经营项目，提供游艇租赁、水上运动、多功能会议、宴会招待等服务，本质上将其称为游艇服务公司更为贴切，但目前这些公司是以俱乐部名义存在的。我国游艇俱乐部主要分布在东、南部沿海地区，其中上海、青岛、深圳是游艇活动发展较早的地区，也是目前游艇俱乐部较为集中的城市，约占全国总量的 40%。

---

① 《最新中国游艇进出口数据发布》，中国游艇发展网，http：//www.yachtchina.org/page.asp？id＝15377。

② 《最新中国游艇进出口数据发布》，中国游艇发展网，http：//www.yachtchina.org/page.asp？id＝15377。

③ 《中国游艇俱乐部发展状况》，中国游艇发展网，http：//www.yachtchina.org/page.asp？id＝15377。

三、我国游艇业发展的新趋势

（一）国内游艇的目标消费群体继续扩大，逐步从企业向个人扩展

国内游艇的目标消费群体正在从企业向个人（中产阶级）扩展。专家预计，未来5～10年，中国游艇的购买群体除游艇俱乐部、房地产商和滨水企业外，更多的则是来自中产阶级以上的个人。目前这一群体是50万人，如果按保守的10万艘游艇采购量估计，也将会是一个500亿元到1 000亿元的市场。① 目前中国已有超过20余个沿海城市每年举办各类游艇展，国内游艇购买热持续升温，对于后续中国游艇市场的发展起到积极的促进作用。

（二）国外品牌主导游艇市场的局面有所改观，游艇产业投资将出现风潮

近年来，我国游艇市场已经逐步改变国外品牌主导的局面，中国企业和国际游艇产业的资本合作已揭开序幕，这一趋势有望在未来几年进一步强化。游艇经济的成长性越来越多地受到社会各个层面的肯定，加上几起重量级并购行动产生明显的“示范效应”，中国企业通过海外并购进入游艇产业或将出现风潮，它们也将撑起国际游艇产业的大旗。同时，国外游艇产业会更多地将目光汇聚在中国市场，不仅做出品牌本土化的努力，也以更加灵活的资本合作形式联合进行制造、销售、运营等项目的合作。这将带动民间投资游艇产业的热情，使会籍、泊位等权益的投资属性得到凸显。②

（三）游艇公共码头泊位数量增加

提供没有门槛的靠泊服务，是游艇码头与其他游艇会的区别。公共码头无须入会费，可为游艇业主提供码头泊位租赁服务，包括岸电、供水、污水处理、生物降解游艇冲洗等，并可开展有偿岸上保养和维护等业务。近几年，我国不少地区的公共游艇码头项目不再停留于规划之中，已经进入选址和在建阶段。公共码头的普及，将有利于降低游艇的停泊和使用成

① 帅鹏坤：《中国将成第二大游艇消费市场》，《中国水运报》，2014年1月6日第006版。
② 王进：《2014中国游艇业十大猜想》，《珠江水运》2014年第2期，第24—26页。

本，对于推广游艇水上休闲活动、发展游艇经济起到不可或缺的推动作用。

（四）游艇展会初现“马太效应”

在当前展会林立、需求放缓的环境中，游艇会展业的压力相比前几年大了很多，新办一个展会就能赚得盆满钵满已不可能。除了老牌的上海游艇盛会，2007 年以来，在深圳、厦门、上海等地区出现了行业内认可度较高的展会。这些展会对展商的重要性不言而喻，因此在未来的影响力将得到提升。有些地方的游艇展会在已经连续举办多届的情况下，极有可能因收益欠佳而停办。一些市场影响力较小的游艇展会，也面临调整定位和规模的问题。新举办的展会将会突出办展特色，以产业项目投资、融资等吸引游艇行业。

（五）海钓日益成为游艇产业重要的细分市场

在欧美游艇产业中，钓鱼艇和帆船在游艇消费市场中占据 70% 的份额，其中，钓鱼艇占 45% ~50%，帆船占 20% ~25%。由此可见，钓鱼游艇已经深入到欧美及水上休闲运动发达国家人民的日常生活中。而我国的游艇产业和游艇消费市场还处于初级发展阶段，游艇的商务接待功能是消费者和厂商最为关注的部分，目前中国游艇市场已经到了市场细分和专业化发展的阶段，商务功能将逐渐向个人休闲功能转变。经过 3 ~5 年的发展，钓鱼游艇将呈现出爆发式的增长。我国庞大的钓鱼爱好者数量为游艇消费市场提供了广阔的发展空间，海钓游艇日益成为游艇产业重要的细分市场。

2012 年 5 月，由中国交通运输协会邮轮游艇分会（CCYIA）与厦门游艇行业协会联合主办的中国首次钓鱼游艇座谈会在厦门召开。会议就中国游艇市场细分和专业化发展，中国游艇产业何时能从商务功能向休闲功能转变、钓鱼游艇在中国游艇市场中所占的比重及发展方向等问题进行了热烈的讨论与交流。对钓鱼游艇在中国的发展前景，与会专家们均表示十分看好。

（六）沿海城市将涌现一批游艇度假综合体

在部分滨海城市，游艇悄然成为旅游业升级的载体，以游艇为主题的旅游度假综合体将很快出现。游艇企业参与建设旅游休闲度假区，包含很多与游艇相关的休闲服务设施，如防波堤、公众海滩、绿化广场、酒店、高尔夫球场、度假别墅、游艇码头、游艇俱乐部等。这种大型的游艇度假综合体将形成完整的海滨旅游景观体系，可以更好地为游艇消费者提供海上娱乐和高端休闲服务。

（七）游艇行业人才职业化趋势加强

在国内任何一家游艇俱乐部，雇员取得游艇、帆船驾驶资质认定都是从事游艇驾驶的前提条件。在游艇使用、交易、维修等环节，专业操作人员的缺口还比较大。由于全国驾照通用大势所趋，对游艇、帆船驾驶操作人员的需求将呈现不断增长的态势。

针对游艇行业需要大量专业销售和养护服务等人才的情况，游艇经纪人、游艇养护师等专业技能培训和岗位认证适时出现。这为游艇从业人员持证上岗、求职晋升、就业准入提供必要的条件。游艇俱乐部联合开展的职业经理人培训，为培养经营人才开拓了新的渠道。今后，游艇经济的发展将使游艇行业人才日趋职业化。

四、推进我国游艇业发展的措施

未来一段时期，世界游艇市场需求持续旺盛，我国游艇消费需求也会日趋升温。在这种条件下，充分借鉴发达国家和地区发展游艇业的成功经验，发挥我国的特有优势，选准发展道路，中国造船业必将在游艇市场大有可为，游艇必将成为我国造船业又一个新的经济增长点。①

（一）做好市场培育和研究工作

游艇市场是一个庞大的市场，同时又是一个高度细分化的市场，这种细分不仅体现在地域上，也体现在产品种类上。美国的游艇市场与欧洲的游艇市场在产品种类、需求偏好等方面存在着极大的差异，不同种类的游艇在市场规模、营销模式、生产技术特点等方面也各不相同。因此，必须认真做好市场研究工作，选准产品和目标客户，并制定行之有效的生产和销售策略。游艇市场需要大力培养，其中最为重要的就是游艇文化的大力普及，只有通过游艇文化的普及，才能夯实游艇产业发展的土壤。

---

① 张长涛：《世界游艇市场与竞争格局》，《中国船舶报》，2006 年 9 月 1 日第 010 版。

（二）积极与国外知名游艇厂商合作

游艇消费的特点以及消费者对游艇的款式和时尚性等方面的要求，使我国企业短时间内在设计水平方面很难满足消费者的要求，更不用说与国外知名公司抗衡，因此，国内游艇业可以借鉴我国台湾发展游艇业的经验，从引进技术和图纸做起，逐渐增强设计能力，有步骤地开发高质量、高附加值的游艇产品。

（三）注重游艇配套设备企业的发展

高档次的内部装修和设备配置是决定游艇产品市场竞争力的关键，也是提高游艇企业经济效益的重点。在大力发展游艇制造的同时，要高度重视游艇配套设备企业的发展，提高游艇关键配套设备的本土供应和自主设计能力，避免受制于人。根据发达国家游艇产业的发展经验，滨海城市规划、建设大量游艇公共码头，作为市政公共设施的一部分，满足公众对40英尺以下中小型游艇消费的需求，对于推广游艇水上休闲活动、大规模发展游艇经济十分关键。沿海城市除了重视建设会员制的游艇俱乐部，一定要预留公共游艇码头岸线，有条件的城市应该及早规划、建设大量的廉价的公共游艇码头、下水坡道，作为城市的基础实施、公共设施。因为码头岸线、滨水陆域等资源不可复制，如果地方政府现在不预留用于游艇公共码头建设的岸线、陆域等，将来一旦游艇产业蓬勃发展，我国一些城市将面临游艇无处停泊和下水的尴尬局面，这也可能成为当地发展游艇经济的主要瓶颈。

（四）高度重视游艇专业人才培养

游艇与造船在设计、生产、制造和营销等诸多方面有显著的差别，高水平、专业化的人才是游艇生产企业提高市场竞争力的关键。当前，我国船企要高度重视游艇专业人才的培养工作，造就一支高水平的人才队伍，增强自身实力，在国际市场竞争中取得主动权。

（五）适度降低游艇消费门槛

纵观全球游艇业，价格在50万~150万人民币的钓鱼艇、帆船等中低档游艇最受欢迎，中国游艇最大消费群体也是中等收入群体，价格在50万~100万人民币的钓鱼艇和帆船未来将最受欢迎。所以，中国的游艇企业不能将眼光只聚焦于金字塔尖的少数富裕阶层，而应多关注塔中广大的城市白领人群的消费需求。积极探索和实施面向中产阶级的“合伙购艇、分时度假、游艇租赁”等新模式，改变为奢华而奢华的游艇消费模式，有效降低游艇消费的门槛。

第三节　游艇俱乐部和游艇码头的筹建

一、游艇俱乐部的筹建

（一）游艇俱乐部概述

游艇俱乐部发展模式主要是指依托游艇俱乐部为主要载体进行游艇旅游的发展模式。游艇俱乐部的主要功能在于辅助游艇的水上旅游休闲活动，游艇旅游者通过成为俱乐部会员或者通过俱乐部提供的服务设施，依托游艇俱乐部这一平台，开展各种游艇旅游活动。俱乐部为消费者提供商务应酬、运动娱乐、休闲度假等活动的空间场所，将游艇旅游提升到更完善的层面。游艇俱乐部的主要业务包含：星级酒店、游艇码头会所、导航、游艇停泊、游艇租赁、游艇驾驶培训、游艇保养维修等。能够满足游艇旅游者休闲度假、商务社交、运动娱乐等需求。游艇俱乐部既可以吸纳游艇所有者为会员，提供相应服务，还可以是俱乐部自身拥有游艇，吸纳游艇爱好者成为会员，为他们提供游艇租赁及相关服务。

游艇俱乐部兴起于18世纪的英国，早期是为达官显贵中的船舶爱好者提供的一个船只停泊、修缮、补给的小船坞。随着工业文明的发展，小船坞的规模不断扩大，逐渐地演变成一个社会上层人士的聚集地。原有的简单功能已经不能满足他们日益增长的娱乐、社交、商务等多方面的需要。于是，一个集餐饮、娱乐、住宿、商务、船只停泊、维修保养、补给、驾驶训练等多功能于一体的游艇俱乐部雏形应运而生。游艇俱乐部于“二战”后在西方发达国家蓬勃发展起来。

（二）游艇俱乐部的种类

1. 运动娱乐型游艇俱乐部

此类俱乐部的游艇多为中小型游艇，这类游艇以速度作为卖点，而且价格较低，主要满足运动娱乐的需要，因此对年轻人很有吸引力。俱乐部的经营以团体包租、按时收费为模式，台湾地区许多的游艇俱乐部就是这样，通过吸引会员加入组织度假、娱乐休闲服务活动开展业务，提供的活动包括水上训练活动、游艇驾照培训、公司年会、生日派对、套装旅游、朋友聚会等。

2. 休闲型游艇俱乐部

面向家庭市场，为家庭度假、聚会、垂钓休闲等提供服务。游艇长度一般以30~45英尺为主，俱乐部以烘托家庭氛围为卖点。由于许多家庭拥有自己的游艇，所以其服务模式以提供配套服务作为主要内容，如泊车服务、代为管理游艇泊位、加油、海面救援、办理船舶证照、游艇翻新和修理等。在香港，许多游艇俱乐部船主兼会员，平时雇用长期的看顾船的水手，或者聘用船长代为驾船并负责平时的维修保养联络工作，每到假日全家大小呼朋唤友上游艇到外海休闲，选择平静水域停船下锚，放下小艇、摩托艇，或是戏水，或是上岸游玩用餐。

3. 商务型游艇俱乐部

主要面向公司法人、高层白领、社会显贵阶层服务，一般提供综合性较强的娱乐休闲设施，包括豪华酒店、会议包租、高尔夫球场、健身、温泉等。绝大多数的豪华游艇俱乐部只对本部会员开放，而要想成为会员，需要先缴纳会费。俱乐部提供专业船长、日常保养、高档餐饮、娱乐等服务。这类游艇一般都是大尺寸的游艇，艇内装潢豪华、设施考究、服务精细，属于豪华档次游艇，一般为中上阶层人士、企业集团董事、富豪购买或租用，满足商务、会议、谈判、高层聚会、小型派对等需要。

另外，依托于游艇俱乐部，还衍生出游艇租赁和游艇培训等新模式。游艇租赁也是我国发展游艇旅游的重要发展方式。目前还没有形成规模化与模式化，一般以游艇俱乐部为依托。游艇租赁主要面向游艇旅游发展初期的高端消费者和没有足够经济实力的游艇旅游爱好者。租借游艇可以为旅游者省去购买游艇和维护保养所需的巨额资金，是经济条件不足的游艇爱好者参与水上休闲、航海、海钓活动的良好选择。还可以吸引更多的外地游客来体验游艇旅游。

租赁方式主要有单独租赁和团购租赁两种。单独租赁，是指由一位客户单独租赁游艇一段时间的使用权。团购租赁，是指由多个客户集体购买一艘游艇一段时间的使用权。例如，Hatteras Yachts 公司“Yacht Scape”计划为客户提供 74 ~ 112 英尺的各型游艇，可以由三位客户共同购买，每个客户以 90 天为期限轮流使用。在“Yacht Scape”计划中，由船厂为船主配备船员并负责游艇维护，每个船主只需每年交纳一定数额的费用，三年后，船主可以将他们的股份以特定的价格再卖给船厂。[①]

（三）创办游艇俱乐部的条件

1. 便利的区位条件

游艇俱乐部选址方面，要求具有便利的交通条件。一般来说，距离城市中心的车程最好在 1 ~2 小时之内。其坐落地点多在海滨岸线、港湾、湖滨，那些拥有国际航线和进出口岸通道的港口，更方便周围城市的游艇爱好者进出，并吸引他们云集。

2. 较好的环境条件

游艇俱乐部周围的环境要求十分优美，既要求俱乐部内部有幽美的环境，也要求周围的风景绿化、景观配置、休闲氛围达到极佳水准。所以，海湾屏蔽、海面平静度、海潮区域、风力等条件适宜与否是建立游艇俱乐部的重要因素。

3. 上佳的水体条件

水缓浪低，水质清澈，上佳的水位条件，在风浪、海浪较大的地方要求筑有防波堤。防波堤内要求港池平静，水域宽阔。

4. 设施条件

（1）基本设施：海上设施包括码头泊位、防波堤（甚至包含邮轮和客班轮停靠码头）、各式游艇、帆船和娱乐船等。游艇泊位基地要求能为出入基地的游艇提供加油、海面救援、办理船舶证照等多方位的服务。陆上设施多为配套服务所用。

（2）配套设施：陆上配套设施包括会所大楼、酒店大楼、酒店别墅、口岸联检楼、干船仓、游艇维修仓、露天游泳池、壁球、室内高尔夫球馆和网球运动场所、船舶驾驶操作培训基地、停车场等。

---

① 张亚男：《长三角发展游艇产业现状分析及对策研究》，上海交通大学，2008 年。

根据2010年海南省人民政府颁布的《海南省游艇管理试行办法》，设立游艇俱乐部（游艇会）应具备以下条件：①具有相应的游艇停泊码头和设施；②拥有专业的管理队伍；③具有对游艇进行日常检修、维护、保养的服务设施和安全保障能力；④具有游艇废弃物、残油、垃圾的回收和处理能力；⑤具有完善的管理制度、符合要求的应急预案和落实措施；⑥办理游艇出入境业务的国际游艇俱乐部（游艇会），在相应的游艇停靠码头配备出入境查验设施和安全信息管理系统。①

总之，游艇俱乐部提供的功能多种多样，包括会所功能、餐饮—会议—健身功能、娱乐功能、水上运动培训功能、游艇停泊维护保养功能、休闲度假功能、商务功能、星级酒店功能、团体（或个体）旅游活动策划功能、水上生活功能、口岸联检功能等，具体的配套项目及其提供的服务功能，往往要根据俱乐部本身的市场定位（会员对象、种类、经营特色等）进行确定。

（四）创办游艇俱乐部的流程

1. 基地选择与开发可行性研究

首先根据所在地的水域、陆域等条件确定游艇俱乐部的基地；然后调查当地社会高档消费群体的经济收入、休闲娱乐需求状况，进行项目开发的可行性研究，形成可行性分析报告。

2. 游艇码头规划与设计

咨询码头规划设计专家，就可行性报告的内容，着手游艇码头的规划设计，确定码头的结构样式、泊位数量、各类设施的功能布局以及投入资金数量、来源等。

3. 政府相关手续办理

通过公安部、交通部、海关等政府部门的批准，国际游艇俱乐部要求会所内设公安、海关、边检等窗口直接为游艇会员办理通关手续。

4. 工程施工的核算与计量

待码头规划设计完毕并通过政府批准审定，即进入工程施工与建造阶

① 海南省人民政府：《海南省游艇管理试行办法》，2010年11月。

段。通过工程与施工的具体核算，确保码头按照预期投资框算和规划所要求达到的功能、质量以及效果进行建造。

5. 游艇码头的经营与管理

码头工程施工完成并交付验收后，方可进入营运阶段。

二、游艇俱乐部的经营与管理

游艇俱乐部的经营模式较为普遍的是通过会员制手段吸引会员加入，以维持正常稳定的消费群体，主要涉及以下事项。第一，确定游艇俱乐部所属的经营类型。俱乐部主要面向哪一类人群服务，一般有游艇爱好者俱乐部、商务型俱乐部、家庭休闲型俱乐部等类型。第二，确定俱乐部营运的范围：俱乐部可以拥有多种多样的综合服务设施，从度假村、豪华商务会议酒店、游艇驾照培训到健身馆、高尔夫球场等，产生收入的来源很多。具体根据俱乐部的经营宗旨、市场定位而定。第三，确定俱乐部如何开展活动：俱乐部可以举办各种各样的娱乐活动、大型国际赛事，根据季节、活动内容、活动空间等设计不同的航程和线路。

要做好游艇俱乐部的管理，应该做好以下几个方面。第一，制定本俱乐部会员章程，明确申请入会条件、会员享受的福利、会员类型等内容。第二，确定收费标准、可以享受的服务内容。第三，设立管理部门的运行架构，包括建立人力资源部、市场部、工程部、发展部、财务部、船务部、会员部、会所、酒店、运动休闲娱乐管理等部门，并明确各部门的职责、权限等。第四，俱乐部营运期间有关营销、公司发展等管理措施。①

三、游艇码头的规划设计

（一）游艇码头概述

在《辞海》中我们可以得知，游艇码头便是能够停靠游艇的水陆综合设施，游艇码头除能够提供游艇停靠外，还能够为旅客提供游览船并且配备有港池与陆地配套设施的水工建筑物。② 游艇码头前方要保证船舶能够有安全停靠、驶离码头和转头的水域，港池内的水流要稳，不能有较大的

① 程爵浩：《游艇俱乐部的设计与运营模式研究》，《企业经济》2006 年第 3 期。

② 田大方、刘岩：《谈游艇码头规划设计》，《山西建筑》2013 年第 39 卷第 9 期。

风浪存在，并且港池内要达到一定的水深。陆地配套设施主要包括游艇陆上保管设施、码头服务设施、港区交通设施、人行栈道、下水坡道等。游艇码头日渐被人们重视起来，作为城市滨水区规划设计中不可或缺的重要组成，其在丰富城市公共活动、美化城市景观环境、提升城市品质等方面起到了举足轻重的作用。

游艇码头按照停泊游艇的级别和规模进行分类，可分为小型游艇码头、中型游艇码头、大型游艇码头与独立游艇码头四类。①

小型游艇码头主要服务对象为郊区高级住宅区以及滨水豪宅，停靠的游艇类型主要为运动休闲型游艇，陆域有较简单的配套服务设施，小型游艇码头一般有 50 ~ 100 个泊位不等。

中型游艇码头主要多选择在近郊居住区、海陆旅游区进行建设，停靠的游艇类型主要为中型游艇级帆船，也可为其他中小型船只做临时使用，陆域有相对完善的配套设施，中型游艇码头泊位规模一般在 200 ~ 600 个之间。

大型游艇码头选择建设于城市主城区，停靠的游艇类型主要为大型豪华游轮在内的各种游览船只。大型游艇码头陆域有相对完善的配套设施，其中包括游客服务设施、游艇俱乐部、船舶修理设施、港口管理机构等，大型游艇码头一般具有 600 个以上泊位。

独立游艇码头主要服务对象为滨水豪宅，通常附属于私人豪宅，是滨水住宅的配套设施的一部分。由于独立式游艇码头建造简单、安全可靠、使用方便，从而受到越来越多的人们的追求，但是在发展建设独立式码头时应首先考虑人口土地因素。

若按平面布置形式对游艇码头进行分类可分为外突式、嵌入式、半凹入式、内陆式四种。

（二）外围设计

游艇俱乐部能否成功运营，外围设计是重要的基本前提。良好的外围设计才能保证俱乐部形成一流的外部环境与氛围。

1. 区位选择

游艇俱乐部周围的环境要求十分优美，既要求俱乐部内部有幽美的环

① 田大方、刘岩：《谈游艇码头规划设计》，《山西建筑》2013 年第 39 卷第 9 期。

境，同样也要求周围的风景绿化、景观配置、休闲氛围达到极佳水准，如风景美丽的海域或山水如画的湖泊附近，因拥有良好的环境背景，可考虑建造游艇俱乐部。所以，海（湖）湾屏蔽、海面平静度、海潮区域、风力等条件适宜与否是建立游艇俱乐部的重要因素。

2. 水体条件

游艇俱乐部需要利用的水域条件要求水缓浪低，水质清澈，在风浪、海浪较大的地方要求筑有防波堤，防波堤内还要求港池平静和水域宽阔。

（三）内部设计

1. 码头选址

码头的选址应该根据码头停泊的船型、地形、地质、地震、水文、水域、陆域条件等综合情况进行全盘的考虑。码头适宜选择在地质条件好、岸坡稳定的河段、滨江或滨海地带；水域水流平顺、有足够水深；陆域有足够的岸线长度与纵深，留有足够空间以布置前方作业区域，包括干仓（游艇陆上停放仓库）道路、会所功能区、维修和保养场地等。码头一般不宜选在桥头或河岸嘴下游易发淤积的区域，以免抬高项目投资费用，造成通航不便。

2. 码头结构

较大型的游艇码头需要固定桩柱、支撑设施、引桥及护岸。码头一般采用玻璃纤维增强塑料整体成型，按图纸要求组合各种形状，再用槽钢串连固定。对于水位变化不大的水域，可用浮码头结构设计，使之随水位涨落而升降，码头前沿的泊位甲板与水面间的距离基本保持不变。码头采用的设备包括系船设备（如系船柱、系船环）、防冲设备（如护木、橡胶防冲设备）、安全设备（备用装置、消防用品、应急物质）、水电供应装置等。常用的泊船码头形式为驳岸式、伸出式、浮船式等。

3. 建设规模

游艇俱乐部的建设规模主要通过泊位数目和占地面积来确定。游艇泊位的数目，一般根据码头的专业性质、航线及设计船型（游艇、快艇、帆船、双体船、房船等）进行核算；占地规模主要涉及会所功能区面积、干仓（即游艇陆上停放区）维修和保养场年面积，游艇上下水的吊装或拖车斜坡道面积，油料供应仓库面积等。40 英尺（12 米）以下的为小型游艇，介于 40 ~ 60 英尺（12 ~ 18 米）间的为中型游艇，60 ~ 80 英尺（18 ~ 24 米）的为大型游艇，而超过 80 英尺（24 米）的就是超级游艇，或称豪华游艇。

4. 锚地选择与布置

锚地的选择需考虑以下因素：

（1）锚地底质：以泥质及泥砂质为宜，不宜选在走砂、淤砂严重的河段。

（2）锚地水域：水流平缓、风浪小，适宜水深。

（3）锚地位置：应尽量靠近游艇码头区，但不应占用主航道或影响船舶作业，锚地与桥梁、闸坝、水底过江管线应保持一定的距离。

5. 功能设施

游艇俱乐部提供的功能多种多样，一般包含餐饮、会议、健身功能、娱乐功能、水上运动培训功能、游艇停泊维护保管功能、休闲度假功能、商务功能、星级酒店功能以及团体旅游活动策划功能、水上生活功能、口岸联检功能等，具体的配套项目及其提供的服务功能，往往要根据俱乐部本身的市场定位加以确定。

6. 防波堤

为确保游艇停靠区安全，有效抵御风浪侵袭，在游艇俱乐部的外围一般要建造半包围式防护堤，同时预留进出口航道。防波堤的主要建造材料为乱石或水泥预制件，按梯形截面斜角投放成型，高度一般为测得最高水位加 1.5 ~ 3 米。

在未来的 20 年，尤其是 2020—2030 年我国游艇消费市场将呈现井喷的发展态势，届时游艇码头建设的步伐也将加快，将呈现从沿海、沿江地区向内陆地区逐步扩散的局面。

我国拥有 1.8 万多千米的海岸线、6 500 余个岛屿，为我国游艇码头的建设提供了丰富的岸线资源和水域资源。坚持岸线资源开发和环境保护相结合的原则，充分利用天然掩护条件好的岸线资源和港湾资源，提高游艇码头的安全性，建设游艇码头，逐步形成以天津、大连、青岛、日照为核心，其他港口为辅的环渤海游艇港口群；以上海为核心，其他港口为辅的长三角游艇港口群。①

四、国内外著名游艇俱乐部选介

(一) 国外著名游艇俱乐部

1. 美国底特律游艇俱乐部

成立于1868年，是北美最古老、最著名的私人俱乐部之一，并已被列入美国“国家史迹名录”。当前的俱乐部会所位于底特律贝尔岛公园河岸旁的一个私人岛屿上。建筑为地中海风格，完工于1922年。

2. 美国欧申里弗俱乐部

位于美国迈阿密机场东南方向，陆地距离50英里。该俱乐部位于2 000英亩（约809万平方米）的热带植被地区内，三面环水，从陆地、海上和空中均能到达，被誉为美国最高级的俱乐部社区之一。

3. 美国旧金山游艇俱乐部

北美洲的太平洋沿岸最古老的俱乐部，成立于1869年。俱乐部认为航海是帆船游艇俱乐部的灵魂，因而重视发展各种水上运动及青少年帆船运动员的培养，在帆船、动力艇和赛艇等各项水上运动方面成绩卓著。

4. 美国圣法兰西游艇俱乐部

成立于1927年，位于美国旧金山湾畔，最初由21位旧金山航海玩家发起。俱乐部每年举办超过40场赛事，包括每年9月举行的年度大帆船系列赛。俱乐部船员在美洲杯帆船赛等知名帆船赛中屡获佳绩，并曾夺得奥运会奖牌。

5. 英国小游艇俱乐部

该俱乐部成立于1925年，坐落在伦敦泰晤士河畔，是人们在伦敦市中心享受宁静的天堂。在这里会员可以非常安静地喝酒，聊天，享受美餐甚至过夜。对于喜欢在周末捣鼓自己的船的人来说，小游艇俱乐部是个不错的选择。因为这里的图书馆有很多关于游艇的书，酒吧的氛围也非常好，

---

① 陈云飞、丁敏、闫哲彬：《我国游艇消费需求分析及游艇码头建设展望》，《水运工程》2011年第9期。

餐馆的标准比大部分游艇俱乐部的标准都高。该俱乐部有航海和午餐两种会员方式。对航海会员，俱乐部提供场所供他们交流航海经验。

（二）我国著名游艇俱乐部

1. 香港游艇会（Royal Hong Kong Yacht Club）

香港历史最悠久的俱乐部，现时有超过1万名会员。除奇力岛总部外，香港游艇会于南区熨波洲及西贡设有分会。香港游艇会的前身是“维多利亚赛舟会”，于1849年10月首次举办赛事。1889年，“香港科林斯式航海会”成立。1893年，会所董事会向英国海军申请把会所易名为“皇家香港游艇会”（The Royal Hong Kong Yacht Club）。1997年香港主权移交，香港游艇会删除“皇家”一词，但英文名称的“Royal”则得以保留。会址早期设在香港北角油街的游艇会所。1938年，会所迁至维多利亚港中间的小岛奇力岛。“二战”后，1945年9月17日会所重开。1951年在会址建设一条堤坝，与香港岛连接起来。1972年，随着香港海底隧道启用，位于隧道出口侧的奇力岛在填海后成为香港岛的一部分。

2. 上海合恩游艇俱乐部

创立于黄浦江边，致力于向精英人士提供“方便（convenience）、舒适（comfort）、满足（contentment）”的3C标准游艇服务。合恩游艇俱乐部（Horn Yacht Club）取源于世界五大海角之一的合恩角（Cape Horn），象征了无止境的伟大航海精神。

3. 大连星海湾国际游艇俱乐部有限公司

成立于2002年5月，地处大连星海湾金融商务区。俱乐部拥有标准游艇港——星海湾游艇港。港区陆域占地面积7万平方米，水域面积8.5万平方米，平均水深6米。建有396延长米的3个重力式码头、138个国际标准浮动游艇泊位。该俱乐部下设游艇帆船驾驶培训中心。

4. 青岛银海国际游艇俱乐部

2008年奥帆赛训练基地、国家AAAA级旅游景区、中国游艇产业发展基地、全国青少年帆船帆板训练基地。银海国际游艇俱乐部集专业码头、游艇泊位、干船坞、修船坞、帆船训练基地、帆船下水坡道、加油站、运动员公寓、会展中心、俱乐部会所、健康休闲会馆、中西餐厅、标准客房等配套设施于一体，同时组建银海游艇驾驶培训学校，为俱乐部会员及各国运动员提供一处配套设施优质齐全的专业化服务场所。俱乐部陆域面积67 000平方米，海域面积87 000平方米。俱乐部码头按国际标准建设，设有366个专业码头停船泊位。陆岸建造安装了世界一流的加油设施、游艇进出可随时加油，并设有4 500平方米的功能齐全的修船坞。

5. 广州半岛游艇俱乐部

位于珠江河畔、蔚蓝湾畔，毗邻中山大学北门广场，酒店面对珠江，与二沙岛隔江相望，是集水上活动、娱乐、餐饮、酒店为一体的多功能国际俱乐部基地。

6. 上海莱悦游艇俱乐部

秉持“连锁、联盟、管家”的理念，是国内唯一一家国际连锁游艇俱乐部。目前已在上海外滩、宁波老外滩、浙江宁海湾及象山建立了4个游艇俱乐部网点，拥有十余艘进口豪华游艇，并计划在中国设立30个游艇俱乐部网点。莱悦游艇俱乐部旗舰网点——浙江宁海湾莱悦游艇俱乐部，将建成200个游艇泊位、集豪华海景别墅、高档会所、临海餐厅、五星级酒店、游艇维修中心、水上运动中心和配套商业于一体的游艇度假村，提供游艇、帆船、摩托艇等全方位水上休闲娱乐。莱悦游艇集团提供会员服务、游艇销售和维护保养、游艇泊位出租和证照办理、游艇驾照培训、游艇码头规划、建设和运营管理、游艇俱乐部管理和咨询等业务。

7. 厦门蓝海游艇俱乐部

位于厦门，系游艇爱好者熟知的一个游艇俱乐部品牌，它也是蓝海完整服务体系的重要环节。目前蓝海游艇俱乐部业务网络已遍布福建各沿海城市，仅厦门地区就有两个服务点，它们是五缘湾帆船港和香山国际游艇会，另外蓝海俱乐部还扩展到了福州、平潭、泉州、东山、南安、漳州、云霄等地区。

8. 深圳湾游艇会有限公司

深圳西海岸唯一一家游艇俱乐部及顶级城市私人会所，拥有国际出入境通关权，由国际著名会所管理公司专业管理，打造一个尊贵、有文化品味，体贴、轻松、健康的会员制游艇俱乐部，公司也致力于培养我国游艇产业专业管理人才，实现员工、公司和中国游艇行业共同发展。

9. 青岛国际游艇俱乐部

于2005年3月成立，是一家会员制游艇、帆船俱乐部，俱乐部会所位于青岛国际帆船中心内，会所面积约8 000平方米，为会员提供完善的商务、休闲和餐饮等服务，也为帆船、游艇销售商提供一个商务的平台。游艇俱乐部拥有各种不同大小的游艇、帆船泊位800多个。青岛国际游艇俱乐部自创立之初，就以打造青岛“帆船之都”为己任，以优质的设施接待了2006年、2007年国际帆船赛，2008年奥运会帆船比赛的举办。

10. 南国游艇俱乐部

由珠海市南国投资集团在珠海市投资开发并运行管理，是珠海第一家豪华高档的游艇俱乐部。它位于珠海西部金湾区平沙镇，和香港、澳门毗邻，占地8万平方米，是集豪华俱乐部会所、游艇驾驶培训中心、游艇展览中心、游艇码头、五星级酒店、湿地公园于一体的专业化海上运动休闲服务场所。南国游艇俱乐部码头按国际标准建设，设施齐全，拥有一流的充电、供水、加油、起吊、修船和干船仓。总共有500个泊位和300多个干舱位，使用一流的材料设备，为会员游艇提供一个安全可靠的停泊空间。

11. 嵊泗徐公岛海上海游艇俱乐部

该项目是舟山徐公岛四大区块之一的商务旅游区块。预计总投资40亿元，是舟山市获批新区后首个由外资企业对岛屿进行规模性开发的项目，由新加坡奥德曼集团公司独家投资。根据徐公岛的区位特点及自身特征，规划设定为长三角地区高档综合性旅游功能布局：商务旅游区块——游艇俱乐部、高尔夫球场；休闲娱乐区块——疗养及户内外运动；文化艺术区块——国学文化及个性化艺术；高档居住区块——海滨别墅和度假公寓。

按规划建设目标，徐公岛整体开发共分为四期。第一期游艇俱乐部，建设期已经基本完成。建造大小游艇泊位279个，会所15 000平方米，海滨别墅100套。后期，徐公岛上还将建设高尔夫球场、五星级酒店、念珠博物馆、度假疗养院等。

12. 舟山阿尔法游艇俱乐部

是阿尔法旗下的一家股份制企业。公司拥有普陀国际游艇会、五星级酒店、会所、豪华海景独栋别墅。拥有约2 000平方米的集餐饮、住宿、会务、休闲、娱乐于一体的高级会所，54幢拥有一线海景的奢华独栋会员公寓别墅和建筑面积3.5万平方米的五星级海景酒店。舟山阿尔法游艇俱乐部是目前长江三角洲首家海上大型游艇俱乐部，是中国首屈一指的世界级尊荣游艇运动中心和游艇休闲度假村。

13. 三亚亚龙湾游艇会

是由世界500强——中粮集团三亚亚龙湾开发股份有限公司投资建设，并与中国顶级专业游艇管理公司合作，2011年11月开张。亚龙湾游艇会靠山面海，坐拥三亚最美丽的海湾——亚龙湾，与瑞吉酒店毗邻，共有150个泊位，提供游艇尺寸60~200英尺的停靠。国际码头标准专业配套设施与游艇会所一站式贴身管家服务都将让亚龙湾游艇会成为全世界顶级游艇爱好者的亚洲首选专业游艇会。

14. 三亚扬帆游艇俱乐部

是一家专门从事海上旅游观光的娱乐公司之一，在海上游领域中是最早开展此项活动的俱乐部之一。经过多年的不断探索与不懈努力，规模已发展成大、中、小型船只多艘，现有扬帆1号、扬帆2号、扬帆6号、扬帆7号、扬帆8号、扬帆9号、扬帆之星等国产游艇游船，可同时接待350人左右。三亚扬帆游艇俱乐部拥有经验丰富的船长、钓鱼辅导员及随船客服人员，并先后推出了海上观光、海上垂钓、深海精品潜水、夜游三亚湾、专业远海垂钓、矶钓、海上婚礼派对等项目。

15. 三亚鸿洲国际游艇会

始建于2005年7月26日，是由鸿洲集团重金打造的新型产业，也是集团第三大事业。游艇会坐落于三亚两河交汇于入海口的天然半岛。三亚鸿洲国际游艇会是集游艇租赁、游艇销售服务、游艇泊位、会籍销售、游艇商业街及游艇酒店在内的全方位游艇产业项目，总共计划投建600~1 000个高标准游艇码头泊位；同时，世界顶级游艇制造商如博星、宾士域及博纳多等知名品牌均已进驻本会并共同打造南中国最奢华的游艇体验场，且能够为顾客提供包含动力艇、帆船以及专业钓鱼艇等多种游艇的停泊、租赁、培训和导购服务。鸿洲国际游艇酒店为三亚鸿洲国际游艇会下辖会员酒店，同时是极具海洋特色的白金五星级游艇酒店，是由鸿洲集团投入巨资打造的酒店精品，充分糅合了游艇度假、海上运动及会务、个人休闲等特性。

五、主要游艇展

（一）国际主要游艇展

2014 年国际热门游艇展会

序号	展会名称	展会时间	展会地点
1	英国伦敦游艇展 Tullett Prebon London Boat Show	2014 年 1 月 12—20 日	英国伦敦
2	德国杜塞尔多夫游艇展 boot Dusseldorf	2014 年 1 月 19—27 日	德国杜塞尔多夫
3	美国迈阿密游艇展 Miami International Boat Show	2014 年 2 月 14—18 日	美国迈阿密
4	阿联酋迪拜游艇展 Dubai International Boat Show	2014 年 3 月 5—9 日	阿联酋迪拜
5	日本游艇展 Japan International Boat Show 2013	2014 年 3 月 7—10 日	日本
6	韩国游艇展 Korea International Boat Show	2014 年 5 月 30 日—6 月 2 日	韩国
7	澳大利亚悉尼游艇展 Sydney International Boat Show	2014 年 8 月 1—5 日	澳大利亚悉尼
8	英国南安普顿游艇展 PSP Southampton Boat Show	2014 年 9 月 13—22 日	英国南安普顿
9	国际游艇制造商展会 International Boat Builders' Exhibition & Conference	2014 年 9 月 17—19 日	
10	法国拉罗谢尔游艇展 Grand Pavois de la Rochelle	2014 年 9 月 25—30 日	法国拉罗谢尔
11	意大利热那亚游艇展 Genoa Boat Show	2014 年 10 月 5 日—13 日	意大利热那亚
12	德国汉堡游艇展 Hanseboot - Hamburg International Boat Show	2014 年 10 月 26 日—11 月 3 日	德国汉堡
13	美国劳德代尔游艇展 Fort Lauderdale International Boat Show	2014 年 10 月 31 日—11 月 4 日	美国劳德代尔

资料来源：由笔者根据游艇中国网（http：//www. yachting - china. com/？ p = 68&a = view&r = 170）相关资料整理。

2015 年全球主要游艇展

序号	展会名称	展会时间	展会地点
1	2015 第 46 届德国杜塞尔多夫国际船舶暨水上用品展览会	2015 年 1 月 18—26 日	德国杜塞尔多夫展览中心
2	2015 美国迈阿密国际游艇展	2014 年 2 月 13—17 日	美国迈阿密海滩会议中心
3	2015 第 23 届中东迪拜国际游艇展	2015 年 3 月 4—8 日	阿联酋迪拜国际海事俱乐部
4	2015 年俄罗斯游艇及船舶设备展	2015 年 3 月 11—16 日	俄罗斯莫斯科 CROCUS EXPO 会展中心
5	2015 新加坡亚洲游艇展	2015 年 4 月 23—26 日	新加坡圣淘沙湾海事俱乐部
6	2015 第 18 届巴西里约热内卢游艇展	2015 年 4 月 25 日—5 月 1 日	巴西里约热内卢
7	2015 第 27 届澳大利亚黄金海岸游艇展	2014 年 5 月 21—24 日	澳大利亚昆士兰州神仙湾
8	2015 印度尼西亚国际游艇展	2015 年 6 月 7—8 日	印度尼西亚雅加达巴达维亚码头
9	2015 第八届韩国国际游艇展	2015 年 6 月 12—15 日	韩国京畿道华城全谷岛
10	2015 第 55 届墨尔本国际游艇展	2015 年 6 月 14—17 日	澳大利亚墨尔本
11	2015 澳大利亚国际游艇展览会	2015 年 7 月 31 日—8 月 4 日	澳大利亚悉尼会展中心
12	2015 第 38 届法国戛纳国际游艇展	2015 年 9 月 10—15 日	法国戛纳
13	2015 第 25 届摩纳哥国际海事游艇展	2015 年 9 月 25—28 日	摩纳哥港
14	2015 美国路易斯维尔国际船舶游艇设备展览会	2015 年 9 月 30 日—10 月 3 日	美国路易斯维尔
15	2015 第 55 届意大利热那亚游艇展	2015 年 10 月 2—6 日	意大利热那亚
16	2015 第十八届巴西圣保罗游艇展	2015 年 11 月 17—11 月 22 日	巴西圣保罗

资料来源：由笔者根据第一展会网（http：//www. onezh. com/news/9342. html）相关资料整理。

（二）国内主要游艇展

2014 年国内热门游艇展会大全

序号	展会名称	展会时间	展会地点
1	海天盛筵（海南）HAINAN Rendez - Vous	2014 年 3 月 30 日—4 月 2 日	三亚
2	中国（上海）国际游艇展 China（Shanghai）International Boat Show	2014 年 4 月 11—14 日	上海
3	中国（广州）国际游艇展 China（Guangzhou）International Boat Show	2014 年 5 月 9—11 日	广州
4	中国国际游艇产业博览会 China International Boat Show	2014 年 5 月 10—12 日	广州
5	中国（青岛）国际船艇展览会 China（Qingdao）International Boat Show	2014 年 5 月 23—26 日	青岛
6	中国（大连）国际游艇展览会 China（Dalian）International Boat Show	2014 年 6 月 20—23 日	大连
7	中国（深圳）国际游艇及设备展览会 China（Shenzhen）International Boat Show	2014 年 10 月 24—27 日	深圳
8	中国（厦门）国际游艇帆船展览会 China（Xiamen）International Boat Show	2014 年 11 月 1—4 日	厦门
9	海南（三亚）国际游艇博览会 Hainan（Sanya）Yachting Exposition	2014 年 11 月 14—17 日	三亚

资料来源：由笔者根据游艇中国网（http：//www. yachting - china. com/？ p = 68&a = view&r = 170）相关资料整理。

第七章 海钓节庆活动策划理论与实践

第一节 海钓节庆活动策划理论

一、海钓节庆活动及其发展意义

（一）节庆活动

节庆活动是指某国家、地区或城市以其特有的自然或历史文化资源为载体，具有特定主题，在固定或不固定的日期内举办的大型活动。节庆作为一种文化载体，既包含着人们的娱乐和休闲成分，又昭示着人们特有的生活方式和价值取向。节庆活动具有很强的地方性，它的产生、形成、发展和衰亡，与各地的自然环境、人文环境、经济环境和发展需求有很密切的关系。

我国节庆种类很多，按照时代标准可分为传统节庆和现代节庆。传统节庆主要具有祭拜祖先、祈福、纪念历史或先辈人物等功能。现代节庆活动从传统节庆活动传承演变而来，并随着社会发展和文明演变，在突出和放大了传统节庆活动的相关功能基础上，具有广泛的现代社会的政治、经济和文化意义。

2009 年 1 月，中国城市经济学会发表的统计数据显示全国各类节庆共有 7 000 多个，节庆总消费达 2 450 亿元，而沿海省份如山东、江苏、浙江等节庆最为密集，平均 500 个以上，以海洋为主题的节庆占大部分，多以海洋渔业民俗类、海洋景观类、海洋饮食特产类、海洋休闲运动类及综合类为主。①

---

① 李静、陈娟：《中国海洋节庆旅游存在的问题及发展策略》，《安徽师范学院学报》2011 年第 2 期，第 55—57 页。

（二）海钓节庆活动

海钓节庆属于现代海洋节庆活动的一种，包括海钓比赛及其相关论坛、钓具渔具以及相关产业展览活动等，具有涉海性与区域性、周期性与短暂性、体验性与参与性、集中性与综合性的特点。

（三）发展海钓节庆活动的意义

海钓节庆活动具有整合社会资源、拉动海洋等经济发展、传承海洋文化、促进大众群体参与等意义和功能。我国海钓业发展起步较晚，但发展迅速。近年来，沿海各地举办了一系列的海钓节庆活动，这些活动不仅大力促进了海钓业和海洋休闲经济的发展，提升了举办地的知名度，还有效促使了海钓业与海洋体育、海洋休闲旅游、海洋文化等产业的结合，使海洋旅游产品更加丰富多彩，为海洋文化的开发提供新的途径。此外，综合性的海钓节庆活动往往会伴随着相关展览会、研讨会、推介会的举行，这些活动为当地的社会经济发展带来了潜在的投资机会，增加了地方旅游经济收入的同时，还促进了当地会展经济的发展，增加了就业机会。

二、海钓节庆活动的策划原则

节庆活动策划是以节庆为载体，运用各种创意手段，通过对节庆活动的主题、理念、内容、活动安排等制定具体可行的方案，来达到宣传当地资源和知名度、获得社会和经济效益的一种综合性创新活动。举办海钓节庆活动，应当遵循以下原则：

（一）主题鲜明，坚持创新

主题是节庆活动的主旋律，反映了节庆活动的理念，也是其形成竞争优势并保持长久生命力的有力工具。主题在整个策划过程中，起到了凝聚、方向指导作用，直接关系到节庆活动的成功与否。

一般来讲，海钓节庆活动主题的选择要有利于休闲、海钓、环保等主题形象的形成，有利于后期的宣传推广，有利于吸引有效的客源市场，在主题选择上尽量做到特色与创新相结合，创造独特的项目主题，要结合举办地的地脉、文脉、人脉等特征，运用各种方法和技巧进行充分论证、反复推敲和归纳总结。

（二）突出特色，与时俱进

特色是节庆活动的灵魂。当前各地举办节庆活动的一个最大问题在于数量过多过滥、水准参差不齐，没有形成自己的地方特色和民族特色。因此，海钓节庆活动的举办要注意挖掘沿海地区的深刻文化内涵，突出展示其独特的个性色彩，要将海钓节庆活动与当地的历史文化、民俗风情、产业特征和自然风光结合起来，张扬个性、追求特色，并善于把特色与个性附着于一定的客观载体，突出节庆活动的区域特色、文化特色和时代特色。节庆活动策划要把握时代脉搏，与时俱进，避免千篇一律或大同小异，既体现传统文化的精华，又展示现代文明的魅力。

（三）大力宣传，广泛参与

节庆活动作为一种大型的、群众性的活动，必须在群众参与上大做文章，才能把活动搞得生动活泼、有声有色，产生影响，达到目的。因此，在海钓节庆活动的策划过程中要大力宣传，增强广大群众的兴趣，组织和策划参与式项目吸引群众积极参加。节庆活动要大众化，要办大众化的节，办富裕百姓、快乐百姓的节，形式要开放，使游客和市民都能从亲身参与中感受到节日的美好和快乐。具体到对节庆的主题、内容、形式的探讨上，在对节庆的广告语、会徽、吉祥物、纪念品等制定上，都需要积极发动当地群众和各界人士献计献策。

（四）国际接轨，塑造品牌

节庆活动要体现出国际性，这既是节庆活动档次的表现，也是节庆活动效益的需要。海钓是一项风靡世界的休闲运动，钓鱼界有一句俗话叫“海钓无国界”。因此，举办海钓节庆活动，要注重与国际接轨，从对外宣传、人员参与到活动组织都要国际化，力争打造在国际上具有品牌效应的海钓节庆。对外宣传国际化就要求宣传的方式、语言、范围、宣传工具的选择都应做到国际化；人员参与国际化是要求在节庆的策划、开展、参与过程中，尽量邀请目的地市场的知名人士一起参与；活动组织的国际化，就是活动组织的水平和方式与国际接轨，在保持本土化的基础上做到国际化。

（五）市场运作，注重效益

搞任何活动都要注重效益，搞节庆活动也一样。海钓节庆活动的举办要多策划一些有效益的项目和内容，应做到三个效益的结合，即社会效益和经济效益相结合、近期效益和远期效益相结合、单项效益和综合效益相结合，三者缺一不可。

经过近年的实践，我国各地都在探索按市场化机制举办节庆活动，对节庆活动的有形资产和无形资产进行全面开发，由政府操作走向市场运作，节庆活动市场化运作已成大势所趋。但目前我国不少海钓节庆活动仍带有浓重的政府色彩，真正的市场化运行机制还没有完全形成。市场化运作就是将节庆活动的项目策划、集资、广告、会务、展览、场地布置、彩车制作、观礼台搭建、纪念品制作等，都以招标投标、合同契约的有序市场竞争方式，激励企事业单位来参加，获取活动冠名权，成为赞助商。通过出色的市场化运作，可以形成“以节庆养节庆”的良性循环发展模式，节约成本，做到收益最大化。

三、海钓节庆活动策划的基本流程和组织实施

（一）明确活动的主题

不管举办什么节庆活动，首先必须要明确活动的主题。主题是节庆活动的主旋律，反映了节庆活动的理念。节庆活动策划的前期准备工作主要就是明确活动的主题定位，分析活动举办的目的和背景等。但并不是说，有了主题定位就自然会有策划方案或完成策划工作方案了，还需要认真研究和体会主题定位的内涵，在主题定位的总体指导下，对国内外相关类型活动进行分析研究，研究相似节庆类活动的发展趋势以及不同地方的现代节庆活动的特点等。特别是要从现代节庆活动的自然环境、社会环境、文化环境和经济环境等方面来深入把握策划方案的内涵和指导思想，为策划方案的提出做好多方面的工作准备。

（二）制定总体和分项活动方案

一项大型的现代节庆活动的特点是：时间跨度长，活动内容多，形式多样。明确活动的主题以后，从总体上规划出一个大致的节庆活动轮廓是十分必要的。

总体方案之所以称为总体，是要从举办方、举办时间、举办地点、主要目标、主题内容、各分项活动的内容、形式与基本要求、总体与分项活

动经费概算、举办组织机构与职责安排、宣传推广工作总体要求等方面对节庆活动做出总体性的策划和部署。

总体方案中的每一内容都相互关联、相互制约，都要从节庆活动的社会、自然、文化和经济四个基本原则出发，以定位为指导，以最大限度地实现预定的节庆功能为目标。

完成了总体方案后，要对总体方案所确定的各分项的具体工作制定分案工作方案。一般主要包括如下几个方案：来宾邀请工作方案、宣传推广或营销工作方案、分项活动内容策划方案等。

（三）节庆活动的组织实施

现代节庆活动的组织实施过程，是节庆活动的具体实施和承办机构，按照总体和分项策划方案组织开展节庆活动的前期各项工作准备、来宾邀请、现场布置等具体实施工作的过程。如果说策划方案是对现代节庆活动的设计，那么，实施承办就是按照设计方案将活动具体制造出来的过程。完成系统性的策划方案，只能说明一项现代节庆活动已经规划好了设计蓝图，要把策划方案提出的理念、要求按设定好的程序实现一个现代节庆活动，还需要具体的组织实施过程。一般来说，现代节庆活动的组织实施应重点抓好以下方面的工作：设立节庆活动的组织机构、策划方与承办方做好策划方案对接、组织编制具体工作的实施方案等。

如果说策划方案相当于一个建筑工程项目的建筑设计图，主要解决的是建筑的外观、风格的话，那么，实施方案就是一个建筑工程项目的建筑施工图，主要解决具体的组织工程问题。策划方案不能代替实施方案。策划是策划机构的事，而实施方案是执行机构的事。两者相互联系，互为补充。前者更多的侧重于理念的设计，后者更侧重于设计和工艺的设计。

具体的实施方案主要包括如下部分：重点活动方案、来宾邀请方案、现场管理方案、财务管理方案、预算编制、资金筹措、费用使用。风险管理方案、物资管理方案、志愿者管理方案、后勤保障管理、工作人员管理、参加节庆活动的公众管理等。

（四）节庆活动的宣传推广

要成功举办一个现代节庆活动，实现其预定功能，一项重要工作就是要做好现代节庆活动的宣传推广工作，即要通过特点媒体的有针对性宣传推介，让由节庆活动的市场定位所决定的社会有关方面对所举办的节庆活动有所知晓、了解、关注，产生兴趣，并积极参与到节庆活动中来。

只有做好节庆活动的宣传推广工作，取得良好的宣传推广效果，才能说明一个现代节庆活动是成功的。现代节庆活动的宣传推广是节庆活动组织实施的重要组成部分，因其十分重要，所以单独开辟一节来重点介绍。

现代节庆活动的宣传推广工作是宣传推广目标、宣传推广手段、宣传推广组织、宣传推广实施四方面的组合。而实现这四个方面的组织，首先要制定现代节庆活动的宣传推广方案，建立宣传推广工作机构。

（五）节庆活动的评估

任何一项大型的现代组织活动都是一个十分复杂的系统工程，需要多方面的协同配合，并且在整个组织过程中要预先设计相应的关键节点，对现代组织活动过程是否偏离预定方向，以及对预定目标的达成度等进行关注，并在出现较大偏差时，及时纠正偏差。这个关注和可能的纠偏过程，就是对现代节庆活动的评估过程。现代节庆活动的评估过程，一般包括事先评估、事中评估和事后评估三个阶段。

四、举办海钓赛事活动的注意事项

（一）赛事的筹备工作要细致周全

举办一次大型的海钓比赛，不论是船钓、岸钓或浮游矶钓，都需要赛前做大量的准备工作。既要有对相关单位、友好城市代表队发出参赛的邀请，又要有对船钓的各类船只的数量、性能以及质量的保证，还要有对钓场鱼情的摸底，以及对赛中突发事件处理的应急方案，等等。

（二）钓场资源要有基本保证

前来参赛的选手，每人都带着期望和梦想而来。能否实现赛手们预期目的，在排除个人钓技上的因素外，根本还是取决于举办方选择的钓场，鱼存在的密度、目标鱼的存有量。要想让来者满怀希望、高兴而归，作为举办方的东道主，一方面要加强对已有钓鱼基地的用心培养；另一方面有意长期举办海钓比赛的地区，理应通过投石或营造人工鱼礁建立自己的、有一定规模的海钓目标鱼基地，为海钓比赛提供像样的、固定的场所。对赛场海域一旦确定，为确保参赛者钓好鱼，提前数日就要对该钓场严加看管，防止捕鱼船下网、炸鱼或钓鱼船闯入赛区。

（三）比赛规则要公平公正

近年来，各地在举办海钓赛事上，为体现比赛的公正公平，都做了许多大胆的、有益的尝试。组办方对所钓鱼种、称重尾数、选手赛区的划分、比赛结束有效鱼的封存、成绩的记录方式、名次的排列、录取办法，以及违规判罚分数的具体条款，要做详细的规定，在规则上杜绝作弊现象，使矶钓的参赛人员有章可循。船钓改变同船不同队，为同船同队的做法，并将历来坚持的当地与友好城市同地比赛分开录取团体、个人名次的规则沿用，体现在比赛的公正公平上。

（四）熟练把握比赛时间和时机

举办一次大的海钓比赛，首先应该对赛场的鱼情做到心中有数，以防临场令参赛人员激不起钓鱼的兴致，甚至把举办方推向难为情与十分尴尬的处境。其次应该对开赛时潮汐的涨落程度做到心中有数，这一点至关重要。特别是对于乘船远途登岛、礁、岸钓或船钓，要考虑到全程所需的航行时间，并留有充分的余地，使大家在见到开赛信号后把竿之时，恰好是潮涨、潮落鱼咬钩频繁之际。应该对本地气象特点做到心中有数。把举办的时间定在水温适宜、鱼能大批进入钓场的季节。[①]

（五）做好预备和应急方案

天有不测风云，作为海钓赛事的举办方，既要有按部就班的常规方案，又要有应对突发天气及事件的应急方案，以至有随机应变的第三套备用和应急方案。以不变应万变，使赛事能圆满顺利进行。

（六）做好媒体邀请工作

媒体承担着宣传报道赛事的责任。媒体通过对海钓赛事的宣传报道，极大地推动着地方政府及相关经济发展。中国的专业钓鱼媒体离不开钓鱼人，而钓鱼人借助媒体信息来提高着自己。媒体亲临赛场，既能采访挖掘提炼现场信息，推广海钓经验的实际工作，又能在与海钓者零距离接触中增长见识，逐渐提高媒体宣传质量和效果。因此，海钓赛事的举办者应积

① 中国运动钓鱼协会：《海钓委员会 2013 年度中国海钓运动工作计划》，http：//gov.66wz.com/system/2013/05/30/103665041.shtml。

极联络媒体单位，媒体应承担起责任，做好赛事的宣传报道。

（七）将安全工作放在首位

举办海钓赛事，要关乎安全的每一个细节。作为海钓赛事的举办方，要认真、细致、周到地做好安全保障的工作，在保障参赛人员人身安全的前提下，竭尽全力地使赛事的各项日程实现预期的目的。举办方应把参赛选手的安全放在首位，并从一些容易引发事故的具体环节上入手，让各条切实可行的措施到位，并落到实处。

第二节 我国海钓节庆活动的实践

一、我国海钓节庆活动的发展历程

（一）20世纪90年代前举办的淡水钓鱼比赛

相对于海钓，淡水的池钓和库钓在国内的发展要早得多，已经形成了一定的规模，赛事与地方政府发展规划结合得也比较成熟，有很多成功的案例，如中国升钟湖库钓大赛、广西休闲垂钓大赛等，都以地方政府的经济总体发展为重点，以赛事为平台，创造了全国大赛与地方经济发展双赢的巨大成就。①

1963年，江苏无锡胜达渔具店组织的比赛是我国现代钓鱼史上的第一次平民钓鱼比赛。“文化大革命”期间，民间的钓鱼比赛一度停止。

1980年12月，无锡市钓鱼协会成立，次年春应会员要求组织了我国历史上第一次正式的钓鱼比赛。1983年9月6—7日在无锡举行“全国首届个人钓鱼邀请赛”。1983年9月8日，中国钓鱼协会成立。

1985年中国钓鱼协会举行的全国钓鱼比赛设团体总分和2个单项，具体又分成4个子项：手竿总重量、手竿单尾重、海竿总重量和海竿单尾重。钓鱼由国家体育主管机构管辖，纳入体育运动轨道，就不能不借鉴体育比赛的规则，但它有钓具多样的特殊性和不受性别、年龄的普遍性，所以在交流钓技的同时也不可避免地留下了“官办”痕迹。

① 刘圆圆：《海钓运动：发展与建设同行》，《人民政协报》，2012年12月21日第C02版。

以1991年台湾钓手组队参加全国钓鱼比赛为线，前6届是在传统钓鱼基础上的交流、学习和借鉴。交流是各省市钓手以地方特色钓法露一手，学习集中在经验和与此相关的用饵、浮标和线组上，借鉴是手抛竿互为影响。有人将这一时期的比赛归纳为“三老”：老钓具、老钓法、参赛都是老面孔。6次比赛分别在北京、山东威海、河南郑州、陕西西安、上海和山东聊城举行。

20世纪80年代，日本、韩国与我国台湾省差不多每年举行各种形式的钓鱼比赛，1991年6月由日本、韩国、中国台湾三方成立了“亚洲钓鱼联盟”，日本垂钓名家小西和人担任会长。中国于次年加入“亚钓联”，香港、澳门则于1997年加入“亚钓联”。此后，东亚三国六地又轮流在各自的海滨城市开展了一系列以海钓为主的钓鱼比赛。

（二）20世纪90年代举办的海钓比赛

1991年6月，由日本、韩国、我国台湾地区等钓友在日本共同发起成立亚细亚钓鱼联盟。亚细亚钓鱼联盟每年由各个国家、地区轮流主办。我国大陆于1992年申请加入该联盟，并于1993年5月正式派员赴日本参加比赛，后又派员到台湾澎湖、韩国丽水等地进行观摩比赛或组团参赛①。亚细亚钓鱼联盟的比赛以海钓为主，这是我国参加国际海钓赛事的最早记载。

1998年9月，“98金龙杯”厦门洲海峡两岸首届名人钓鱼邀请赛在厦门举行，海钓比赛于9月7日在金厦海域举行，此为20世纪90年代我国举办的较大规模的海钓赛事，并就钓鱼技术、钓具发展等举办了研讨会，标志我国海钓产业开始萌芽。

二、我国主要的海钓节庆活动

进入21世纪以后，我国海洋节庆集群初步形成，一些节庆活动有较长的举办历史，举办地域在我国沿海全线分布。

（一）全国海钓锦标赛总决赛

由中国钓鱼运动协会主办，每年一次，先通过不同的分赛区进行选拔

① 陈平南：《做好准备，迎接2001年亚洲国际友好钓鱼大赛》，《中国钓鱼》2001年第7期，第22—23页。

赛，然后举行总决赛。

（二）2014—2015 年度全国海钓锦标赛矶钓总决赛

2015 年 6 月在福建省霞浦县四礵列岛举行。此次全国海钓锦标赛矶钓总决赛由国家体育总局社会体育指导中心、中国钓鱼运动协会主办，霞浦县人民政府承办，竞赛分突围赛、晋级赛、总决赛。

本次比赛参赛选手为 2014 年全国海钓锦标赛五个分站赛区（福建莆田、浙江舟山、浙江洞头、浙江大陈、广东东平）获得前 8 名的选手共计 40 名。

霞浦县海岛乡四礵列岛海域凭借着得天独厚的自然环境，获得本届赛事举办权。霞浦县海域辽阔，水质优良，盛产各种海产品，是我国著名的闽东渔场，曲折的海岸、林立的岛礁，常年繁衍生长的金鲷、石斑鱼等近岸性鱼类和岛礁性鱼类，可钓鱼种众多，是进行海钓运动的理想海域。

全国海钓锦标赛有力地推动了中国海钓运动的健康发展，也为霞浦海洋渔业资源融入旅游元素、发展蓝色经济、塑造城市品牌形象和渔民生产方式转变带来了良好效应。

（三）大连长山群岛国际海钓节

2015 年全国海钓锦标赛暨大连长山群岛国际海钓节于 2015 年 5 月 23 日在大连市獐子岛开竿，总计有来自国内外 22 支参赛队伍共 88 名海钓高手。此次活动由国家体育总局社会体育指导中心、中国钓鱼运动协会、大连市体育局、大连市旅游局、长海县人民政府、獐子岛集团股份有限公司联合主办；獐子岛镇人民政府、大连市钓鱼协会、大连长山群岛旅游有限公司承办；辽宁省钓鱼协会、长海县旅游局、长海县海洋渔业局、大连长山群岛客运有限公司协办。本次大赛为期两天，分船钓和路亚钓，竞赛奖金为人民币 8 万元，共设团体总成绩奖、团体单尾奖、船长奖三项大奖。獐子岛集团将动用 30 条专业海钓艇，提供人工渔礁专属钓场，来增加比赛的现代感和专业程度。同时，对于赛手进出海岛，獐子岛集团调配最先进的“两岸幸福壹号”豪华高速客船作为交通运输“专列”，“圣亚号”游轮作为观摩赛事用船，确保比赛顺利进行。

（四）万山论钓国际海钓邀请赛

每年元旦，在珠海万山岛都会举办一场颇具规模的海钓比赛“万山论钓”。该赛事已成功举办了11届，每年都会吸引全国各地，乃至韩国、日本等多个地区和国家的钓鱼爱好者参加。

2015年3月，世界知名海钓品牌中国鉴赏会暨第十二届万山论钓国际海钓邀请赛开幕典礼，在珠海国际会展中心举行。本届大赛吸引近300名海内外选手前来参赛，规模及水平超越往届。为丰富本次大赛，进一步推动珠海海钓产业的发展，主办方主办的“世界知名海钓品牌中国鉴赏会”将与大赛同期举行，鉴赏会邀请日本、韩国、中国台湾地区的一线海钓品牌参会，同时邀请中日韩以及港澳台地区的海钓大师、知名海钓测试员以及海钓大赛冠军等作为演讲嘉宾，为国内外同行及海钓玩家搭建一个国际交流平台，促进海钓业界的交流与合作。活动期间，主办方发布了国内首份《海钓与海洋环境保护倡议书》，向广大钓友提出注重海洋环境保护的倡议。

（五）中国象山国际海钓节

每年在浙江象山县举办，到2015年已经举办六届。这些年，海钓节的参赛选手超过500余人，除了天津、上海、江苏等全国18个省、自治区、直辖市以及中国香港、澳门、台湾的钓鱼团体，还有更多来自韩国、日本的专业运动员。冠军奖金高达6万元。

2015年5月29日，第六届中国象山国际海钓节暨中国象山国际海钓邀请赛在宁波象山石浦镇开钓。本次活动以“再扬丝路风帆，共筑蓝色梦想”为主题，包括渔山论剑暨海钓高手速成班、海钓邀请赛、颁奖仪式等内容，本届海钓节至31日结束。与前五届国际海钓节相比，本次比赛一改往年专业比赛的规程，通过旅行社、网络、电台、专业网站等招募广大业余海钓爱好者，并从中选拔出80名选手组成20支队伍参加比赛。比赛共设船钓团体总成绩赛、船钓团体单尾重量赛、船长总重量奖、导钓员奖等。

象山半岛风光优美，岸线曲折，岛礁众多，海域辽阔，是舟山渔场的接壤和延伸，拥有华东地区仅有的大陆架沙滩群，大气负氧离子高，有天然氧吧之称。其中渔山列岛处于南北洋流交汇带，很适合海洋生物生长，鱼类、贝类、藻类资源丰富，有各种海洋特产300余种，全年海钓时间长达10个月，从3月开始可一直钓到12月。同时，能进行矶钓、拖钓、船矶钓等各种海钓活动，是名副其实的“亚洲第一钓场”。

（六）中国大陈岛国际海钓邀请赛

2015 年 7 月，“东港杯”2015 年中国大陈岛国际海钓邀请赛暨全国海钓锦标赛（台州站）在大陈岛举行。本次比赛吸引了来自香港、澳门、台湾、辽宁、上海、广东、浙江等地共 36 支队伍、108 名海钓爱好者在此过招。代表大连队出战的李成以 1.63 千克重的黄鳍鲷摘得了个人单尾重的冠军。大陈岛自然环境非常优美，基本上保持了原生态的面貌，同时鱼种非常丰富，钓位很多，这在全国来说也是非常少见的。

（七）中国青岛国际海洋节海钓大赛

中国青岛海洋节作为青岛市的重要节庆品牌，是中国唯一以海洋为主题的节日，创始于 1999 年，举办时间定在每年的 7 月。海洋节依托风光秀丽的海洋风景带，发挥青岛“中国海洋科技城”的优势，荟萃现代节庆之精华，活动内容丰富，涵盖了开幕式、海洋科技、海洋体育、海洋文化、海洋旅游、海洋美食、闭幕式等几大板块数十项活动，成为 7 月青岛一道亮丽的风景线。国家海洋局、青岛市人民政府主办的海洋节至今已举办了十三届，首届海洋节和第二届海洋节是青岛市旅游局、文化局、科技局、科委、政府政策调研室、重大节庆办公室、园林局等政府部门承办，自第三届海洋节起，由青岛市市南区人民政府承办。

（八）中国·南麂第四届海钓节

2009 年 10 月 25 日，为期三天的 2009 中国·南麂第四届海钓节暨“南麂杯”海钓邀请赛圆满落幕。在这三天时间里，来自香港、澳门、宁波、玉环等地的 15 支队伍 45 名运动员竞逐 4 个奖项。

本次海钓节由平阳县人民政府、浙江省钓鱼协会主办，南麂列岛国家海洋自然保护区管理局、平阳县风景旅游局、平阳县南麂镇人民政府、平阳县鱼乐天地钓鱼俱乐部承办，平阳县体育事业发展局、平阳县海洋与渔业局、温州市钓鱼协会协办。由于受台风影响，比赛期间南麂岛的海面有 8 ~ 9 级大风，给海钓带来了一定的困难与危险。为保证海钓运动员的安全，组委会启用了预备钓场。

从 2003 年的首届南麂海钓节到 2009 年的第四届南麂海钓节，四届海钓节的成功举办，不仅让南麂在全球的海钓爱好者中小有名气，更是催生了南麂海钓产业的发展。至今，南麂已有两家初具规模的海钓俱乐部，吸引着越来越多来自世界各地的海钓爱好者。

（九）中国·嵊山第四届“百年渔场杯”全国海钓精英赛

2015年9月，中国·嵊山第四届“百年渔场杯”全国海钓精英赛在浙江舟山嵊山举行。本届大赛由嵊泗县旅游局、嵊山镇人民政府、嵊泗县钓鱼协会联合主办，嵊山镇海钓旅游开发有限公司承办，吸引了来自省内外20支队的60名选手和1000多游客参与。比赛项目包括对象鱼（鲷类）个人单尾重量赛、综合鱼（非鲷类）个人单尾重量赛、对象鱼（鲷类）个人总重量赛、团体（鲷类）总重量赛四大项目。比赛为期两天，从9月14日到15日。

嵊山的海域条件和气候条件都非常好，是一个天然深海游钓圣地。作为一个休闲旅游项目，海钓成为越来越多休闲度假人士的选择，也是嵊山打响蓝海旅游品牌的重要途径之一。多年来，嵊山镇努力在海蓝旅游上做文章，着力探索以高端海钓产业为主线的体验式旅游发展模式，通过此次比赛，拓宽了南方市场，进一步提高嵊山在全国海钓界的知名度。

（十）第七届中国·洞头国际矶钓名人邀请赛

2014年10月，第七届中国·洞头国际矶钓名人邀请赛暨全国海钓锦标赛在浙江洞头举行。本届赛事，吸引了来自俄罗斯、意大利、台湾、中国香港、中国澳门等国家和地区的75名专业选手、25名休闲钓选手参赛，还有全国知名媒体和游客参与配套赛事的各项活动。本届赛事由国家体育总局社体中心、中国钓鱼运动协会、中共洞头县委、洞头县人民政府、温州市体育局、温州市旅游局联合主办，中国钓鱼运动协会海钓委员会、中国体育报业总社大型活动中心、洞头县风景与旅游发展委员会、洞头县体育局、洞头县海洋与渔业局承办。此次比赛钓区主要分布在洞头竹屿岛、虎头屿岛附近，可钓鱼种丰富，主要以海水鲷类为主，包括黄鲷、真鲷、黑鲷等珍贵鱼种。

与往届相比，本届大赛专业赛事与体育旅游休闲产品、文化产品的融合发展日趋明显。首次引入的陆地抛投体环节，吸引了50余位选手参赛，增加比赛的趣味性，推广了陆地抛投运动。“望海楼杯”知名媒体体验钓，来自俄罗斯、意大利、香港的20多位中外记者参与挥竿垂纶，体验海钓乐趣，鱼拓大师展铭现场展示鱼拓艺术。

三、我国海钓节庆活动存在的问题

（一）海钓节庆活动数量多，但品牌节庆较少

与国外较为成功的海钓比赛相比，我国海钓节庆活动起步较晚，举办届数短，能持续举办并发展成为国际品牌的更是凤毛麟角。在营销方面，宣传力度不大，途径较少，节后营销重视度不够，缺少标志性的物体，而且大部分节庆缺少固定的宣传机构或网页，因而节庆品牌发展缓慢，国际化道路艰难。

（二）主题雷同，缺乏深厚的文化内涵

独特的地方文化是海钓等海洋节庆活动的源泉和得以延续的保证。中国的钓鱼节庆大多没有形成独具特色的地方性海洋旅游节庆，主题雷同，与海洋文化结合不够，削弱了竞争力。此外，为了经济利益，一些海钓节庆活动加入了过多的商业炒作成分，缺乏深厚的文化内涵，长远来看影响海洋节庆旅游的可持续发展。

（三）缺乏群众基础，游客参与度不高

国内海洋旅游节庆多数是节庆搭台，经贸唱戏，过多注重经济利益而忽视了当地居民参与节庆的积极性，游客参与度降低，多数停留在观看的层次，体验较少，留给游客值得品味的文化不多，重游率较低。

（四）政府参与过度，缺乏市场化运作

政府不是一个纯粹的经济主体，也没有资源使用的约束机制与创收机制。为了营销旅游目的地，吸引投资，投入往往大于产出，造成人力、物力的大量消耗，经济亏损，使一些包括海钓比赛在内的海洋节庆不能长久坚持下去。

（五）管理欠佳，环境与安全问题日益突出

目前，由于一些海洋节庆活动管理欠佳，节庆场所缺乏秩序、缺少指示牌、线路设计不合理，对环境造成不良的影响，对滨海地区及海岛的环境造成较大压力。另外，一些海洋节庆旅游的环境与安全问题日益突出。

四、我国海钓节庆活动的发展对策

（一）促进海钓节庆活动的品牌化、系列化

海洋节庆旅游要想走得远就要走品牌化道路。但是海洋节庆活动举办的时间是短暂的，而节庆发展要求具有长期可持续性，两者之间存在一定的矛盾。因此，在品牌化基础上必须考虑到通过系列化运作，加强节庆影响力的持久性和连贯性，使海洋节庆形象长久连贯地深入人心。如“中国象山开渔节”的连续成功举办就是一个好的例子。浙江象山县通过对民间艺术、乡土风情、地方特产、人文典故等的挖掘、整合和提升，将开渔节与国际海钓节、三月三踏沙滩、海鲜节等节庆结合，逐步形成了系列化的海洋节庆活动，提升了具有浓郁海洋气息的节庆品牌。

（二）建立合理完整的绿色海钓赛程规范

中国海钓运动的发展时间已经不短，但由于一些特殊原因，当前的海钓比赛规程在严谨性、规范性等方面还有所欠缺，不利于海钓运动健康持续发展，使得海钓运动的发展受到了很大的制约。海钓运动想要长远发展，必须与相关各部门合作，制定周密而详尽的各项条例，建立一整套合理完整的绿色海钓赛程规范，要以保护海洋渔业资源为宗旨，享受钓鱼过程，引导健康的、可持续的钓鱼运动。

（三）丰富海钓赛事的类型

目前，国内海钓赛事基本以浮游矶钓为主，当然这也是跟中国沿海的区域特色和长期形成的垂钓风格有关。中国海岸的自然条件丰富，理论上可以适应各类钓法。应利用各项赛事为平台，与国际接轨，以中国特色的矶钓为基础，推动中国海钓运动的均衡发展，吸引更多的海钓人群。国际赛、友谊赛、海钓锦标赛、趣味海钓赛、海钓环保游、家庭海钓赛、海钓文化节等各类赛事都可以以多元化的方式进行，既丰富了海钓赛事的类型，也为宣传合作的相关政府提供了多种选择，结合宣传让众多人认识和了解举办方的传统文化，从而加大旅游业及商业运作的宣传。

（四）加大海钓比赛与旅游休闲、地方经济发展的结合力度

目前国家级海钓赛事的举办地基本都集中在浙江、广东和海南等几个经济比较发达，海钓运动发展比较早的省份。中国海岸线绵长，适合钓鱼

赛事的钓场和群岛有很多，首先应调动当地政府的积极性，开拓全国性海钓比赛赛场的力度。其次深入挖掘海洋文化，提高海钓赛事游客参与度，加大海钓比赛与旅游休闲、地方经济发展的结合力度，也是当前我国海钓赛事需要注重的方面。相对于海钓，淡水的池钓和库钓在国内的发展要早得多，已经形成了一定的规模，赛事与地方政府发展规划结合得也比较成熟，有很多成功的案例，如中国升钟湖库钓大赛、广西休闲垂钓大赛等，都以地方政府的经济总体发展为重点，以赛事为平台，创造了全国大赛与地方经济发展双赢的巨大成就。

（五）加强与国际海钓交流

近年来，随着国际海钓交流的深入，中国钓鱼运动协会先后和国际钓鱼联合会、国际钓鱼运动协会等各国钓鱼协会都有过深入的沟通和接触，通过参加夏威夷国际海钓大赛等国际赛事，学到了不少国外先进的赛事理念。但是，现在与国际的交流还只存在于沟通和考察的阶段。以后应该在不断增进与国际交流的同时，多派出优秀选手参加各类国际高水平赛事，一来可以在国际上树立中国海钓的全新形象，二来也可以不断地学习国外的先进垂钓理念。

五、海钓比赛方案策划实例

案例 1　2012 大连长山群岛国际海钓节活动方案①

为加快推进长山群岛国际旅游避暑度假区建设，提升长山群岛的知名度和吸引力，打造休闲渔业及海岛特色旅游品牌，经长海县人民政府研究决定，并报请大连市政府同意，于 8 月 17 日—10 月 31 日，举办“2012 大连长山群岛国际海钓节”活动，特制定如下活动方案。

（一）指导思想

以科学发展观为指导，以长山群岛的资源优势和海钓赛事为平台，以打造具有国际影响力的海钓赛事品牌为目标，以海洋文化、休闲渔业、海鲜美食等系列活动为载体，积极拓展大连旅游客源地市场，延长海岛旅游

① 《2012 大连长山群岛国际海钓节活动方案》，大连海钓旅游网，http：//www. 0411hd. com/diaoyuganhai/diaoyu/15816. html。

时间，加快推进长山群岛旅游产业发展，努力扩大长山群岛避暑度假区的国际知名度和影响力。

（二）活动名称：2012 大连长山群岛国际海钓节

（三）活动主题：畅游生态群岛　尽享极品海鲜

（四）主办单位：大连市人民政府

（五）承办单位：大连市旅游局　长海县人民政府

（六）活动内容

① 8 月 31 日举行 2012 大连长山群岛国际海钓节新闻发布会暨启幕仪式，地点：大连富丽华大酒店。

② 8 月 18—19 日（农历七月初二—初三日）举办大连长山群岛海上路亚精英赛，比赛地点：小长山岛。

③ 8 月 31—10 月 31 日，举办“探秘万亩渔礁，品尝极品海鲜”长山群岛行系列活动，活动地点：长山群岛各岛屿。

④ 8 月份举办长山群岛海鲜美食月活动（海鲜美食大赛、海鲜烧烤一条街），活动地点：饮牛湾浴场、林阳浴场、各乡镇。

⑤ 9 月 22—23 日举办长山群岛传统海钓大赛，比赛地点：獐子岛。

⑥ 8 月 31—11 月 31 日举办“长山群岛休闲度假养生体验之旅”系列活动，活动地点：大长山岛。

⑦ 8 月下旬举办“长山群岛休闲渔业发展论坛”，活动地点：大长山岛。

⑧ 9、10 月份举办“我跟大师学海钓”训练营和培训班系列活动。

⑨ 8 月 15—10 月 31 日举办“我爱长山群岛”亲子游活动和鱼拓艺术推广活动，活动地点：长山群岛各岛屿。

⑩ 8 月 31—12 月 31 日举办长山群岛摄影大赛，活动地点：长山群岛各岛屿。

（七）组织领导

设立 2012 年大连长山群岛国际海钓节组委会。主任由大连市旅游局局长、长山群岛旅游避暑度假区主任担任，副主任由大连市旅游局副局长、长山群岛旅游避暑度假区副主任担任，成员由政府办、公安局、海洋与渔业局、文体局、旅游局、各乡镇政府组成。组委会下设办公室，办公室主任由旅游局局长担任。

案例2 2012年全国海钓锦标赛（万宁站）方案

为确保2012年全国海钓锦标赛（万宁站）暨第三届海南万宁国际海钓精英邀请赛活动顺利进行，向世界展示我市独特的海岛海洋资源和美丽的自然风光，使海钓成为万宁的品牌赛事，结合我市实际，制定本方案。

（一）比赛时间、地点

比赛时间：2012年12月15—16日。

比赛地点：港北港附近海域。

（二）办赛单位

主办单位：国家体育总局社会体育指导中心、中国钓鱼运动协会、海南省文化广电出版体育厅、万宁市人民政府。

承办单位：省体育赛事中心、市文化广电出版体育局。

（三）活动主题

拥抱蓝色海洋，享受海钓激情。

（四）比赛项目

拖钓。

（五）参赛单位

以各省、自治区、直辖市、计划单列市及行业体协为单位组队参赛，港澳台地区亦可组队参赛，每队4人（含领队）。

（六）奖项设置及奖金

奖金总额30万，其中船长奖金额5万。

①团体奖。奖励办法：奖励前八名。

②单尾重奖。奖励办法：两天渔获，最重一条鱼，奖金：1万元。

③船长奖。奖励前八名。由运动队投票及两天渔获量总重排名产生。

④体育道德风尚奖。根据各代表队表现，评选六支队伍颁发体育道德风尚奖。

（七）组织机构与分工

①组委会

下设综合协调组、竞赛组、策划宣传组、后勤保障组、安保卫生组、环境整治组，具体人员安排名单略。

②仲裁委员会（具体人员安排名单略）

③资格审查委员会（具体人员安排名单略）

④裁判委员会（具体人员安排名单略）

（八）主要工作安排

①新闻发布会。12 月 5 日在神州半岛科芙沙滩俱乐部召开新闻发布会。

②比赛需钓船 30 艘，备用船 8 艘，12 月 12 日前要按照比赛要求的规格与渔民签订船只租赁合同，并做好渔船改造工作。

③ 12 月 13 日前完成对安全员、裁判助理的培训。

④ 12 月 14 日前完成港北港及周边环境的整治。

⑤ 12 月 14 日晚在兴隆景天剧场举行开幕式暨文艺晚会。

⑥ 12 月 16 日晚在兴隆银湖假日酒店举行颁奖仪式暨答谢晚宴。

⑦ 12 月 14 日前完成比赛场地、重点路段沿途的氛围营造。

⑧于 12 月 14 日在万宁喜来登酒店召开全国海钓研讨会，对接人肖传能，方案另行制定。

（九）有关要求

①统一思想，加强领导。把本次海钓比赛作为当前推进海南国际旅游岛建设、提高万宁国际知名度和推介万宁旅游资源的大事来抓。各工作组和有关单位的领导要做到认识到位、工作到位、落实到位。

②明确任务，各负其责。各工作组和有关单位要明确工作任务，制定具体实施方案，切实抓实抓细各项工作。

③加大宣传，营造气氛。宣传部门要加大对海钓比赛的宣传力度。一是通过国内外相关媒体大力宣传万宁举办海钓比赛的优势、意义和相关新闻；二是通过多种形式在全市进行广泛宣传，让广大人民群众了解、支持和积极参与海钓相关活动。

第八章　我国海钓业发展实证研究

第一节　舟山群岛海钓业发展实证研究

一、舟山群岛海钓业发展的优势

（一）优越的地理位置

舟山群岛是我国第一大群岛，位于浙江省东北部，长江、钱塘江、甬江三江入海汇合处。舟山市依舟山群岛而建市，是我国两个以群岛建立的地级市之一，共有大小岛屿 1 390 个，另有海礁 3 306 个，舟山市总面积 2.22 万平方千米，其中陆地面积约 2 000 平方千米，常住人口 112.13 万（2010 年）。2011 年 6 月，国务院正式批准设立浙江舟山群岛新区，舟山成为首个以海洋经济为主题的国家级新区。

舟山背靠上海、杭州、宁波等大城市和长江三角洲辽阔腹地，面向太平洋，具有较强的地缘优势，地理位置十分优越。舟山踞中国南北沿海航线与长江水道交汇枢纽，是长江流域和长江三角洲对外开放的海上门户和通道，与亚太新兴港口城市呈扇形辐射之势。

长江三角洲地区是中国经济最发达的区域之一，是高收入人群的聚居地。根据最新统计，长三角核心城市上海、杭州、南京、苏州、无锡、宁波、常州、镇江、南通、绍兴、扬州、泰州、嘉兴、湖州、舟山和台州 16 个城市 GDP 总量已达人民币 12 万亿元，增速均值为 9.0%。该区域以占全国 2% 的土地面积和 6% 的人口，创造的 GDP 已占全国的 20.6%[①]，长江三角洲地区是我国最大的旅游度假客源市场，以周末、黄金周为主的近中

① 王建生、于俊：《新兴 CBD 崛起助力长三角核心城市 GDP 提速》，中国新闻网，http：//finance. ifeng. com/a/20150730/13878184_ 0. shtml。

程旅游已经成为长三角地区居民日常生活的一个有机组成部分。同时，舟山距离韩国釜山、日本长崎以及台湾的高雄、香港等国际大都市较近，这些城市有大量的海钓爱好者。随着舟山海岛交通的进一步改善和海钓知名度的进一步提高，舟山将成为海钓爱好者的首选地。

（二）丰富的海钓资源

舟山地处东海，素有“东海鱼仓”之称，自古以来因渔业资源丰富而闻名。由于附近海域自然环境优越，又受台湾暖流和日本千岛寒流的交汇影响，饵料丰富，近海处海水浑浊，给不同习性的鱼虾洄游、栖息、繁殖和生长创造了良好条件，形成了中国著名的渔场——舟山渔场。舟山渔场自开发以来，一直为沿海渔民共同捕捞的传统场所。渔民习惯按各作业海域，把舟山渔场划分为大戢渔场、嵊山渔场、浪岗渔场、黄泽渔场、岱衢渔场、中街山渔场、洋鞍渔场和金塘渔场，渔场的中心基地位于嵊山。舟山渔场内共有海洋生物1 163种，捕捞的主要品种有带鱼、鳓鱼、马鲛鱼、海鳗、鲐鱼、马面鱼、石斑鱼、梭子蟹和虾类等36余种。目前已经发现的能够开展海钓活动的可选鱼种在30种以上，舟山的石斑鱼、鲷科鱼类无论是数量还是质量，在国内都相当少见。

舟山群岛（专业游钓）主要岛礁海域钓地列表

序号	岛屿名称	岛礁及主要鱼种	清水时间（天）	平均水深（米）	容量限制（人）	距离（海里）
1	童岛	由5岛8礁组成 条石鲷、黄尾狮、鲻鱼	全年清水	15～40	60	32
2	浪岗山	由10岛7礁组成 海蜓王、黑鲷、虎头鱼	全年清水	15～40	100	28
3	里、外甩	由8岛3礁组成 真鲷、虎头鱼、青占鱼	全年清水	25～40	25	27～31
4	枸杞岛	由10岛20礁组成 黑鲷、六线鱼	全年清水	4～10	120	13
5	大盘山	由10岛32礁组成 黄鳍鲷、虎头鱼、青占鱼	全年清水	5～12	150	11
6	大西寨	由7岛15礁组成 鮸鱼、鲈鱼	280～320	3～10	70	13

续表

序号	岛屿名称	岛礁及主要鱼种	清水时间（天）	平均水深（米）	容量限制（人）	距离（海里）
7	三星岛	由 8 岛 6 礁组成 石斑鱼、鲻鱼、六线鱼	250 ~ 300	4 ~ 10	50	16
8	小板岛	由 4 岛 6 礁组成 黑鲷、鲈鱼	280 ~ 320	5 ~ 20	40	19
9	黄兴—西福山	由 10 岛 30 礁组成 黑鲷、虎头鱼	280 ~ 320	4 ~ 12	220	18 ~ 23
10	里、外洋鞍岛	由 6 岛 5 礁组成 真鲷、黄鳍鲷、带鱼	250 ~ 300	4 ~ 15	75	5 ~ 9

备注：①童岛、浪岗山、枸杞岛、大盘山以嵊泗县泗礁岛五龙码头为距离计算始发点；②里外甩、里外洋鞍、黄兴—西福山的始发点以朱家尖岛樟州码头为距离计算始发点；③大西寨、三星岛、小板岛以岱山县高亭镇原电厂码头为距离计算始发点。

资料来源：王依欣：新浪博客，http：//blog. sina. com. cn/s/blog_ 8b416edd0100x9q3. html。

舟山群岛（专业游钓）深海游钓基地列表

序号	海域名称	面　积（平方千米）	平均水深（米）	容量限制（艘）	距离（海里）
1	洋鞍大礁	60	25 ~ 80	20	37
2	东福大礁	12	25 ~ 40	5	26
3	童岛海域	5	30 ~ 60	3	32
4	海礁东北大礁	30	30 ~ 80	10	92
5	平湖油气田	1	100	2	180

备注：①童岛、长江口北以嵊泗县泗礁岛五龙码头为距离计算始发点；②洋鞍大礁、东福大礁、平湖油气田以朱家尖岛樟州码头为距离计算始发点。

资料来源：王依欣：新浪博客，http：//blog. sina. com. cn/s/blog_ 8b416edd0100x9q3. html。

舟山群岛（休闲游钓）首批船、岸、滩钓地列表

序号	区域地名	岸线长度（米）	平均水深（米）	容量限制（人）	
				岸、滩钓	近海船钓
1	泗礁岛鹿颈头	800	4 ~ 8	70 ~ 80	
2	泗礁岛南长涂	1 000	2 ~ 5	100	80 艘/480

续表

序号	区域地名	岸线长度（米）	平均水深（米）	容量限制（人）	
				岸、滩钓	近海船钓
3	衢山岛冷峙湾	1 200	3 ~ 6	100	40 艘/240
4	朱家尖情人岛	2 500	3 ~ 6	120	30 艘/180
5	白沙岛	4 000	4 ~ 12	200	20 艘/120
6	桃花岛塔湾	2 200	3 ~ 8	200	30 艘/180

备注：①泗礁岛以李柱山码头为距离计算始发点；②白沙岛以朱家尖岛樟州码头为距离计算始发点；③朱家尖情人岛以朱家尖大桥为距离计算始发点；④衢山岛以朱家尖大桥为距离计算始发点；⑤桃花岛以茅草岙码头为距离计算始发点。

资料来源：王依欣：新浪博客，http：//blog. sina. com. cn/s/blog_ 8b416edd0100x9q3. html。

（三）便捷的海陆交通

舟山便捷的海陆空立体交通已经逐步形成，为舟山休闲旅游业发展提供了良好的条件。

从20世纪90年代开始，舟山开始规划大陆连岛工程。到目前为止，舟山共建成跨海大桥20余座，这些大桥横跨于各岛之间，成为海岛经济的生命线。2009年，舟山跨海大桥通车，大陆连岛工程顺利完成，突破了舟山旅游交通瓶颈，打通了舟山旅游交通的主动脉。此外，嵊泗县到上海的通道——东海大桥于2005年正式贯通，打通了舟山嵊泗县到上海的通道，六横跨海大桥、岱山跨海大桥等正在规划建设中。

目前，舟山10个主要经济大岛已开通对外客运输航线，12个经济大岛开通了高速客船航线，市内主要的岛际水上客运航线已经实现了2小时交通圈（最远的定海至嵊泗2小时）。此外，舟山普陀山机场于1997年8月8日正式通航运营，现开通有北京、上海、广州、深圳、福州、厦门、泉州等航线，并以上海机场为中转辐射至全国各大中城市。

岛内旅游交通已经大为改善，逐步由运力保障型向舒适快捷型方向发展。海上旅游交通重点提升了三江、西码头至小洋山，沈家门至东极，白沙至朱家尖，泗礁至嵊山、枸杞等运力与舒适度；陆上旅游交通重点提升了舟山本岛、岱山本岛、秀山岛、桃花岛、泗礁岛等主要旅游岛屿的运力与舒适度；空中旅游交通加密了与重点旅游客源地的航班，改善了机场服务设施；完善了旅游交通线路标识系统，初步建成畅通高效的群岛海陆空联运网络。

（四）极具特色的旅游资源

舟山群岛历史悠久，古称“海中洲”，以海、渔、城、岛、港、航、商为特色，集海岛风光、海洋文化和佛教文化于一体的海洋旅游资源在长江三角洲地区城市群中独具风采。舟山境内共拥有佛教文化景观、山海自然景观和海岛渔俗景观1 000余处，拥有普陀山、嵊泗列岛两个国家级风景名胜区，岱山岛、桃花岛两个省级风景名胜区以及全国唯一的海岛历史文化名城定海，是华东旅游资源最丰富的地区之一。舟山每年吸引着600多万海内外游客，并以15%的速度逐年递增，是中国东部著名的海岛旅游胜地。

近年来，舟山市依靠境内的国家级重点风景名胜区、“海天佛国”普陀山的佛教文化产品的名牌效应，旅游业发展起步较早，目前旅游业已经成为舟山市国民经济中最具发展活力的产业。2014年，全市积极发展海洋旅游新业态，国际邮轮码头建成开港，水上飞机项目和旅游观光巴士投入运营，推出了新型海岛游主题产品，共接待游客3 398万人次，实现旅游收入338亿元，分别增长10.8%和12.8%。①

（五）政府对海钓业发展的重视

近年来，舟山市高度重视海洋经济的发展，努力建设海洋经济强市，提出了大力开发海洋资源，加快发展海洋旅游产业，实现岛海联动，整合海岛海洋资源，做大做强舟山海洋旅游经济的战略目标，进一步巩固了海洋旅游业在全市国民经济发展中的支柱产业地位，形成了海洋旅游业引领全市第三产业发展的格局。2011年国家级舟山群岛新区的成立，更加有利于提升舟山整体海洋经济发展水平和国际竞争力及影响力，从而为舟山旅游提供了一个重大发展平台和机遇。

近年来，舟山通过先行先试和体制机制创新，科学、全面、有序地推进海洋海岛旅游资源的综合开发管理，使舟山成为我国科学管理、开发、保护海岛和海洋，促进海岛地区旅游科学发展的示范区，为我国海洋旅游

---

① 舟山市统计局、国家统计局舟山调查队：“舟山市2014年国民经济和社会发展统计公报”，2015年3月。

开发探索出一条新路子。旅游产品结构不断优化，海上观光、环岛巡游、海钓旅游以及渔村休闲旅游等精品项目建设顺利推进，“舟山群岛”品牌整体形象得到提升，并把发展大众海钓列为重点项目，体现了政府推动发展海钓产业的决心。2003 年，舟山市相关部门开始进行海钓产业调研，舟山正式步入海钓业专业化发展时期。2007 年，舟山政府各相关部门把海钓业纳入重要工作日程，产业研究、政策引导、规范管理、宣传启动、培训教育等项工作进入实质启动阶段，舟山开始渐渐朝着“海钓天堂”的方向发展。

二、舟山海钓业发展现状

（一）建设了一批海钓基地和俱乐部

2003 年年底，舟山首次注册成立了浙江大洋海钓俱乐部有限公司。后来重点建设了一批海钓基地，泗礁岛、白沙岛、朱家尖岛、桃花岛、秀山岛等钓场建设已经完成，白沙海钓旅游主题岛初具规模，交通相对便利的白沙、东极和嵊山，成了钓手们首选钓点。

2014 年，中国普陀海洋文化创意产业园区在舟山成立，园区定位为“景区级标准泛游艇类综合性产业园区”，旨在打造一处集合海岛休闲自助、海钓、游艇、帆船等海洋运动为服务，拥有游艇管理、培训、停泊、修造、售卖、会展为配套的综合性海洋产业园区。该园区的正式建成，将为海钓爱好者提供一体化综合性服务，对规范舟山海钓业经营模式、引导休闲渔业管理、推动舟山海钓产业化进程发挥积极的作用。

（二）海钓客源市场持续增加

2002 年，舟山参加海钓的游客达到 2 万人次。2003 年 1—11 月，舟山市累计接待海钓者 5 万余人次，2004 年达到 8 万人次，2012 年，已上升到 40 万人次。[①] 目前，舟山本地的海钓爱好者已形成一定规模，拥有专业装备的海钓爱好者和普通钓友人数逐渐增加，常年出海海钓的达 1 万余人次。此外，舟山每年举办 2 次国际国内海钓比赛，除参钓者外，观摩海钓赛事

---

① 《舟山海钓：要做海钓天堂，还有很多事要做》，舟山新区网，http：//zsxq. zjol. com. cn/ 2013 年 6 月 29 日。

的游客达3万人次，海钓经济成为舟山旅游板块中新的增长点。[1]

舟山海钓游客除长三角地区客源外，临近舟山的韩国、日本、台湾、香港和澳门的人数日益增加。这些国家和地区的海钓业起步早，参钓者人数多，其中有些人每年外出参加国际海钓赛事活动。近年来，他们所在国家和地区的海钓鱼类资源减少，出现海钓活动地点向外转移的趋势。

（三）举办了国际海钓精英赛等一系列国内外赛事

舟山已成功举办十余次市、省、国家级海钓比赛。1993年7月，舟山嵊泗成功举办了首届国际海钓邀请赛，来自日本、中国大陆和台北等国家与地区的10个运动队、75名选手参赛，这是我国最早举办的国际海钓赛事之一。2005年9—10月，“2005亚细亚国际友好钓鱼大会”在舟山举办，来自日本、韩国、中国及其港澳台地区共6个国家和地区约100名海钓高手参赛，这是舟山市政府着力打造国际化滨海旅游城市的有力之举。2008年，舟山市政府与国家体育总局社体中心、浙江省体育局联合在定海举办了2008年“阿尔法游艇杯”中国舟山群岛国际海钓邀请赛暨全国海钓锦标赛，来自日本、韩国、上海、青岛、大连、深圳境内外29支海钓队的116名海钓高手参加了比赛。2013年，舟山群岛“白沙杯”全国海钓锦标赛成功举行，来自韩国、香港、澳门、台湾国内外34个代表队的102位钓手参加比赛。2014年，浙江舟山群岛新区“嵊山杯”全国海钓锦标赛暨国际矶钓精英邀请赛在浙江嵊泗县嵊山镇举行，来自韩国、香港、台湾、澳门及境内20多个省份、沿海城市的36个代表队108名选手参加了比赛。

舟山市举办的主要海钓节庆活动一览表

序号	赛事名称	举办时间	地点	举办单位	赛事规模
1	首届国际海钓邀请赛	1993年7月	舟山嵊泗	上海市体育总会、上海市钓协、嵊泗人民政府	来自日本、中国和中国台北等国家与地区的10个运动队、75名选手

① 浙江省旅游局信息中心：《舟山做强做精海钓休闲旅游业》，2009年8月17日，http://www.9tour.cn/info/383/79125.shtml。

续表

序号	赛事名称	举办时间	地点	举办单位	赛事规模
2	海峡两岸四地海钓产业推进研讨会	2004年4月	舟山	舟山市政府、浙江省海钓协会、舟山市钓协、浙江大洋海钓俱乐部	
3	2005亚细亚国际友好钓鱼大会暨中国·舟山群岛国际海钓邀请赛	2005年9—10月	舟山普陀	主办：亚细亚钓鱼联盟、舟山市人民政府 承办：舟山市旅游局、舟山市体育局、舟山市普陀区人民政府、浙江大洋海钓俱乐部	日本、韩国、中国及其港澳台地区共6个国家和地区约100名海钓高手
4	沿海城市游钓产业发展研讨会	2005年10月	舟山	舟山市人民政府、舟山市旅游局	相关政府部门的领导、专家、学者以及新闻媒体30余人
5	“阿尔法游艇杯”中国舟山群岛国际海钓邀请赛暨全国海钓锦标赛	2008年10—11月	普陀东福山列岛和嵊泗浪岗列岛	国家体育总局社体中心、省体育局、市政府主办，普陀区政府、嵊泗县政府、市体育局、市旅游局承办	来自日本、韩国、上海、青岛、大连、深圳境内外29支海钓队的116名海钓高手
6	2008白沙杯大众休闲海钓比赛	2008年5月	舟山白沙岛	主办：舟山市旅游局、舟山市体育局、普陀区人民政府 承办：普陀区旅游局、普陀区体育局、白沙乡人民政府	来自全国各地的50名钓手
7	2009舟山群岛“白沙杯”大众海钓赛	2009年6月	舟山白沙岛	主办：舟山市旅游局、舟山市体育局、普陀区人民政府 承办：普陀区旅游局、普陀区体育局、白沙乡人民政府	市海钓公司、定海队、普陀队、岱山队、嵊泗队等12支队伍近80名海钓选手

续表

序号	赛事名称	举办时间	地点	举办单位	赛事规模
8	第四届“白沙杯”海钓邀请赛	2012 年 11 月	舟山白沙岛	普陀区体育局、普陀区旅游局和白沙乡人民政府承办	上海、江苏、香港等地的 9 支参赛队伍 27 位海钓高手
9	2013 年舟山群岛“白沙杯”国际海钓精英赛暨全国海钓锦标赛	2013 年 6 月	舟山白沙岛	国家体育总局社会体育指导中心、中国钓鱼运动协会、浙江省体育局、舟山市人民政府联合主办，普陀区人民政府、舟山市体育局等承办	来自韩国、香港、澳门、台湾国内外 34 个代表队的 102 位钓手参加比赛
10	2014 年浙江舟山群岛新区“嵊山杯”全国海钓锦标赛暨国际矶钓精英邀请赛	2014 年 9 月	舟山嵊泗	国家体育总局、中国体育报业总社、浙江省体育局、舟山市人民政府、中国钓鱼运动协会主办，中国钓鱼运动协会海钓委员会、嵊泗县人民政府、舟山市体育局承办	来自韩国、香港、台湾、澳门及境内 20 多个省份、沿海城市的 36 个代表队 108 名选手参加

资料来源：由作者根据相关资料综合整理。

（四）游艇产业发展迅速

1. 游艇俱乐部数量迅速增加

嵊泗徐公岛海上海游艇俱乐部作为我国首个由外商对岛屿进行规模性开发的项目，已投入基础设施建设资金超亿元，目标是成为中国第一所世界顶级的游艇会所。舟山市重点项目——朱家尖游艇会所已经成型，该国际游艇码头工程总投资 3 700 万元，历时两年建设，于 2011 年 7 月顺利完工。该项目位于普陀区朱家尖樟州湾，总占地面积 10 万平方米，总建筑面积 3.7 万平方米。

2. 游艇制造业已经起步

朱家尖风景旅游管委会和新加坡阿尔法船舶国际有限公司签署了协

议，打造豪华游艇和豪华游艇俱乐部，规划首期投资为1 000万美元，已生产出成品游艇。上海世博会期间，管理部门专门向阿尔法公司订制治安巡逻艇。2011年10月，舟山市与意大利东方蓝色海湾责任有限公司正式签署了“东方蓝色海湾”项目，“东方蓝色海湾”项目将落户于朱家尖，预计占地3.5平方千米，其中陆地面积1.72平方千米，海洋面积178平方千米。项目计划建设游艇码头、游艇生产和维修服务中心、高档酒店、海景住宅、意大利名品商业区等设施。[①]

3. 游艇公共泊位增加

舟山的沈家门、朱家尖、东极岛、岱山高亭蒲门等岛屿都建设了游艇停靠码头，开辟环岛观光游线路，另外，部分有条件岛屿的游艇停靠码头正在规划筹建之中。

4. 游艇展规模进入全国前列

中国（舟山群岛）国际游艇展作为浙江首个水上游艇展，2011年首次成功举办，至今已经举办五届。[②] 2015年7月，“2015中国（舟山群岛）国际游艇展”在舟山市普陀区盛大举行。本届游艇展依托国际邮轮母港的正式运营和江海联运服务中心项目的启动，旨在通过游艇展会的形式集中展示游艇等一批旅游新元素，体现一种滨海生活方式，整合优势资源，打造得天独厚的国际海岛休闲旅游度假目的地。游艇产业界根据办展规模、销售情况、市场上升程度以及城市消费人群等因素对全国范围内的游艇展进行排名，舟山游艇展已跻身前八名。[③]

三、舟山海钓业发展存在的问题

舟山的海钓业发展取得了很大成就，但在产业化过程中还存在一些问题。

---

① 林上军：《舟山游艇业发展现状及前景展望》，《舟山社会科学》2012年第1期，http://www.zsdx.gov.cn/ShengsiDx/news/965cc6d6-d7fd-4c6d-9d43-07313a584514.html。

② 林上军：《舟山游艇业发展现状及前景展望》，《舟山社会科学》2012年第1期，http://www.zsdx.gov.cn/ShengsiDx/news/965cc6d6-d7fd-4c6d-9d43-07313a584514.html。

③ 舟山市旅游委员会：《2015中国（舟山群岛）国际游艇展成功举行》，国家旅游局网站，http://www.cnta.gov.cn/xxfb/xxfb_dfxw/201507/t20150722_742838.shtml。

（一）休闲渔业和海钓方面的法规滞后，制约海钓产业化进程

一方面，持续高涨的旅游市场催化着需求的快速增长；另一方面，新法规尚未出台而参照的法规又不能适应现实发展需要，严重束缚海洋管理部门的手脚，影响政府行政效率。如海钓休闲船只的运行受限过多，对海钓资源的增值收费不明确等。

（二）管理体系不完善，产业整合缺乏有效手段

看上去谁都在管，其实谁也没管；因为缺乏产业规划指导，相关职能部门各自为战，企业之间如同散兵游勇，产品雷同、近距离低层次重复建设无法避免，造成资源严重浪费，影响产业规模化运作。

（三）保护措施乏力，渔业资源现状不容乐观

由于现行的管理手段不能适应发展需要，管理部门因种种原因出现管理死角，管理缺位造成无序等原因，目前舟山各海域在捕鱼过程中，无证小船、滥采乱捕、大小通吃、二次污染等现象依然突出，导致渔业资源破坏严重，给海钓业的持续发展带来严重威胁。与前些年相比，舟山海域各钓场钓获量和个体变小已是不争事实，如在 2013 年舟山群岛“白沙杯”全国海钓锦标赛中，不少钓手空手而归。

（四）安全隐患时有出现

舟山岛礁众多，很多海钓资源分布在周边岛礁，发展海钓离不开钓船。我国海钓刚刚起步，因经济发展水平所限，海钓尚不能进入游艇化时代。目前的海钓用船一般多是休闲渔船，而休闲渔船受到航距及风力的严格限制，与发展海钓要求差距极大。这已成为制约舟山海钓产业发展的一个重要因素。[①]目前舟山无证船只出海钓鱼遍布各钓区钓点，这些船只小，很难安全登礁，而且缺乏必要的救生设备，目前，舟山还没有一艘专业海钓船，加上部分海钓者缺乏海钓知识，冒险出海存在很大的安全隐患。

（五）管理人才欠缺

海钓产业的深化提升需要一大批经过训练的专业人才，但现实状况不能满足、适应产业的进一步发展需求，培训面临一个很大的问题。

---

① 李欣、刘舜斌：《舟山海钓产业发展对策初探》，《中国渔业经济》2011 年第 1 期，第 136—139 页。

四、舟山海钓业发展建议和对策

（一）尽快制定发展规划和相关扶持政策

如促进开发海钓经营与开发无居民海岛资源、休闲渔业相结合；把海钓纳入整个景区、景点的旅游项目之中，拉长旅游产业链等；对一定海域实行封闭式管理，由政府部门大量投放人工渔礁，杜绝拖网渔船捕捞作业，大力发展海钓产业，吸引大量高端消费；为海钓开发及与海钓相关企业在争取旅游发展基金、享受贴息贷款补贴等方面给予一定倾斜等。

（二）加快海钓基地的基础建设

兴办一批宜于开展群众性、日常性海钓活动的海钓点，建立若干个起点高、规模大、功能全、能承担国际国内大型海钓比赛的活动基地，并争取申请列为国家海钓训练基地。分类建立海钓特别保护区或利用无居民海岛开辟海钓活动示范点，鼓励有实力的海钓企业承包或长期租赁，可以借鉴国外海岛旅游度假区禁止捕鱼的模式，开辟专门海域进行海钓产业开发。

（三）要加强安全防范，确保海钓经营活动的规范

政府部门要制定切实有效的管理办法，提高生态保护意识，加大执法和保护力度，限制各种破坏性作业方式，严厉打击各种违法毁鱼行为，有效保护渔业资源。

（四）鼓励转产转业渔民从事海钓业

切实解决渔民的实际困难，尽可能发挥当地渔民的原有专长，从闲散的渔民转变为海洋导游专家，解决其生活出路，有条件的要将渔民的海钓船纳入专业海钓俱乐部统一管理。

（五）加快海钓配套服务业的发展

根据舟山海钓业的特点和钓客的需求，完善包括“吃、住、行、游、购、娱”等要素在内的配套设施，大力培育海钓经营和服务企业。在发展海钓俱乐部、海钓经营公司、渔具经销生产企业等同时，积极组建和加强海钓专业队伍建设，培育一流的海钓团队，培育导钓员队伍，提高海钓经营管理水平和服务质量。

（六）促进舟山海钓品牌化

舟山要在激烈的竞争中独占鳌头，必须创立自己的海钓品牌，提高舟山在海钓界的影响力。要引进举办国际、国内重要的海钓赛事落户舟山，充分利用舟山渔场知名度高等优势，加大宣传营销，抓好软件建设，不断提高服务质量，从而创造在国际国内有一定影响的舟山海钓品牌。

第二节 海南海钓业发展实证研究

一、海南发展海钓业的优势

（一）热带气候和环境优势

海南省位于中国最南端，包括海南岛和西沙群岛、南沙群岛、中沙群岛的岛礁及其海域，全省陆地总面积3.5万平方千米，其中海南本岛面积3.39万平方千米，是中国国土面积（陆地面积加海洋面积）第一大省，海南经济特区是中国最大的省级经济特区和唯一的省级经济特区。

海南岛地处热带北缘，属热带季风气候，素来有“天然大温室”的美称，是世界上最大的“冬都”。这里长夏无冬，年平均气温22～27℃，水质条件良好，海水清澈，全年都适合进行海洋休闲旅游和海钓运动。

（二）海钓资源优势

海南的海洋渔业资源丰富，具有海洋渔场广、品种多、生长快和鱼汛期长等特点，是中国热带海洋渔业的主要基地。全省海洋渔场面积近30万平方千米，海南岛拥有大小海湾68个，海南环岛港湾及临近海域有鱼类600种以上，许多名贵水产资源都集中分布在海湾区域。拥有大小海钓钓点100多个，各种海钓钓品数十余种。

另外，海南岛周边具有开展海钓的岛礁、岸礁和独特的珊瑚资源，是进行海钓的最理想场所。根据2009年最新调查，在海南岛长达1 823千米的海岸线上，分布着约280个岛礁，以及上百平方千米的珊瑚，不仅水产资源丰富、鱼类品种繁多，还具有珊瑚礁、红树林和海草床等热带海岸所特有的群落类型。①

海南海钓钓点和钓品分布一览表

地区	主要钓点	主要钓品	适合钓法
万宁	大洲岛	三点鲳，礁钓青衣、石斑、杂衣等	浮游矶钓、船钓、路亚
	洲仔岛	连尖、石斑、水针、泥猛及各种珊瑚鱼类等	浮游矶钓、船钓、路亚
	大花角	茂连尖、石斑、水针、泥猛及各种珊瑚鱼类等	浮游矶钓、船钓、路亚
	后海	红友、黑鲷、茂连尖、石斑、水针、泥猛及各种珊瑚鱼类等	浮游矶钓、船钓、路亚
海口	南港码头	黑鲷、白鲷、红友、石斑、军曹、鹦哥、白鲳、泥蜢等	浮游矶钓、船钓、路亚
	镇海钓点	石斑、鲻鱼、黑鲷等	浮游矶钓、船钓、路亚
	万绿园	鲈鱼、小石斑鱼、泥猛、黑鲷等	浮游矶钓、路亚
	海甸岛	小石斑鱼、黑鲷、黄脚、沙锥、鲈鱼等	浮游矶钓、路亚
	粤海码头	石斑、黑鲷、鲈鱼、海鲶、鲻鱼等	浮游矶钓、路亚
	白沙门	鲈鱼、黑鲷、红友、鲻鱼等	浮游矶钓、路亚
琼海	龙湾	真鲷、红友、红鱼、马鲛、金枪、海狼、牛港、石斑、章雄、青衣、带鱼、鱿鱼等	浮游矶钓、路亚
	博鳌玉带滩	真鲷、红友、红鱼、马鲛、金枪、石斑、章雄、青衣、带鱼、鱿鱼等	浮游矶钓、路亚
文昌	木兰头	裸颊鲷、黄尾鲷、火点及石斑等	路亚、船钓或浮游矶钓
	铺前钓点	黑鲷为多，也有红友及石斑	路亚、船钓或浮游矶钓
	铜鼓岭钓点	连尖、三点鲳、海鳗、青衣、金鼓、泥猛	路亚、船钓或浮游矶钓
	东郊椰林钓点	红友、鲈鱼、海鳗、石斑等	浮游矶钓、船钓、路亚
	七洲列岛	真鲷、幽面、红友、红鱼、马鲛、金枪、海狼、牛港、石斑、章雄、青衣、带鱼、鱿鱼等	浮游矶钓、船钓、路亚
陵水	陵水新村	橙斑鹦哥鱼、青衣、三点鲳、白毛等	筏钓、矶钓、滩钓
	黎安	金鲳、白鲳、泥猛、三点鲳、马友等	
	分界洲岛	橙斑鹦哥鱼、青衣、泥猛、三点鲳、白毛等	

① 海南省国土环境资源厅：《海南拥有大小海湾 68 个，活珊瑚上百平方公里》，http://www.dloer.gov.cn/info/1016/6456.htm 3。

续表

地区	主要钓点	主要钓品	适合钓法
三亚	铁炉港	鲈鱼、黑鲷、红友、三点鲳、青衣、杂衣、鹦哥、牛港、泥猛、石斑、海鳗、连尖珊瑚鱼	渔排筏钓、码头抛钓、浮游矶
	亚龙湾	珊瑚鱼、红友、石斑等	浮游矶钓
	六道湾	海干草、连尖、红鱼、泥猛、三点鲳、墨鱼等	浮游矶钓
	大东海	青衣、杂衣、石斑、海鳗、连尖等	浮游矶钓
	鹿回头	海干草、三点鲳、白毛、泥猛、鹦哥鱼等	浮游矶钓
	西岛	三点鲳、白毛、橙斑鹦哥鱼、青衣、石鲷、石斑、红鲉、连尖、金鼓鳗、苏眉、海鳗等	筏钓、船钓、浮游矶钓
	凤凰岛	黑鲷、石斑、红鲉、连尖等	船钓
	大小洞天	黑鲷、青衣、泥猛、橙斑鹦哥鱼、墨鱼等	浮游矶钓
西线	东方八所	黑鲷、黄尾鲷、红友、石斑、金鼓等	滩钓
	临高新盈港	黑鲷、黄尾鲷、红友、石斑、金鼓等	筏钓、抛钓、浮游矶钓
	临高马袅港	黑鲷、黄尾鲷、杂衣、石斑、海鳗等	

资料来源：由作者根据相关资料综合整理。

（三）区位优势

海南近傍香港，遥望台湾，内靠我国经济发达的珠三角，外邻亚太经济圈中最活跃的东南亚，处在日本到新加坡的中段，直接面向东南亚，靠近国际深水航道。此外，南海连接亚洲和大洋洲、太平洋和印度洋，是我国通往东南亚、印度洋直到非洲、欧洲的海上通道，海运交通位置重要。海南的航空条件正日渐完善，琼海博鳌机场建成后，海南拥有 3 家国际机场，开通了飞往十几个国家的航班。陆地交通条件方面，于 2010 年 12 月开通的环海南岛轻轨为海南铁路发展掀起了新篇章，增强了沿线区位优势。与内地连接的跨海大桥计划也在筹划当中，对未来海南旅游业的发展开拓了广阔的前景。①

① 逢艳：《基于国际旅游岛背景下海南体育旅游项目开发研究》，海南师范大学，2011 年 5 月。

（四）旅游产业优势

海南是中国唯一的热带岛屿省份，是中国最受欢迎的热带滨海度假胜地。据普查，全岛可利用的自然景观和人文景观资源共有 11 类、241 处，旅游景区 52 个，其中 5A 级 5 个（即三亚南山文化旅游区、三亚大小洞天文化旅游区、海南呀诺达雨林文化旅游区、分界洲岛旅游区、槟榔谷黎苗文化旅游区）[③]。

随着海南旅游业的发展，海南旅游服务体系正在逐步完善。相应的配套设施和关联企业也得到了快速发展。自 2009 年以来，入驻海南省的旅行社数量快速提升，其发展水平远高于全国。截至 2014 年年末，海南省拥有的旅行社数量为 393 家；共有星级酒店 166 家，其中五星级酒店 27 家，按五星级标准建成并营业的高档酒店 40 家，在建或规划中的高档酒店近 40 家。2014 年全年全省接待国内外游客总人数 4 789. 1 万人次，其中接待旅游过夜人数 4 060. 2 万人次；接待一日游游客 728. 9 万人次，旅游总收入 506. 5 亿元。[①]

自 2009 年以来，全球旅游业收入对 GDP 的直接贡献度一直维持在 2. 9%，个别年份下降到 2. 8%，总体上相对平稳，随时间波动较小；但中国旅游业收入对 GDP 直接贡献度则呈现逐年上升态势，并于 2014 年达到最高值 5. 11%。海南省旅游业收入占 GDP 比重，2014 年达到最高值 14. 47%。[②]可见旅游业对海南省经济发展贡献巨大，为海南打造中国旅游特区和发展休闲海钓业奠定了坚实的基础。

（五）国际旅游岛建设的政策优势

2010 年 1 月，国务院发布《国务院关于推进海南国际旅游岛建设发展的若干意见》。根据意见，海南国际旅游岛作为国家的重大战略部署，2020 年将海南初步建成世界一流的海岛休闲度假旅游胜地，使之成为开放之岛、绿色之岛、文明之岛、和谐之岛。意见明确提出，推进旅游要素转型升级，开发特色旅游产品，加强重点水源地、重要海域的保护和管理，有

---

① 海南省旅游发展委员会、国家金融信息中心指数研究院：《海南国际旅游岛旅游发展指数报告》，2015 年 5 月。

② 海南省旅游发展委员会、国家金融信息中心指数研究院：《海南国际旅游岛旅游发展指数报告》，2015 年 5 月。

序开发利用土地、森林、矿产、海湾、海岸线、海岛、水域等重要资源，依托优势资源，发展特色旅游产品，进一步优化旅游产品结构，大力发展热带海岛冬季阳光旅游、海上运动、潜水等旅游项目，丰富热带滨海海洋旅游产品。[①] 2012年出台的《海南省“十二五”海洋经济发展规划》中也明确提出，要发挥南海渔业资源优势，大力发展抗风浪养殖、深水网箱养殖，突破良种培育和观赏鱼培育技术，积极探索发展休闲渔业，使海南成为全国渔业出口基地、良种良苗繁育基地和世界性的海钓基地。[②]

海南国际旅游岛建设是海南发展的历史性机遇，正在蓬勃兴起的国内旅游热为海钓产业发展提供了历史性需求，是海钓产业发展面临的历史性机会。发展海钓产业，不仅可以带动渔民增收致富，帮助渔民转产转业，同时也是海南国际旅游岛的特色旅游休闲项目。另外，海钓产业属于环保环境友好型产业，比海洋养殖、捕捞更环保，更具有可持续性，符合海南国际旅游岛建设生态文明的各项要求。随着国际旅游岛建设步伐加快，许多优惠政策的出台，如免税政策、游艇政策等，将会促进海钓业的发展。

二、海南海钓业发展现状

（一）海洋体育和休闲渔业发展具备较好的基础，海钓业已起步

海南是我国发展海洋体育的重要基地，是我国开展游艇、摩托艇、动力赛艇、冲浪、帆船等海上运动的最佳目的地之一。海口、三亚、陵水、万宁、博鳌等地设有800多个游艇泊位，海南每年举办的群众体育活动中，有三分之一都跟海洋有关，体育旅游已逐渐成为一种时尚。海钓活动作为体育旅游的一部分，包括竞技海钓、休闲海钓、业余海钓和专业海钓等在内的海钓运动在海南都得到一定程度的发展。

海南省滨海、渔港、岛礁、人工鱼礁等旅游和渔业资源丰富，相比全国其他省区有着明显的优势。早几年，海南省已经提出了通过优化配置渔业资源，与旅游景区等服务业设施建设紧密结合，把旅游观光与现代渔业有机结合，实现一、二、三产业的相互转移与结合，全面提升海南省渔业

① 《国务院关于推进海南国际旅游岛建设发展的若干意见》（国发〔2009〕44号），http://www.gov.cn/zwgk/2010-01/04/content_1502531.htm。

② 海南省人民政府：《海南省十二五海洋经济发展规划》，2012年12月。

的经济效益和社会效益的目标。目前，在临高县、儋州市等休闲渔业的发展重点区域和重要渔港区，已投放人工鱼礁或拟投放人工鱼礁，并依托渔港区、渔业资源和沿海旅游资源等优势条件，正在建设一批高标准的休闲渔业示范园区。示范园区为集养殖、游钓、水族观赏、游乐、度假、餐饮、渔家乐、品海鲜等为主要内涵的专业性休闲渔业基地，且有能力承办国际性休闲渔业的各项活动。据统计，海南省目前拥有约 3 000 艘钓业渔船，由于渔民非常熟悉海钓的环境和资源，经过专业培训，他们当中许多人成为了优秀的导钓员。

（二）海钓俱乐部和游艇业发展步伐加快

海南的海钓业务主要由旅游船公司、游艇俱乐部、私人游艇、海钓俱乐部经营。目前，海南旅游船公司、游艇俱乐部发展迅速。这些旅游船公司、游艇俱乐部业务集中在海上垂钓、海上观光等，多是以周边岛屿为钓场，私人游艇是自行组织家人、朋友出海游玩垂钓，多集中在近海。这些公司手续齐全，具备相应的营运资质，安全系数高。

2009 年，海南省正式引进游艇项目。2010 年出台了《海南省游艇管理试行办法》，进一步促进了游艇业的迅猛发展。到 2014 年，短短五年时间，海南游艇企业不断壮大，游艇业实现了从无到有，成为海南新兴产业的新高地。目前，海南已有游艇制造企业 6 家，游艇销售和服务企业 70 余家，游艇俱乐部（游艇会）39 家。游艇码头建设能满足需求，全省已建成运营的游艇泊位超过 1 000 个，在建泊位上千个。三亚已成为中国游艇产业步伐最快的城市之一。①

（三）海钓赛事日益形成品牌

在海南国际旅游岛建设大背景下，海南省先后成功举办中国万宁海钓精英邀请赛、2011 海洋环境保护体验海钓活动、2012 首届“药业杯”休闲海钓邀请赛等活动，在国内外引起了关注。其中，中国万宁海钓精英邀请赛已经初步形成了品牌。该赛事 2010 年首次举办，2011 年升格为全国海钓锦标赛（万宁站），到 2014 年已经举办了五届。2014 年 12 月，全国海钓锦标赛（万宁站）暨第五届万宁国际海钓精英邀请赛在万宁市和乐镇

---

① 刘丽萍、毛亚晶：《海南游艇业壮大“第三方”服务模式兴起》，海南网，http://www.hinews.cn/news/system/2014/03/28/016562937.shtml。

港北港十八排海域举行。此次比赛吸引了来自北京、深圳、辽宁、广西、福建等地20支代表队参与，比赛共设船钓团体重量赛、团体单尾重量赛及船长总重量赛3个项目，设团体奖、单尾重奖、单尾破纪录奖及新增的船长奖4个奖项。比赛全部采用拖钓方法，总奖金20万元。①

（四）行业指导不断加强

2010年，《三亚市休闲渔业发展规划》通过专家评审，成为海南省第一个休闲渔业发展的规划文本。根据规划，三亚初步建成世界一流水准的休闲渔业胜地，重点打造“一线二岛三街”。一线即海上休闲渔业观光游览线；二岛即西瑁洲岛渔家乐度假村和蜈支洲岛游钓中心；三街为水产旅游产品购物一条街、海鲜美食一条街、海上美食大排档一条街。2010年8月，海南省海钓协会正式揭牌成立，海南的海钓业发展有了行业指导和服务机构。2010年11月，海南省人民政府通过《海南省游艇管理试行办法》，为加强游艇的服务与管理、维护游艇经营的安全、促进游艇经济发展提供了法规依据。

三、海南海钓业发展存在的问题

（1）海南的海钓业才刚起步，相关法规空白，规划滞后，政府对海钓业还处于监控不力的状态。

（2）钓点基地的基础设施和配套服务有待加强，由于对渔业资源保护不力，海钓钓品日益减少。

（3）海钓市场发育不充分，渔民难以转产参与休闲渔业，海钓企业运营艰难，未形成完整的产业链。

（4）海钓活动安全隐患时有出现，主要表现为社会上的一些俱乐部或个人，租用渔船甚至是商务船舶非法组织游客出海，不具备营运资质，该类船舶一般船况较差、救生设备缺乏，安全隐患令人担忧。②

---

① 《第五届万宁国际海钓赛20日抛竿 首设船长总成绩奖》，中国侨网，http://www.chinaqw.com/gqqj/2014/12-22/30785.shtml。

② 刘丽萍：《海南海钓行业亟待监管》，南海网，http://www.hinews.cn/news/system/2014/11/04/017086044.shtml。

四、海南海钓业发展的对策

（一）建立健全海钓管理制度

海钓业的发展离不开健全完善的管理制度和科学合理的规划。鉴于海钓业的综合性特点，首先要做好科学规划，对全省的海岸线及海域做好海钓专项规划。二是出台一系列相关的海钓政策以及海钓管理规定，加强对海钓活动的规范管理。三是设立专门的组织机构，负责海钓业发展中的协调性工作。

（二）加强海钓业的宣传

海钓业发展离不开有力的宣传，海南可以根据实际情况，整合政府、企业和民众资源，探索新的节庆赛事运作机制，举办较大规模和高水平、与国际对接的海钓比赛，并与大型海洋旅游节庆赛事活动结合，形成精品的海钓赛事活动和品牌，努力扩大海钓的社会影响，吸引更多的游客和居民参与。

（三）加强海钓基地等设施的完善

以现有钓场为基础，积极稳妥开发海钓基地，在海南打造一批国家级乃至国际性一流海钓基地。一是在文昌一带建设和完善岸边基地；二是完善在万宁大洲岛一带的海钓基地；三是以洋浦为基地，开发北部湾钓场；四是以三亚为基地，适时适度开发西沙、南沙海钓钓场。按照不同的垂钓技巧、游客的消费水平，策划发展船钓、矶钓、滩钓等海钓产品，配套建设相应的垂钓基地和海钓俱乐部。建设一批“海洋牧场”，依托海洋牧场的人工鱼礁和丰富的鱼类资源，开展热带海洋生态观光和海上垂钓等活动，建设海上体验及垂钓中心，打造热带海洋牧场科技生态观光园。

（四）加强海钓与休闲渔业、体育、旅游等产业的融合

在滨海、海岛规划建设一批海洋休闲渔业区和集观光、游钓、度假于一体的休闲渔业示范基地。结合海钓活动，积极发展观赏鱼业，大力发展“渔家乐”、“鱼趣”、“渔文化”、“美食鱼”等休闲渔业项目，开展丰富多彩的海南本土特色海洋渔业文化宣传活动，定期举办休闲渔业产品推广推介活动和举办海钓比赛、渔民文化节、海鲜美食文化节等活动。以海洋为纽带，做好充分论证和市场调研，促进海钓业与高尔夫旅游、邮轮旅游、

游艇经济的发展相互融合，延伸冲浪、海钓、帆船赛事等产业链，促进海洋体育旅游的可持续发展。打破单一生产、单一垂钓的简单经营模式，实施“长短结合，养钓结合”的方式，不断拓展服务功能，打造出以“洗海浴、捕（钓）海鱼、吃海鲜、观海景、买海货”为特色的旅游热线，顺势推动渔具、钓具、游艇制造、餐饮住宿等产业链发展。

第三节 海钓业与海洋旅游业互动发展研究：以浙江省为例

海钓不仅是一项高雅的休闲活动和高水平的竞技运动，对促进地方社会经济的发展也具有十分重要的作用。一方面，海钓业可以带动海洋体育、渔具饵料、餐饮、海洋旅游、游艇经济、休闲渔业、海景房产等相关经济的发展，调整渔业经济结构，促进渔民转产转业；另一方面，随着渔业资源的日益枯竭，海钓对传统捕捞方式的替代体现了海洋生态与人类活动之间和谐平衡，是对有限的渔业资源的一种有效保护方式。同时，海钓作为一种高端旅游产品，对促进海洋旅游的发展也具有十分重要的意义。

一、海钓业与海洋旅游业产业融合的理论和现实基础

（一）海钓业可以与旅游、渔业、体育等产业实现产业融合

所谓产业融合（Industry Convergence），指不同产业或同一产业内的不同行业，通过相互渗透、相互交叉，最终融为一体，逐步形成新产业的动态发展过程，其特征在于新的产业或新的增长点等融合的结果出现。产业融合是在经济全球化、高新技术迅速发展的大背景下，提高企业生产率和竞争力的一种发展模式和产业组织形式。①

从产业角度，产业融合可分为产业渗透、产业交叉和产业重组三类。产业渗透是指发生于高科技或新业态和传统产业在边界处的产业融合；产业交叉是指通过产业间功能的互补和延伸实现产业融合；产业重组则主要发生于具有紧密联系的产业之间，这些产业往往是某一大类产业内部的子产业。海钓业作为第三产业的一种新业态，既可以在产业边界处与旅游产

① 厉无畏、王振：《中国产业发展前沿问题》，上海人民出版社 2003 年版，第 187—188 页。

业渗透和融合，也可以通过产业间功能的互补和延伸实现产业融合和交叉，同时也可以与旅游业、传统渔业、体育产业实现产业重组，形成休闲渔业、海洋休闲体育等第三产业新的业态。

实践证明，产业融合对促进传统产业创新，推进产业结构优化与产业发展，促使市场结构在竞争合作中不断趋于合理化，加速区域之间资源的流动与重组以及推动区域经济一体化等具有十分重要的作用。

（二）发展海钓业可以丰富海洋旅游内涵，提高旅游产品档次

旅游业是世界上最大的综合性产业，也是发展最快的新兴产业之一，被誉为“朝阳产业”。改革开放以来，我国旅游业发展迅速，已成为全球最大的国内旅游市场之一、第四大入境旅游目的地，国家和亚洲最大的出境旅游客源国。2009 年 12 月国务院发布的《关于加快发展旅游业的意见》明确提出，要把旅游业培育成国民经济的战略性支柱产业和人民群众更加满意的现代服务业，要加快由旅游大国向世界旅游强国迈进的步伐。根据世界旅游组织预测，到 2020 年，中国将成为世界第一大旅游目的地和第四大入境旅游市场。

当前我国社会经济发展进入一个新的历史阶段，旅游业也进入了重大战略调整期，促进以发展方式、发展模式、发展形态等为主要内容的旅游产业的转型发展和升级换代，是我国旅游业发展面临的一个关键任务。海洋休闲度假是世界旅游的永恒主题，是国际旅游市场的热点和世界各地旅游业发展的重点。我国不少沿海地区具有得天独厚的区域优势和资源优势，海洋旅游开发潜力较大。改革开放以来，我国一些地区利用海洋资源优势，开发了一些海洋休闲旅游胜地，打造了一批海洋旅游产品，海洋旅游业已经成为沿海地区国民经济发展新的增长点。但同时，我国的海洋旅游开发也存在产品层次较低、海洋文化内涵挖掘不够、休闲度假产品和参与性活动少、对游客吸引度不够等问题。而海钓休闲作为海洋休闲的一种重要形式，参与性和竞技性强，游客逗留时间长，重复率高，是观光型旅游向体验型、竞技型旅游转变的有效形式，是丰富海洋旅游内涵、提高海洋旅游档次的一个重要手段。

（三）发展海钓业可提高海洋旅游消费水平，带动旅游相关要素发展

海钓素有“海上高尔夫”之称，消费水平很高。一般来说，一名专业

钓手的配备少则数千元，多则上万元甚至数万元，而钓鱼直接产生的经济效益与钓鱼带动的综合经济效益更大。有关资料显示，海钓直接产生的经济效益与其带动的综合经济效益比例为1∶8，关联度和带动力超过目前任何观光旅游项目。以休闲海钓较发达的德国为例，该国与垂钓相关的产业每年的利润额超过30亿欧元，提供近5.2万个就业岗位。[①]因此，大力发展海钓业，可以整合利用多种资源和旅游要素，形成一个包含“吃、住、行、游、购、娱”在内的海洋休闲旅游产业链，从而大幅度提升海洋旅游经济的消费水平，提高海洋旅游产业竞争力。

（四）发展海钓业可以调整渔业经济结构，促进休闲渔业发展

休闲渔业是指将渔业资源、旅游资源和环境资源等进行优化配置，将旅游观光、休闲娱乐、餐饮、健身、科普等与渔业有机结合的一种新兴产业。从世界范围来看，休闲渔业在美国、日本等发达国家已经成为一种重要的综合产业。实践表明，大力发展休闲渔业，开辟了海洋渔业发展的新领域，可延伸和拓展渔业产业链，积极推动渔业经济结构调整和渔民转产转业，为渔民、渔业、渔村创造较大的社会、经济和环境效益。海钓作为一个消费水平高、重复率高的休闲渔业形式和一项对游客具有吸引力的海洋旅游产品，成为各国和地区休闲渔业发展重点打造的项目。

（五）宣传海洋旅游资源，提高沿海地区知名度

发展海钓业既是发展海洋旅游、提高海洋旅游档次和促进地方经济发展的一个重要手段，也是一种宣传当地海洋旅游资源、提高知名度、增加游客吸引度的有效方式。沿海地区充分利用当地的渔业资源和旅游资源优势，通过开发海钓产品，举办一些海钓国际国内比赛活动，有利于宣传沿海地区的海洋资源，提升地区知名度，以吸引更多的国内外游客来休闲度假。

二、浙江省海钓业与旅游业实现产业融合发展的优势

（一）区位条件优越，海洋资源丰富

浙江省地处长江三角洲南翼，东临东海，海洋资源十分丰富。全省拥

---

① 陈耿、卞王玉珏：《海钓：令人迷醉的“海上高尔夫”》，《海南日报》，2010年9月6日B4版。

有海域面积约26万平方千米，相当于陆域面积的2.56倍；大陆海岸线和海岛岸线长达6 500千米，占全国海岸线总长的20.3%；大于500平方米的海岛有3 061个，占全国岛屿总数的40%；①浙江省的港口、渔业、旅游、油气、滩涂等资源得天独厚，组合优势显著，海洋经济发展区位条件优越，海洋休闲旅游等产业基础良好。

（二）海钓基地多、分布广，珍贵钓品种类多

浙江大部分海域位于长江、钱塘江、甬江三江汇合处，加上台湾暖流和对马海峡寒流的交替作用，气候温和，水质肥沃，饵料丰富，适宜多种海洋生物的栖息生长与繁殖，海洋鱼类种类繁多，素有“中国鱼仓”的美誉，拥有黑鲷、真鲷、石鲷、虎头鱼、鲈鱼、石斑鱼等珍贵钓品。舟山、宁波、台州、温州等沿海地区都分布有数量众多的海钓基地和天然钓点，其中仅象山县就拥有象山港、乱礁洋、韭山列岛、大目洋、檀头山、渔山岛等七大海钓区，120多个钓点，舟山市拥有海域规划的钓点达40余处，可钓品种20余种。在浙江省所有的海钓基地和天然钓点中，以舟山浪岗山列岛、象山渔山列岛、平阳南麂列岛等地的海钓条件最为优越。另外，浙江属于亚热带季风气候，常年风力适宜，非常适合开展海钓活动，一年中适合海钓的时间可超过8个月。

浙江省主要的海钓区域和钓点

<table>
<tr><th colspan="2">地区</th><th>主要基地和钓点</th><th>主要钓品</th><th>备注</th></tr>
<tr><td rowspan="3">舟山</td><td>嵊泗</td><td>嵊泗列岛</td><td rowspan="3">黑鲷、真鲷、石鲷、虎头鱼、鲈鱼、石斑鱼等</td><td rowspan="3">舟山渔场为世界著名渔场，有“中国渔都”之称</td></tr>
<tr><td>普陀</td><td>东极列岛、白沙岛等</td></tr>
<tr><td>岱山</td><td>衢山岛、长涂岛等</td></tr>
<tr><td rowspan="4">宁波</td><td>象山</td><td>象山港、韭山列岛、大目洋、檀头山、渔山岛等</td><td rowspan="4">鲷科类、石首鱼科、石斑科、鲉科等</td><td rowspan="4">渔山列岛有“亚洲第一钓场”之称</td></tr>
<tr><td>北仑</td><td>梅山岛</td></tr>
<tr><td>宁海</td><td>强蛟群岛</td></tr>
<tr><td>奉化</td><td>桐照渔港、凤凰山岛、悬山岛等</td></tr>
</table>

① 浙江省海洋局：《浙江省无居民海岛保护与利用规划》，2011年9月。

续表

地区		主要基地和钓点	主要钓品	备注
温州	平阳	南麂列岛	黑鲷、黄鳍、石斑鱼、鲈鱼、黄姑鱼、鳀鱼、鳓鱼、黄鲫等	南麂列岛为我国唯一的国家级海洋自然保护区和中国钓鱼协会指定的海钓基地
	苍南	霞关		
	洞头	洞头列岛		
台州	三门	蛇蟠岛等	石斑鱼、黑鲷、七星鳗、虎头鱼等	大陈岛为国家一级渔港，浙江省第二渔场，浙江省海钓基地
	临海	东矶、头门、大竹等岛屿		
	温岭	石塘、三算等		
	玉环	披山、鹿西岛等		
	椒江	大陈岛等		

资料来源：由作者根据相关资料整理。

（三）海洋旅游业发展迅速

浙江是海洋旅游资源大省，是全国岛屿数量最多的省份，自然环境独特，汇集着山、海、崖、岛、礁等多种自然景观和成千上万种海洋生物。浙江沿海的旅游资源兼有自然和人文、海域和陆域、古代和现代、观赏和品尝等多种类型。根据浙江海岛资源综合调查，浙江主要海岛共有可供旅游开发的景区（点）450余处，景区（点）的陆域面积为188平方千米，约占海岛陆域总面积的9.70%。其中，可供旅游开发的成片海蚀景观60余处，适宜开发为海水浴场的沙滩有48处，长度总计约为33千米，还有峰、石、洞景观150余处，人文景观、历史胜迹100余处。①

以上海为龙头的长江三角洲经济圈已经成为全国经济发展最具活力的地区，经济发展势头强劲，人民生活水平已经接近中等发达国家水平，舟山、象山等地的海洋文化资源在长江三角洲地区独具魅力，向来是江浙沪地区人们出游的首选地之一。近年来，旅游业已经成为浙江国民经济中最具发展活力的产业，浙江滨海旅游业及其产业增加值始终位居前列，是沿海地区财政收入的重要来源，也是吸纳就业的主要力量。浙江省的海洋旅游近年来发展迅速，已经成为海洋旅游大省，沿海各地都打造了一批独具特色、有影响、上规模，以海洋宗教文化、海洋观光休闲、海洋生态旅游

① 浙江省海洋局：《浙江省无居民海岛保护与利用规划》，2011年9月。

等为主题的旅游产品，海岛交通等基础设施日臻完善。

随着宁波—舟山跨海大桥、温州（洞头）半岛工程、象山港大桥的通车，舟山群岛、洞头列岛、象山等已成为浙江省滨海旅游发展的主区域。海洋旅游业的发展，为海钓业的发展提供了有力支撑。

2014 年浙江省实现旅游总收入 6 301 亿元，比上年增长 13.8%。其中，接待国内旅游者 4.79 亿人次，增长 10.2%，实现国内旅游收入 5 947 亿元，增长 14.3%；接待入境旅游者 931 万人次，增长 7.5%，实现旅游外汇收入 57.5 亿美元，增长 6.7%。①

（四）海钓业发展的国内国际市场条件已经成熟

浙江位于我国经济最发达的长江三角洲地区，该经济圈已经成为全国经济发展最具活力的地区，人民生活水平已经接近中等发达国家水平，该地区上海、南京、苏州、杭州、宁波、温州等城市都具有较强的旅游消费能力。随着假日经济的形成以及人们空闲时间的增多，该地区民众的旅游休闲需求十分旺盛，同时也涌现了一大批海钓爱好者，国内海钓市场已经基本形成。另外，由于近年来海钓鱼类资源减少，与浙江相邻的海钓业较为发达的日本、韩国等国出现了海钓活动地点向外转移的趋势，为浙江海钓业的发展吸引国际游客提供了良好的机会。

三、浙江海钓业发展现状

（一）建设了一批垂钓设施和海钓基地

近年来，海钓业在浙江已经起步，舟山、宁波、温州等地建设了一批专业海钓俱乐部。其中 2003 年 12 月成立的浙江大洋海钓俱乐部是浙江省首个海钓俱乐部，主要经营海钓、渔业养殖、钓具销售、海洋文化、体育及旅游产业开发与服务。成立于 2014 年 7 月的宁波国际海钓体验中心是浙江省首个涵盖海钓运动、海钓装备、海钓基地、海钓休闲旅游、海钓渔文化全系列在内的社会运行机构。

2011 年，浙江象山县提出，要整合县域海岛旅游资源，重点推进檀头山、花香岛、渔山岛等海岛开发建设，将渔山列岛国际海钓基地建设作为

① 《2014 年浙江省国民经济和社会发展统计公报》，2015 年 3 月。

重点工程项目之一，全力推进渔山旅游开发与资源的保护，重点完善基础配套设施建设，打造高品质国际海钓基地。后来又决定建设韭山列岛、渔山列岛和象山港三个面积达50平方千米的“海洋牧场”，带动周边海域资源保护与恢复，辐射海区超过500平方千米，将基本形成集海洋环境保护、渔业资源增殖、海上休闲游钓等功能于一体的“海洋牧场”框架。

2012年，浙江舟山市提出了深度开发海洋旅游新业态、新产品，精心打造以邮轮、游艇、海钓、康体、禅修五大基地为重点的时尚海洋旅游项目，加快提升海洋旅游目的地服务水平，积极创新海洋旅游品牌营销模式，深入推进海洋旅游管理体制机制改革，依托丰富的海洋生物资源，建设完善白沙、泗礁、朱家尖、秀山、嵊山—枸杞、东极等钓场，引进国际海钓赛事，培育大众和专业海钓品牌，使舟山群岛成为浙江省乃至全国的海钓中心，并进一步打造世界级的海钓基地。

（二）开展了一些海洋垂钓节庆活动

自从1993年7月嵊泗率先举办了全国首次国际性海钓大赛以来，舟山、宁波、台州和温州等地都先后举办过规模大小不一的国际国内海钓比赛，如中国南麂国际海钓节暨“南麂杯”第二届国际海（矶）钓邀请赛、中国象山国际海钓节、台州大陈岛海钓节、全国海钓锦标赛（舟山赛区）、中国·洞头国际矶钓名人邀请赛等。有的海钓节庆每年定期举办，与其他海洋节庆活动有机结合。如每年在浙江象山县举办的中国象山国际海钓节，到2015年已经举办六届。2015年，中国象山国际海钓节的参赛选手超过500余人，除了天津、上海、江苏等全国18个省、自治区、直辖市以及中国香港、澳门、台湾的钓鱼团体，还有更多来自韩国、日本的专业运动员。这些比赛活动和和其他节庆活动相结合，取得了一定的经济效益和社会效益，推动了浙江海钓业的发展。

（三）游艇产业发展迅速

按照国际经验，当地区人均国内生产总值达到3 000美元时，游艇经济开始萌芽。长三角各大城市都已经达到或者超过这个水平，已经具备了发展游艇业的物质条件和消费群体基础。作为国内经济发达地区，浙江省游艇的目标消费群体正在从企业向个人扩展。据不完全统计，目前浙江省拥有游艇制造及服务配套企业超过100余家，以整艇及零配件制造为主，年直接销售额约为6.2亿元（带动相关产业收入约42亿元），约占全国市场份额的10%；拥有游艇680艘（含尚未办证船艇），约占全国的6.8%；已建俱乐部会所7家（未含在建4～5家），约占全国的11.1%；建成游艇码头10余座（未含在建5～6座），泊位约为540个（未含在建1 500个），占全国总数的7%。①

嵊泗徐公岛海上海游艇俱乐部是舟山徐公岛四大区块之一的商务旅游区块，预计总投资40亿元，是舟山市获批新区后首个由外资企业对岛屿进行规模性开发的项目。规划设定为长三角地区高档综合性旅游功能布局，包括游艇俱乐部、高尔夫球场、疗养及户内外运动、文化艺术区块、海滨别墅和度假公寓等功能。舟山阿尔法游艇俱乐部作为阿尔法旗下的一家股份制企业，公司拥有普陀国际游艇会、五星级酒店、会所、豪华海景独栋别墅，是目前长江三角洲首家海上大型游艇俱乐部，是中国首屈一指的世界级尊荣游艇运动中心和游艇休闲度假村。2014年成立的中国普陀海洋文化创意产业园区定位为“景区级标准泛游艇类综合性产业园区”，规划占地300多亩，旨在打造一处集合海岛休闲自助、海钓、游艇、帆船等海洋运动为服务，拥有游艇管理、培训、停泊、修造、售卖、会展为配套的综合性海洋产业园区。

（四）钓具产业发展成熟

浙江是全国重要的渔具和钓具生产基地，拥有众多的渔具和钓具生产企业。如成立于1988年的宁波市北仑海伯精密机械制造有限公司，是一家以休闲体育器械制造为基础，以高新技术（智能家居系统）为发展导向的多元化综合性企业集团，其生产的海钓中高级纺车式渔线器、猎豹系列路亚水滴轮－APOLLO系列荣获全国钓具制造行业新优产品。2011年8月，中国轻工业联合会推荐授予浙江慈溪市“中国钓具生产基地”荣誉称号。

四、浙江海钓业发展存在的问题

（一）与国际水平接轨的海钓基地和海钓场所欠缺

由于观念、资金和技术等原因，浙江与国际水平接轨的海钓基地和海

① 王依欣：《对浙江省发展游艇产业的意见与建议》，新浪博客，http://blog.sina.com.cn/s/blog_8b416edd0101h3ko.html。

钓场所非常缺乏。此外，由于我国以淡水和池钓为主的传统钓鱼方式一直占主导地位，而海水钓鱼和淡水钓鱼在鱼的品种、钓具、环境、操作方法等方面存在着很大的差别，导致我国与海钓配套的钓具行业（如饵料、鱼竿、救生设备等）与世界先进技术和装备还有一定的差距，因此浙江大部分垂钓活动只能在附近浅海进行，深海和远海钓鱼（船钓和矶钓）尚需进一步发展。

（二）部分地区无序的海钓使渔业资源和海域环境遭受破坏

近几年来，随着海钓爱好者的增加，东海部分海域秩序混乱，使近海渔业资源受到了一定程度的破坏。一些常年以钓鱼为业的海钓专业户，不顾及各种鱼类的排卵期，不顾及钓大放小，进行掠夺性生产，造成鱼类品种减少。另外，如何控制部分海钓者的遗弃物造成的对海域环境的污染也是一个不容忽视的问题。

（三）缺乏专门的管理机构和专业人才

由于我国海钓业发展起步较晚，专门管理机构不健全，包括钓手、裁判员和船员等在内的海钓专业技术人才比较缺乏，部分海钓者缺乏海钓知识。一些地方的船员不具备登礁技术，一些船只缺乏必要的救生设备就冒险出海，甚至存在一些无证船只出海钓鱼的现象。这些现象既存在很大的安全隐患，也不利于浙江海钓业规范有序的发展。

（四）海钓业与旅游等产业融合互动发展大有潜力可挖

由于海钓在我国尚未普及，还只是极少数专业人士从事的项目，没有成为大众旅游项目，海钓业作为一项可与旅游业、休闲渔业、海洋体育、鱼具钓具等产业有机结合的产业，其关联性强、综合效益高的优势在浙江还远远没有发挥出来。

五、浙江海钓业与海洋旅游业融合互动发展的思路和对策

由于海钓业是丰富海洋旅游内涵、提升海洋旅游档次的一个重要手段，应该把发展海钓业与旅游、休闲渔业和无居民岛屿开发有机地结合，把海钓与当地的旅游发展规划和旅游产品开发密切结合，把海钓作为发展当地海洋旅游和海洋经济的精品和亮点。主要思路和对策有：

（一）海钓发展与海洋旅游产业规划和旅游产品开发相结合

海钓要发展，规划应先行。宁波、舟山、温州、台州等沿海城市在编制和修订海洋旅游产业规划和专项规划时，应将海钓作为旅游重点开发产品和精品项目纳入规划中，规划建设为游客提供海钓船只的船队或公司，配备一定人数的服务人员，为游客提供海钓指导和相关服务。除了发展海钓散客游以外，各地旅游部门应把海钓活动纳入旅行社的旅游线路之中，与景区观光和其他休闲旅游相融合，以增加旅游的参与性和娱乐性，增长游客逗留时间，增加旅游收入。

（二）专业海钓和旅游海钓发展结合

由于高消费性和较强的技术性，海钓大都是专业人士和高收入群体所从事的活动。为了满足普通游客的海钓需求，普及海钓知识，发展海钓爱好人群，促进海钓与旅游业的互动发展，各地在发展海钓业的时候，应该注重专业海钓和旅游海钓发展相结合。如针对专业海钓者重点发展浮游矶钓、深海船钓等形式，以竞技性、高消费性、挑战性的比赛活动为主，针对一般游客可以推出池钓、近矶钓、筏钓、近海船钓等形式，以体验性、参与性和娱乐性的旅游休闲活动为主。

（三）海钓发展与无居民海岛旅游开发相结合

无居民海岛开发和保护近年来已经成为社会各界关注的热点。浙江大多数无居民海岛具有礁美、石奇、岸险、滩美等特点，自然风光独特，森林覆盖率较高，生态环境较好，不少海岛适合开发旅游休闲项目。但无居民海岛基础设施条件差，生态环境脆弱，不宜进行低档次的追求游客量为目标的大众旅游产品开发；而应当开发以高档旅游消费市场为主的旅游产品，从而限制环境容量，而海钓产品正好符合这一需要。舟山浪岗山列岛、宁波渔山列岛和温州南麂列岛等无居民海岛都具备打造国际海钓基地的优越条件。各地在进行无居民海岛旅游规划和开发时，应深入调查、充分论证，在制定无居民海岛开发和保护规划时，将海钓基地的建设与无居民海岛开发和保护有机结合，将其打造成与国际水平接轨、能够承担国际大型比赛的海钓基地。

（四）海钓发展与游艇经济发展相结合

依托游艇产业可以在海上发展海钓、帆船、帆板、滑水等海上休闲运动。游艇会俱乐部会员一般为事业成功人士，而海钓的高消费性、挑战性和冒险性，以及参与性、刺激性和娱乐性等特点正符合了他们的消费品味。目前，宁波、舟山等城市游艇产业发展已经起步，游艇产业有望成为新兴产业。各地在建造游艇码头等基础设施的同时，应做好充分论证和市场调研，将海钓基地建设和钓点的布局相结合，做到游艇经济和海钓业的发展相互促进，共同发展。

（五）海钓比赛与海洋旅游节庆举办相结合

节庆旅游产品作为一种综合性旅游产品，对于推介城市形象，提高旅游目的地的知名度以及带动相关产业的发展至关重要。海钓业在我国还是一个新生事物，由于宣传力度不够，社会影响力不大。要使浙江海钓在国内、国际具有一定的知名度，通过定期举办海钓比赛是一种很好的途径。浙江各沿海城市虽然已经举办多次海钓比赛，但总的来说，上规模、有影响的比赛很少。浙江每年定期举办的各种海洋旅游节庆比较多，其中规模较大、比较有影响的有舟山国际沙雕节、中国象山开渔节、宁海开游节、舟山海鲜美食节等。宁波、舟山等地可以根据实际情况，整合政府、企业和民众力量，探索适合本地的节庆运作机制，定期举办一些较大规模和高水平的海钓国际国内比赛，并与国际沙雕节、开渔节、开游节等大型海洋旅游节庆活动结合，各新闻媒体对海钓比赛进行大量的宣传报道，以扩大海钓的社会影响，使海钓节庆活动办得有声色、有影响，游客和居民参与度高，拉动效应强，又富有经济效益。

此外，加强规划，完善法规，建立健全海钓管理制度，健全海钓配套设施建设，促进钓具等相关行业的发展，强化保护，保护重要休闲鱼种资源量及其栖息地，对促进浙江海钓业与旅游发展的融合互动也至关重要。

第九章　发达国家和地区休闲渔业发展对我国的借鉴和启示

第一节　发达国家和地区休闲渔业发展概况及措施

休闲渔业是以渔业生产为载体，通过资源优化配置，将休闲娱乐、观赏旅游、生态建设、文化传承、科学普及以及餐饮美食等与渔业有机结合，实现一、二、三次产业融合的一种新型渔业产业形态，主要包括休闲垂钓、渔家乐、观赏鱼、渔事体验和渔文化节庆等类型。①

在经济较为发达的欧美国家，以娱乐钓鱼为主的休闲渔业兴起较早，有着很长的发展历史。直到20世纪后期，随着社会的发展，娱乐捕捞才大规模、产业化发展，并逐渐发展成与商业渔业并立的渔业主要产业，在其国内有着非常重要的社会经济意义和影响。目前，休闲渔业的发展风靡世界各国，因为各国社会、经济背景、渔业发展状况的不同，休闲渔业在各国的发展状况和发展形式有所区别。以下是美国、澳大利亚、日本、台湾、西欧等发达国家和地区的休闲渔业发展概况和措施。

一、美国休闲渔业的发展概况及其措施

（一）美国休闲渔业发展概况

美国是美洲第二大国家，领土包括美国本土、北美洲西北部的阿拉斯加和太平洋中部的夏威夷群岛，东临大西洋，西濒太平洋，海岸线全长22 680千米，内陆水系密布，湖泊众多，水域资源得天独厚。

美国休闲渔业的发展历史久远，早在19世纪初，美国大西洋沿岸地区

---

① 《农业部关于促进休闲渔业持续健康发展的意见》，农渔发〔2012〕35号，2012年12月13日。

就有别于商业渔业行为的垂钓组织，以及以会员为形式的垂钓俱乐部。到了20世纪50年代，随着经济的飞速发展，居民的生活富裕，劳动周时缩短，休闲时间延长，外出旅游或到郊外度假成为热潮，再加上用于休闲娱乐目的的私家船艇大量涌现，为美国休闲渔业的高速发展奠定了基础。进入21世纪后，休闲渔业在美国经济中占据重要地位，产值约为常规渔业的3倍以上，极大地带动了相关产业，如渔具、车船、修理、交通、食宿等的发展，促进了社会就业。①

美国休闲渔业以休闲游钓为主，各类休闲游钓活动已成为一种时尚。据统计，美国有将近4 000万的游钓爱好者，其中75%为16岁以上者，超过了高尔夫和网球爱好者的总数。休闲渔业在美国的年总消费额（包括车船、修理、渔具、交通、食宿等）高达450多亿美元，产值远高于渔获物的价值，其中间接地产生了1 252亿的经济效益，直接为联邦和州产生了164亿美元的税收，增加了将近100万人的就业岗位。②

美国海洋休闲垂钓者比例高于淡水垂钓比例。据美国海洋渔业局调查显示，1997年，全国有1 500万海洋休闲垂钓者在大西洋、墨西哥湾和太平洋沿岸进行共6 800万航次的海钓，估计渔获约为3.66亿尾，其中半数以上海钓者按照保护资源的相关规定，又放归大海。2001年，海洋休闲垂钓者人数增至1 700万，进行超过8 600万航次的海钓。从缅因州到得克萨斯州，从俄勒冈州到加利福尼亚州和波多黎各，海洋休闲渔业的总渔获数超过4.42亿尾，重量11.9万吨，其中，2.54亿尾（57%）又放归大海。海洋休闲渔业捕获的鱼类主要有红拟石首鱼、康氏马鲛、条纹狼鲈黄尾平口石首鱼、云纹犬牙石首鱼、大西洋牙鲆、美洲黄盖鲽等。

（二）美国发展休闲渔业的主要措施

1. 建立科学的管理体制

美国休闲渔业的管理包括行政管理和行业管理两种类型。行政管理又包括联邦的管理和各州的管理两种层次。联邦的休闲渔业行政管理机构是

① 刘康：《美国休闲渔业现状及发展趋势分析》，《中国渔业经济》2003年第4期，第47—48页。

② 吴维宁、卢卫平：《美国国家渔业信息网络建设及其启示》，《中国水产》2005第6期，第33—34页。

国家海洋渔业局和内政部鱼类与野生生物局，分别管理海洋休闲渔业和淡水游钓业，主要负责全国休闲渔业的管理、研究和规划等。而各州的休闲渔业管理机构则负责本州管辖水域内的休闲渔业管理。行业管理主要指美国各种行业协会对休闲渔业的管理，如美国钓鱼协会（SFI）等，其主要职能是为科研机构组织专门的调查、制订鱼类资源保护计划并促进其实施、推动游钓活动的发展、为游钓爱好者服务等。①

2. 制定完善的法规体系

随着休闲渔业的发展及其在渔业经济中的比重不断增加，美国将休闲渔业的开发与管理纳入到渔业法律体系当中。从联邦到各州都制定了各种强制性的渔业法律法规，目的是为了保持渔业发展与环境、资源、生态协调，确保休闲渔业的可持续发展，保护渔业从业者和消费者的合法权益。这些法律法规内容广泛，包括游钓许可证制度、渔具总可捕量限制（TAC）、休闲渔业配额、特殊鱼类配额和渔获物的规定等。另外，联邦政府渔业局及五大区域办公室、州政府、海岸防卫队、地方法院四部门构成了严格的执法体系，确保相关法律法规的贯彻实施。②

鉴于休闲渔业的重要性，美国前总统克林顿于 1995 年 6 月 7 日签署了第 12962 号行政命令（Executive Order 12962）。该行政命令声明休闲渔业对国家社会、文化与经济方面的重要性，要求联邦政府改善美国水产资源的数量、机能、可持续产量及分配，以增加休闲渔业的机会。③

3. 采取高效的管理手段

美国在休闲渔业发展中建立了高效的信息管理系统，可以准确、有效、及时、全面地提供关于渔业的各种数据信息，为休闲渔业的健康发展和高效管理提供了技术支撑和保障。④

美国强调渔业依赖于强盛不衰的渔业资源，为重建和维护鱼类资源，

① 柴寿升、张佳佳：《美、日休闲渔业的发展模式对我国休闲渔业发展的启示》，《中国海洋大学学报》（社会科学版）2007 年第 1 期，第 27—31 页。

② 陈刚、陈卫忠：《对美国渔业管理模式的初步探讨》，《上海水产大学学报》2002 年第 3 期，第 237—241 页。

③ 陈思行：《美国休闲渔业的发展现状》，《北京水产》2005 年第 1 期，第 4—6 页。

④ 吴维宁、卢卫平：《美国国家渔业信息网络建设及其启示》，《中国水产》2005 年第 6 期，第 33—34 页。

强调应重视保护、提升及恢复海洋休闲渔业重要的栖息地，确保对生物资源量有影响的管理决策能考虑休闲渔业的利益，同时确保收集和分析的决策基础资料能使用目前最好的科学工具。在执行鱼类资源管理和恢复上，防止现仍处于正常状态的重要休闲鱼种过渔，并重建重要休闲鱼种处于最大可持续产量（MSY）的状态。①

另外，在休闲渔业的发展中，美国鼓励政府与民间组织建立伙伴关系，进行双边和多边合作，加强对休闲渔业的管理和资源保护，增加休闲渔业机会及建立共同支付的计划。在执行合作计划上，美国海洋渔业局支持不同阶层开展钓点锦标赛，与州际海洋渔业委员会合作，建立、使用和增加共同支付的教育计划，参与与其他联邦政府机构及州政府的综合努力，致力于恢复与增加历史上重要的休闲溯河产卵鱼种路线。②

4. 加大对休闲渔业发展的财政资助

美国政府对休闲渔业的实际资助巨大，联邦政府对各州用于恢复和增进休闲渔业的资助曾达 1.8 亿美元。政府对鱼类资源及其栖息环境的保护工作也极为重视，联邦政府在全国设有庞大的管理和科研机构从事对鱼类资源生物学和生态学方面的研究，并对休闲渔业的管理进行广泛深入的研究。这些工作主要由设有海洋补助金的大学及有关咨询机构进行。除此之外，美国对一些优质品种鱼类资源进行增殖工作，成效显著。③

二、日本休闲渔业的发展概况及其措施

（一）日本休闲渔业的发展概况

日本地处太平洋，四面环海，海岸线蜿蜒曲折，长度超过 30 000 千米，200 海里水域面积相当于国土面积的 12 倍，渔业资源非常丰富，是世界上最主要的渔业大国之一。日本的休闲渔业发展迅猛，据农林水产省 2002 年度休闲渔业调查报告显示，2002 年 1—12 月，日本娱乐渔船上服务人员总计为 14 300 人，休闲捕鱼者总计为 448.7 万人，总捕获量为 29 300 吨，约为沿岸渔业捕捞量的 2%。

① 陈思行：《美国休闲渔业的发展现状》，《北京水产》2005 年第 1 期，第 4—6 页。
② 陈思行：《美国休闲渔业的发展现状》，《北京水产》2005 年第 1 期，第 4—6 页。
③ 王国华：《日本渔业和渔村的 6 次产业化》，《河北渔业》2012 年第 9 期，第 64—67 页。

日本休闲渔业领域发展的主要业态包括：体验观光渔业、经营民宿和旅馆、渔家餐馆、休闲观光渔业、休闲潜水、水产品直销与加工等。①

1. 京都府的游钓休闲渔业

游钓业是日本休闲渔业最初和最主要的形式。20 世纪 70 年代，日本就注重开发游钓休闲渔业。其中开展游钓业时间较长，成效颇为显著的是京都府。京都府通过制定完善的游钓渔业管理体制，理顺各参与主体的关系，促成渔业团体、游钓船团体、游艇团体缔结“渔场使用协议”，共同制定关于游钓的各项规则及禁止事项，兼顾渔业资源和海洋环境的保护，促进游钓渔业的发展。

2. 新泻县的休闲潜水

新泻县佐渡地区面临着渔村过疏化、渔业资源减少、渔业收入下降等问题，而利用当地特色渔业资源，发展休闲潜水业成为提高渔业收入、振兴地区渔业的主要手段。当地的休闲潜水经营者与渔业协会合作，成立休闲潜水协会，制订事业推进计划和规则，潜水用船主要使用渔船。发展休闲潜水的直接效果是增加了渔农业以外的收入，增加了渔村渔民与都市的交流，拓展了渔村人的视野。

3. 和歌山县的体验观光渔业

和歌山县那智胜浦町是有名的温泉旅游胜地。当地很早就以渔业协会为主体，开展了鲣鱼、金枪鱼的渔船游钓和定置网渔业。因为该地区附近海域有鲸鱼出现，为了更好挖掘渔业资源价值，以渔协社员为中心成立了团体，开展鲸鱼观赏旅游，丰富了当地休闲观光渔业的内容，为更多人来温泉旅游提供了新的内容。

4. 福井县的渔家民宿

自 20 世纪 60 年代起，日本就有为参加垂钓、海水浴等游客的民宿经营。但在时代的变化中，日本民宿经济曾一度不景气。在日本推动“6 次产业化”的过程中，以内容更加丰富的休闲观光渔业的发展为背景，依托当地力量开展民宿经营的事例不断涌现。福井县的长神半岛地形险峻，不适合发展农业，当地居民的收入来源主要是渔业，且渔业收入低于全国平

① 王国华：《日本渔业和渔村的 6 次产业化》，《河北渔业》2012 年第 9 期，第 64—67 页。

均水平，因此休闲观光渔业成为该地区重要的收入来源。在既有的经营项目上，不断增加新的观光项目，以吸引更多游客，也带动了民宿的增加。当地70%的渔民户经营民宿，也有的经营土特产店和饮食店，通过旅游收入支撑当地的定置网渔业。

5. 三重县的农渔家餐馆

三重县尾鹫市的农业、林业和水产资源都比较丰富，特产是鲣鱼和柑橘类。2007年，当地的熊谷古道被联合国列为世界遗产。世界遗产旅游作为重要的旅游产品，吸引了众多游客来访。该地区农业、林业和渔业组织，以每周交替的形式，共同经营农渔家餐馆，以各具特色的料理，让游客最大限度地品尝当地的特色饮食，在满足游客需求的同时，也传播了当地的饮食文化。

6. 静冈县的渔业产业集群

静冈县烧津市虽然渔业人口少，但因为该地区拥有大型水产品捕捞港，渔业一直是该地区的重要基础产业。该地区内有生鲜鱼贝类批发业、水产食品制造业、冷冻仓库业、船舶制造和修理等相关产业，还有运输、金融、渔家民宿等间接与渔业有关的众多产业部门，渔业相关产业的从业人员占全市就业人口的20%，形成了以渔业为核心的产业集群。以地区、家庭为核心，渔业产业进一步辐射到当地的学校、医院等公共服务设施，通过渔业产业集群带动当地经济和社会的发展。①

此外，福冈县的水产品直销，宫城县、鸟取县的水产品加工和直销非常发达，是发展休闲渔业的重要形式。

（二）日本休闲渔业的发展措施

1. 实施沿岸和近海渔场的整治和“渔港渔村综合整备事业”

20世纪60年代，日本渔业的发展经历了从沿岸到近海、近海到远洋的扩展和高速发展时期。但到了20世纪70年代，由于石油危机和世界主要沿岸国先后实施200海里专属经济区管理，高度依赖进口石油和外国渔场的日本渔业，出现了一个减船和渔业结构调整的大转变时期，日本顺势提出了“面向海洋、多面利用”的发展战略，实施了沿岸和近海渔场的整

① 王国华：《日本渔业和渔村的6次产业化》，《河北渔业》2012年第9期，第64—67页。

治和“渔港渔村综合整备事业”。通过在沿海投放人工鱼礁，建造人工渔场，大力发展栽培渔业和鱼类牧场等措施，改善渔村渔港环境，发展休闲渔业。

1975 年以后，随着日本国民收入和业余时间的增加，利用渔港周围的沿海作为游乐场所的人数逐年增加，游钓作为健康的游乐活动之一，开始蓬勃发展。1993 年日本游钓人数已达 3 729 万人，占全国总人口的 30%，其中利用导游进行游钓的达 111 万人；从事游钓导游业者 2.4 万名，其中 90% 是与渔业有关的兼业人员。游钓事业的发展，使渔业人员的收入提高，渔村的生活多样化，并以此来推动渔村经济的发展和生活环境的优化，稳定渔村年轻人向城市外流，缓解渔业劳力的不足。①

2. 实施渔业和渔村“6 次产业化”战略

在国内粮食自给率下降、渔业生产能力衰退、渔村人口老龄化、渔民收入减少、渔业后继无人的背景下，日本自上而下大力实施了“6 次产业化”战略，推动渔业和渔村的综合开发。“6 次产业化”的概念是由日本农业问题专家今村奈良臣于 1996 年首次提出的，其基本含义是：农渔业生产向二、三产业延伸，通过第一、第二和第三产业的相互融合，形成集生产、加工、销售和服务为一体的完整产业链，将一、二和三相加或相乘都等于六，所以就有了“6 次产业化”的概念。②

日本“6 次产业化”的具体实施途径包括：提高产品附加值，增加农渔民收入，带动地区经济发展；培养覆盖产业链条各环节具备生产、加工、管理、营销等多方面能力的复合型人才队伍；实施多元化经营的法人经营体，有效分散经营风险；充分发挥农渔业的多功能性，发展环境保全型农业和渔业，推动技术革新等。

3. 强化游钓业管理，加强组织和制度建设

为了促进游钓业的有序发展，日本政府加强了对游钓业的管理，主要措施包括：在中央和地方都增设休闲渔业组织；由国家立法实施游钓准入制度，并对游钓船的使用情况和游钓的主要品种与产量进行登记；加大资金投入，建造人工渔场；改善渔村渔港环境，完善道路、通信等基础设施

① 黄瑞：《日本海洋渔业资源管理现状》，《现代渔业信息》2001 年第 1 期，第 11—15 页。
② 王国华：《日本渔业和渔村的 6 次产业化》，《河北渔业》2012 年第 9 期，第 64—67 页。

建设；渔民、游钓者和渔业协同组织参与休闲渔业管理等。①

4. 注重科研，促进渔业的持续发展

日本在休闲渔业发展中非常注重发挥科研的指导作用。由于过度捕捞和环境污染，日本的渔业生态环境遭到巨大破坏，日本的科研人员在污染监测系统和治理的研究方面，开展了大量卓有成效的工作，开发出许多有效的污染监测手段和治理方法，使渔业水域环境得到显著改善。另外，日本增加人工鱼礁的投放，水产厅下属的几个研究所都有专人研究人工鱼礁与鱼类的关系、人工鱼礁的效益等。人工鱼礁的投放，从根本上限制了底拖网作业，海底从平坦变为高低不平，再加上人工放流各种鱼苗，使原本日趋衰退的近海渔业资源得到了恢复性增长，为休闲渔业的发展创造了条件。②

三、澳大利亚休闲渔业发展概况及其措施

（一）澳大利亚休闲渔业发展概况

澳大利亚四面环海，东濒南太平洋，西邻印度洋，海岸线长达 3.6 万千米。按照《联合国海洋法公约》有关规定，该国有权要求管辖海域面积达 1 600 万平方千米，海域面积居世界第二位。澳大利亚全国有 1 875 万人口，大多居住在距海岸 50 千米以内的海岸带。近几年来，该国的水产养殖业发展迅速，已成为当地支柱产业之一。③

澳大利亚不仅有广阔的海域，而且淡水资源比较丰富，现有鱼类 3 000 多种，其中不乏珍稀鱼类。全澳现有渔业船只近万艘，水产养殖场 500 多个，从事旅游和娱乐性渔业活动人数达 300 多万，全国水产品总量达到 23 万多吨，水产业总产值近 20 亿澳元，渔业是澳大利亚第五大农业产业。④

澳大利亚休闲渔业的兴起是在近十年的时间里。据 2003 年澳大利亚所做的全国休闲渔业和本土渔业的调查，参加垂钓活动的游钓者越来越多，

---

① 黄瑞：《日本海洋渔业资源管理现状》，《现代渔业信息》2001 年第 1 期，第 11—15 页。

② 黄瑞：《日本海洋渔业资源管理现状》，《现代渔业信息》2001 年第 1 期，第 11—15 页。

③ 刘雅丹：《澳大利亚休闲渔业概况及其发展策略研究》，《中国水产》2006 年第 3 期，第 78—80 页。

④ 何军功、魏明伟：《澳大利亚、新西兰两国水产业现状对河南省渔业发展的启示》，《河南水产》2012 年第 3 期，第 39—41 页。

花在钓鱼活动中的费用达18亿澳元。澳大利亚政府每年都进行一系列专项经济研究。

（二）澳大利亚发展休闲渔业的措施

1. 加强休闲渔业立法

澳大利亚休闲渔业管理已被纳入了各州的立法范围。在澳大利亚，休闲渔业的立法主要是各地州政府的权限。在澳大利亚新南威尔士渔业管理条例中，明确地把休闲渔业纳入该条例的管理之下。该条例明确规定了公众“在海里、海湾、潮间带和所有的支流和河口钓鱼”的普通法定权利。条例还规定了公众在淡水河流和溪流里钓鱼的权利。

在澳大利亚的立法中，休闲渔业和商业渔业是明确区分的。休闲渔业的渔获物出售不合法。在澳大利亚新南威尔士，休闲渔业所允许的钓鱼方式包括：竿钓、鱼叉、手捉和用指定的网具捞鱼。用于钓鱼的鱼饵也被认为是休闲渔业的组成部分；在游船上的垂钓活动，也包括在休闲渔业之内。

2. 对渔获数量、规格、渔具、捕鱼时间等采取限制手段

澳大利亚对渔获数量、规格、渔具等采取了限制手段。如新南威尔士规定，在39种一般用于游钓的海水鱼类中，数量限制的范围从2条至20条不等，限制也适用于22种无脊椎动物。除了有特殊限制外，一般的鱼和无脊椎动物的数量限制是20条。淡水鱼中，10种土著鱼或引进鱼和2种无脊椎动物是有数量限制的。

规格限制一般是以雌鱼最初大小成熟为基础，鱼的规格限制也适用于商业捕捞，只是商业捕捞的规格和游钓的规格是不一样的，商业捕捞的规格要受到市场喜欢的规格或网具规格的影响。19种海水鱼和9种无脊椎动物有最小规格的限制。

休闲渔业也实施渔具限制，在游钓活动中，不能使用超过4根钓鱼的线，每条线仅可安装3个钩或三组钓钩。在淡水鱼的游钓上，线和钩的限制是更严格的。潜水者不能使用任何水中呼吸的工具或任何氧气设备，不能使用爆炸用品，在夜里不能用灯光叉鱼、不能用枪或火器打鱼，鲍鱼、龙虾等种类只能用手捉。

澳大利亚有许多地方对商业捕捞和休闲渔业都实施永久的或季节性的

禁渔。新南威尔士对沿着海岸线的一些代表性区域的所有海洋公园实施一整套的保护。所有的海洋公园，包括保护区都不允许钓鱼。这些区域也包括一些为保护当地鱼种或洄游鱼类所特别划定的海洋保护区。在淡水水域中，繁殖季节的鱼类是禁止垂钓的。如果违背了这些规定，将受到处罚。

3. 采取渔获物放生、指定专用鱼类等手段加强对渔业资源保护

在澳大利亚游钓中，把渔获物放生已经越来越普遍了。在新南威尔士，捕获的旗鱼有90% 被放生。这些被放生的鱼都系上标签，以便提供生长和洄游信息。在许多淡水和海水鱼的钓鱼比赛中，都设定了有关钓上的鱼死亡和钓上的鱼放生的规则。这种规则有助于更好地执行有关法规的规定，在与环境和谐的条件下进行休闲渔业活动。

在澳大利亚，有一些鱼类是指定专门用于游钓的，商业渔民只能捕捞鲤科鱼类和一些甲壳类动物。在海水鱼中，所有金枪鱼品种都受保护，不得进行商业捕捞，还有其他一系列品种是通过渔具限制实施部分保护。很多濒危鱼种是完全禁止进行商业渔业和休闲渔业的。①

四、中国台湾休闲渔业发展概况及其措施

（一）台湾休闲渔业发展概况

台湾四面环海，海岸线长约 1 600 千米，海洋资源丰富，周围海域有鱼虾类资源近 500 种，以渔业为主要的传统产业，有大小渔港 100 多处，台湾本岛及附近岛屿的海洋鱼类生态极其丰富，为观赏大自然、拓展户外休闲渔业活动提供了丰富的资源。

台湾的养殖渔业和远洋渔业，曾经以其技术水平高、产能强、效益好而成为渔业经济发展的成功典型，渔业产值占台湾农业总产值的比例也一直保持在 35% 左右。20 世纪 80 年代，台湾沿岸、近海渔业资源呈现减少、下降趋势，远洋渔业面临公海捕捞配额日益萎缩等困境。对此，台湾自 20 世纪 80 年代开始采取相应措施，鼓励渔民将渔船改为休闲海钓娱乐船，以减少沿海、近海的“过渔”现象，大力发展海陆休闲中心等集生产、销售、休闲、观光于一体的休闲渔业，帮助台湾沿岸和近海渔业“起死回

① 刘雅丹：《澳大利亚休闲渔业概况及其发展策略研究》，《中国水产》2006 年第 3 期，第 78—80 页。

生”，促进了渔业多元化经营，被称为“建设现代化渔村和增强渔业活力的改革”。①

台湾的休闲渔业可以分为运动休闲型、体验渔业型、生态游览型、渔乡美食型、教育文化型五大类的活动型态。

1. 运动休闲型

（1）岸上的海洋观光活动：包括矶钓、堤钓、多功能渔港、海岸公园、渔人码头、海滩散步及潮间带岩池探险等。

（2）海上活动：在邻近海域部分，包括海上游泳、浮潜、赏鲸、海钓、帆船、风浪板、冲浪、水上摩托车等活动；在较远海域部分，则包括蓝色公路及游轮等。

（3）海面下的活动：以水肺潜水及潜水艇活动为代表。概略估计，目前台湾上述钓鱼活动人口高达200多万人，各县（市）主要渔港大都有业者专营与兼营船钓服务。据2002年3月台湾“农委会渔业署”统计，专营娱乐渔船145艘，兼营娱乐渔船86艘，这些娱乐渔船以停靠瑞芳区渔会所属深澳渔港的海钓船最为显著。②

2. 体验渔业型

一般分为观光休闲采捕、渔业活动的参观及渔村生活体验等。

（1）观光休闲采捕，包括牵罟③、石沪④、堆捡拾螺、贝类等活动。

（2）渔业活动的参观，包括参观渔捞作业、箱网养殖、定置网作业、鱼塭养殖⑤和水产加工等。主要是经由团体或学术单位与地区渔会或业者接洽，安排参观渔捞作业与水产加工厂，并借由参与及体验，以实际了解渔业作业。另外，沿海养殖业者也通过协会成立水产养殖专区，并设立休

① 曾玉荣、周琼：《台湾休闲渔业发展特色及其借鉴》，《福建农林大学学报》（哲学社会科学版）2012年第15卷，第27—31页。

② 陈清春：《台湾休闲渔业发展之检讨及未来渔村旅游之发展》，《水产月刊》2011年第3期，第669—674页。

③ 亦即曳地网，澎湖地区又称牵网或牵绘，为先民最早发明的网具，也是台湾古老的捕鱼方式之一。现今的台湾各地用以举办方式，来展现团队合作之精神。

④ 古代人为了捕鱼，用石头围的小海湾。本习俗至今仍被我国台湾居民沿用，成为当地一处独特的文化。

⑤ 类似港湾养殖，在沿海河口地带人工围筑出一片咸淡水或海水鱼塘，面积从几十公顷到数百公顷不等，又称港养、海埭养殖。

闲鱼塭养殖示范区，通过结合养殖与休闲，供民众参与观光体验。

（3）渔村生活体验方面，如渔村体验、解说、民宿经营等。

3. 生态游览型

主要包括赏鲸豚、观渔火及海上蓝色公路等。台南县七股（潟湖）的生态之旅就是一种生态游览休闲渔业。目前，台湾赏鲸豚活动热络，其产业活动范围包括宜兰、花莲与台东。而头城的“龟山朝日号”与花莲“多罗满号”等，享有盛名，也具有盈利能力。另外，观渔火的活动因寓教于乐也相当受欢迎。在海上蓝色公路方面，台北县北部的几个区渔会和娱乐渔船业者曾经联合投资经营，但因航线与游客搭载及进出港的管理问题等目前大多已停止营业。

4. 渔乡美食型

主要包括名特产与美食和假日观光鱼市。

（1）名特产与美食指海鲜品尝、特产选购。台湾已有不少地区渔会设立名特产直销中心或熟食区供民众品尝水产佳肴美食，因渔港特色加上周边的海鲜餐厅，深受民众欢迎，如梧栖、碧砂、乌石港、东港鲔鱼季等，也借由品尝会或大型造势活动来推广渔产美食。

（2）台湾地区已有十几个渔会设立假日观光鱼市，提供渔业的名特产或海鲜熟食，供民众品尝水产佳肴，加上渔港特色，深受民众欢迎。这些假日观光鱼市以梧栖、永安、竹围、新竹、富基等的观光鱼市经营最成功。

5. 教育文化型

主要包括渔业推广教室、渔史民俗庆典和渔业教育展示。

（1）渔业推广教室。包含渔训中心、渔拓教室、烹饪教室、渔业技术推广等。台湾有不少渔会经常举办渔业教育或鱼食推广活动，以教导渔民与一般渔村社区民众有关渔事与海鲜烹饪等各项训练课程。各地区渔会还开展渔业推广活动，传递新资讯或推广新技术。

（2）渔史民俗庆典。包括探访渔村古迹、渔民传、古老渔法、王船出巡、火烧王船、放水灯、妈祖庆生等。

（3）渔业教育展示。包括渔具陈列、鱼虾贝展示博物馆、海事博物馆、文物馆、水族馆、生物教育馆等，如东港区渔会和彰化区渔会就经营着渔业文化展示馆，以水族和渔业文史展示为主要内容。

（二）台湾休闲渔业发展的措施

1. 政府主导，推动“富丽渔村计划”

台湾的休闲渔业起初是一种“供给导向型”的发展，随着传统渔业面临转型困境，在政府主导下将渔业与旅游业相结合，带动了渔村经济的转型与发展。政府主导模式是在政府的指导下，通过各种优惠措施，对滨海渔村旅游开发给予积极的引导和支持。其典型特征就是政府参与规划与管理等活动，这种模式具有较强的针对性与可操作性，在休闲渔业发展的初级阶段效果较好，能够很快促成当地休闲渔业的发展。

台湾从20世纪90年代开始推动的“富丽渔村计划”是政府主导的成功模式，改善了台湾渔民生活环境，显著提高了渔民收入。“富丽渔村计划”不仅仅是旅游产业规划，还是台湾农村社会建设计划，重点针对台湾渔村生产、生态及生活三大因素，改善渔村环境，兴建渔村基础设施等。通过一系列系统而全面的建设计划，不但减少台湾渔乡渔民的生产成本，提高生产利益，也改善了渔乡环境，提高了渔乡居民社会福利，而且在渔民乐业、爱乡、村貌整洁美观的人文环境下，可持续地吸引带动休闲旅游产业，壮大餐饮、住宿等旅游配套产业，带动渔乡第三产业发展，完善休闲渔业产业链。此外，政府主导模式在地区休闲渔业发展的初期作用是积极的，通过合理分享利益，避免了过度商业化，能够保护本土文化，增强当地居民的自豪感，调动渔户发展休闲渔业的积极性。①

2. 发挥社区与渔会组织的推动作用，主导渔村经济转型

台湾以社区与渔会等为代表的乡村自治组织在渔村经济发展过程中也发挥着重要的作用。虽然台湾渔港的主管单位为各县市政府的渔业部门和渔港管理所，但真正有效地推动渔港旅游活动，仍得借助于民间力量，特别是渔村小区组织与所在地渔会的配合。在一些渔村属性较强的小型渔港，社区对渔村经济的转型发展影响较大；而在一些设有渔会的渔村港区内，凭借渔会地缘管理与组织能力，大多以渔会作为渔港旅游的经营

① 孙璇：《台湾休闲渔业发展与滨海农村经济转型》，《福建水产》2012年第6期，第493—497页。

单位。

台湾渔会有悠久的历史，在内部组织上设有会务组、总务组与业务组，在业务组方面一般设有供销、推广、信用、市场等部门，引进在信息、营销和休闲事业方面具有专长的人力资源，成为渔村旅游事业经营的重要推手。渔会主导渔村经济转型模式以获评2010年台湾农业部门评定的“十大魅力渔港”的鼓山渔港、东石渔港、花莲石梯渔港、台南四草渔港、外埯渔港、乌石鼻渔港六个渔港为代表。

3. 重视规划与推广，加强财政支持

台湾休闲渔业的发展要归功于台湾当局的大力推广、引导与资金支持。在台湾休闲渔业的发展中，当局的辅导与管理是其成功的重要因素，特别是在休闲产业建设规划、硬件设备补助等方面，有力地推动台湾休闲渔业的快速发展。台湾休闲渔业的发展开始是以海钓船为主，当局首先制定“娱乐渔业管理办法”，通过制度建设和娱乐渔船协会建设，协助发展娱乐渔船渔业，包括兼营娱乐渔船继续享有渔船用油的优惠，娱乐渔船的强制保险及开放渔港停泊娱乐渔船等。

1990年，台湾农业行政主管部门制订“休闲农业计划”，内容包括发展观光休闲渔业，以期休闲渔业在传统渔业面临内外环境变迁需要转型的时候改善渔业结构，繁荣渔村经济。1991年，“台湾渔业法”增加“娱乐渔业”一章；1992年，“农委会渔业署”开始积极推动休闲渔业：在地理位置的选择上，着重选择近大都会县（市），如新北市、台中市、高雄市等地；在渔区的选择上，着重选择对渔民有利、转型容易且投资不大，又能够结合当地自然景观、产业特色、渔港设备、渔村人文资源等的渔区。1993年，“农委会”公布“娱乐渔业管理办法”；1995—2007年先后对该办法进行了6次修订。

1990年制订的台湾“休闲农业计划”包括了对观光休闲渔业发展的规划辅导与财政支持。1992年，“农委会渔业署”开始积极推动休闲渔业区建设、渔港周边鱼货直销中心的假日鱼市建设；1998年，台湾开始推动沿海港口渔区兴办休闲渔业海陆休闲中心，促进渔民走向多元化经营。这些休闲渔业措施的实施，活跃了渔区经济，有力地推动了休闲渔业的发展。①

4. 整合资源，形成独特风格，发展区域休闲渔业

台湾各地资源条件各异，有草原、温泉、沙滩、潮间带、防风林、海鸟、红树林、渔港、鱼塭、盐田等，休闲渔业能结合各地区文化和观光特色，形成各地区的独特风格，在经营时能掌握此特色，塑造园区形象，引导产业蓬勃发展。以台南县七股乡为例，过去多以渔业养殖为主要生计，在台湾休闲渔业旅游风潮下，七股乡依托丰富的生态资源，包括潟湖和红树林的湿地生态特色以及国际级的旅游资源。黑面琵鹭每年冬季的栖息，以成为国际级生态旅游景点的潜力开发为重点，将传统渔业养殖转化为产业文化和生态旅游，如带领游客乘竹筏赏红树林、海鸟以及潟湖生态，带动了休闲度假村、民宿业与竹筏业的合作与联盟，以资源的互补为游客提供多元的休闲服务，降低了转型成本，增强了竞争力。

此外，台湾从 1997 年开始推动“蓝色公路”计划，开展以休闲观光为目的，通过休闲渔业渔船等经营单港或多港进出的营业活动。此后，“蓝色公路”逐渐转型为以海域观光为主，成为热门的亲水性旅游模式。如基隆市“蓝色公路”航线计划、台中县“蓝色公路”休憩的重点项目等，都取得了很好的成效。②

五、欧洲休闲垂钓发展概况及其措施

（一）德国的休闲垂钓业

德国渔业经济主要由捕捞业、水产养殖业、水产品进出口及贸易以及休闲垂钓业等构成。在德国北部和东部沿海地区，渔业一直是经济中传统而重要的行业之一，每年为本国消费者提供近 130 万吨水产品。2010 年德国水产养殖生产企业约有 4 000 余家，其中雇员大于 20 人的 60 家左右，批发企业 233 家，水产零售企业 10 000 家左右，水产餐饮企业 560 家；深海捕鱼和加工船 9 艘，近海渔船 1 666 艘；渔业营业额 85 亿欧元；从事渔

① 曾玉荣、周琼：《台湾休闲渔业发展特色及其借鉴》，《福建农林大学学报》（哲学社会科学版）2012 年第 15 期，第 27—31 页。

② 曾玉荣、周琼：《台湾休闲渔业发展特色及其借鉴》，《福建农林大学学报》（哲学社会科学版）2012 年第 15 期，第 27—31 页。

业行业的相关人员有4万余人。

休闲垂钓业是德国渔业的一个不可或缺的组成部分。在德国有超过300万的业余钓鱼爱好者，与垂钓相关的产业每年利润额超过30亿欧元，并能直接或间接提供近5.2万个就业岗位。在德国国家管辖且未租赁给其他团体或个人水域中垂钓不收取任何费用，但必须考取钓鱼执照，在取得钓鱼执照后，一般垂钓者会通过参加当地的钓鱼俱乐部，并缴纳规定的会费成为其中会员，以取得在本俱乐部管辖水域钓鱼的权利，这些水域多是从私人或国家租用整个水体或水体的一些地段。

在德国钓鱼执照每年会有一次考试机会（有的州两次），考试前需要参加当地钓鱼俱乐部的学习班，学习内容涉及一般鱼类知识和疾病、水生动植物知识、水域知识、渔具知识、垂钓技术、环境保护以及相关法律条文等，通过满30个学时的培训学习后，才可以报名参加由官方组织的考试，合格后颁发钓鱼执照。执照上面有申请人照片和政府印章，还有钓鱼规定条款，从事钓鱼活动需随身携带执照，同时遵循严格的法律规定，不可以钓那些受保护的鱼，以及尺寸不合的鱼，否则将会受到处罚。[①]

（二）英国的渔业生产者组织

英国最早的渔业生产者组织成立于1973年，2004年共有19个生产者组织。1983年，欧盟正式实施共同渔业政策，引入了捕捞配额制度，英国的生产者组织自1985年获得了分配管理捕捞配额的许多项权利，目前大约95%的渔业配额都是通过生产者组织分配的。海洋渔业企业协会，是根据1981年渔业法（Rshedes Act，1951）而组建的，以取代根据1970年海洋渔业企业法设立的白鱼和鲜鱼企业协会，其宗旨是与海洋食品行业一道工作，提高产品质量和行业标准，满足消费者需求，提高行业经济效益，保证可持续发展等。它是唯一覆盖全英的海洋食品行业机构，涉及捕捞、水产养殖、加工、批发零售、餐饮、进出口贸易等与水产品有关的各个行业。协会的领导成员由英国四个政府渔业部门协商任命，其中8人来自主要的海洋食品行业，4人为独立人士，负责制定协会的战略政策和方针。它的主要活动包括科学研究与技术开发、提供咨询建议、培训人才、促进水产品营销和出口贸易、提供贷款和财政支持等。2002年，其预算经费

① 薛辉利、何丰、周凡：《德国渔业概况》，《中国水产》2014年第6期，第34—35页。

1.1千万英镑，其中近80%依靠对捕捞、养殖和进口的水产品（不包括大马哈鱼、鲜鱼和罐装的海产食品）依法收费，收费标准依据品种和规格由渔业法规明确，其余来自英国政府四个渔业部门的财政预算以及一些有偿服务。

（三）法国的休闲垂钓文化

法国北、西、南三面临海，海岸线长达5 500多千米。境内河网纵横，湖泊星罗，仅内河航道里程就达8 600多千米。法国是一个渔业大国，同时也是一个垂钓大国。全国6 000万人口中，垂钓爱好者就有1 000多万人。无论男女老幼，皆喜临岸垂纶，其中女钓手尤不鲜见。悠久的垂钓历史和广泛的群众参与，加之法国人特有的标新和细腻，使法国的鱼文化在世界上颇具特色。①

法国本土的96个省都有自己的钓鱼协会，每个省的各个地区、市镇也都有自己的钓鱼协会。各地的钓鱼协会对所豁区域内的河流、湖泊一年四季的垂钓时间以及什么鱼可钓，什么鱼不可钓，多大尺寸或重量可钓（标准以下者必须放生），都有极为明细的规定。

法国人垂钓都有很好的环保意识，从垂钓地点的保洁及人与鱼的关系都可以看出这种意识已深入人心。文明垂钓在法国已蔚然成风。垂钓时的废弃物，钓者绝不会随地乱扔，收拾起来各自带走。垂钓既是法国人的一大休闲运动，又与环境保护密切相关。法国人很注意这方面的国民教育，甚至从幼儿抓起。

法国人大多将垂钓视为一种休闲活动，一种人类回归自然、亲近自然的方式。因此，绝大多数人钓到鱼后都自觉放生，区别仅仅在于放生的时间有所不同。

法国的垂钓业已经形成相当规模的产业系统。法国的影视文化中，关于垂钓与狩猎的内容甚多。法国各地还有很多垂钓博物馆，向参观者系统形象地介绍垂钓活动的历史沿革、普及垂钓知识、提醒珍稀鱼类的保护。②

---

① 《管窥法国人的休闲垂钓》，中国钓鱼频道，http：//www.fishcn.com/bencandy.php？fid－55－id－10615－page－1.htm。

② 《管窥法国人的休闲垂钓》，中国钓鱼频道，http：//www.fishcn.com/bencandy.php？fid－55－id－10615－page－1.htm。

第二节 我国休闲渔业发展的意义、优势与对策

一、发展休闲渔业的重要意义

发展休闲渔业不仅能满足城镇居民垂钓、娱乐、休闲需求，对促进休闲渔业持续健康发展，对进一步拓展我国的渔业功能，转变渔业发展方式，提高渔业发展质量和效益，促进渔民转产转业，增加渔民收入，丰富城乡居民物质文化生活，全面建设渔区小康社会具有重要意义。

（一）发展休闲渔业，是扩展渔业发展空间的重要抓手

休闲渔业是传统渔业发展的突破，是对渔业资源的综合利用，是在渔业资源锐减的情况下，充分利用现有渔业设施和渔业资源开拓出来的一条渔业发展的新路，是实现渔业产业结构调整的战略选择。从定位来看，休闲渔业集休闲产业和渔业为一体，既有传统渔业的某些特点，又有现代化渔业的诸多特点。因此，休闲渔业架起传统渔业向现代渔业转型的重要桥梁。

（二）发展休闲渔业，是推动渔业产业结构调整和渔业可持续发展的重要途径

发展休闲渔业可缓冲渔业生产和渔区社会经济生活中的一些矛盾，如可以把一些符合条件的渔船加以改造，或改建为休闲钓鱼船，或改造成近岸人工鱼礁、娱乐设施等。这样既有利于渔业产业结构调整和开发新的旅游资源，更有利于减轻近海捕捞强度，增殖水生生物资源，保护渔业生态环境，促进渔业可持续发展。

（三）发展休闲渔业，是渔民就业和促进渔民增收的重要渠道

休闲渔业是综合性产业，需要包括渔民在内的社会大量人员的参与，是扩大就业的重要途径，可以有效地带动养殖、渔具、渔药、鱼饲料等渔业相关产业及其他第三产业的发展，如餐饮业、服务业等，可以增加就业岗位，吸纳大量农村剩余劳动力就业，充分利用农村剩余劳动力，提高渔民收入水平。由于休闲渔业迎合了旅游市场的需要，效益看好。休闲渔业已成为水产业一个热门产业，这在一定程度上调动了渔民的投入积极性。

（四）发展休闲渔业，是拓展渔业功能和带动渔业多元化发展的重要手段

休闲渔业是一个覆盖面较广、复合性较强的产业。发展休闲渔业对加快传统渔业的改造升级，拓展渔业非物质性功能，延伸渔业产业链条，构建完善的现代产业体系起着极其重要的作用。跨行业、多元化的发展渔业，使渔业从单一生产格局中解放出来，与旅游观光等行业结合起来，形成新兴的行业，创造出良好的经济效益。渔业资源丰富的地区以当地良好的水域自然环境、天然的湖泊、优美的沿岸风光和古朴的渔村农舍为依托，将渔区饮食文化、渔村民俗文化等融入其中，打造极具特色的休闲渔业基地。①

二、我国发展休闲渔业的优势

我国水域辽阔、渔业生产形式多样、渔文化底蕴深厚，发展休闲渔业条件优越。随着全面建设小康社会进程的深入推进，城乡居民收入不断增加，生活方式不断改变，休闲需求日益扩大，发展休闲渔业潜力巨大。我国目前社会稳定，经济发展状况良好，国民尤其是城市居民消费能力不断提高，并有较为充裕的休闲时间，再加上良好的自然条件和物质基础，休闲渔业大有可为。

（一）可供开发的资源丰富

我国既是内陆大国，又是海洋大国，池塘、江河、湖泊、水库、岛屿和港湾面积广阔，其中内陆水域总面积约 17.6 平方千米，陆岸线 1.8 万多千米，拥有大小岛屿 6 500 多个。适合垂钓和观赏的水产品种资源丰富。无论是淡水鱼类还是海洋鱼类，可开发的潜力巨大。

（二）气候适宜

我国幅员辽阔，横跨热带、亚热带和温带，不仅适于休闲旅游的季节较长，而且适宜养殖许多观赏鱼类，尤其适宜引进和出口多种观赏鱼。

（三）文化底蕴丰厚

作为历史悠久的文明古国之一，饲养、垂钓、观赏花鸟虫、赋诗作

① 陈学洲、刘聪：《促进我国休闲渔业健康发展的对策研究》，《中国水产》2015 年第 2 期，第 32—36 页。

辞，是中国传统文化的重要内容，这为发展和创新休闲观赏渔业，满足时尚要求提供了浓厚的文化历史根基。

（四）具有品牌优势

我国是世界公认的金鱼故乡，最早研究金鱼养殖技术和品种选育，形成中国特有的品系，在世界观赏鱼产业发展中占有重要地位；引进的部分品种也已初具规模，并形成了可以满足各种消费层次的多种品牌。

（五）市场潜力优势

我国人口众多，随着经济社会发展和生活水平提高，人们对休闲娱乐要求也日益增长。我国已经成为全球十大入境旅游国之一，国外客源在促进我国旅游业发展方面扮演的角色也越来越重要。

三、我国休闲渔业的发展历程与现状

（一）我国休闲渔业的发展历程

与国外发达国家相比，我国的休闲渔业起步较晚。发展始于 20 世纪 80 年代初，最早起源于游钓。1983 年，在有关部门的倡导下成立了中国钓鱼协会；1992 年，中国钓鱼协会由体育部门划归农业部管理，由此游钓渔业已成为农业经济产业中的一部分，休闲渔业已真正成为一种产业。

进入新世纪，我国休闲渔业发展较快，有巨大的发展潜力和良好发展前景，越来越受到社会的关注和高度重视。2000 年，我国颁布了《农业部关于调整渔业产业结构的指导意见》，意见指出："渔业发展相适应的第三产业要大力发展，在有条件的地方应积极鼓励、引导发展休闲渔业。" 2009 年出台的《全国海洋经济发展规划纲要》提出，"要把渔业资源增殖与休闲渔业结合起来，积极发展不同类型的休闲渔业"。2010 年，将"鼓励发展文化多元的休闲渔业"列入全国渔业"十二五"规划，是重点发展的五大产业之一。

（二）我国休闲渔业的发展现状

1. 产业规模不断扩大，经济效益不断增强

自 20 世纪 80 年代开始兴起，最初的经营项目较为单一，主要以垂钓为主。在经过了 20 多年的发展之后，我国的休闲渔业现在已步入产业多样

化和高速发展的时期，经营规范包括观光、休闲、度假、体验、娱乐、学习、康体等综合功能。休闲渔农业在优化产业结构、促进农民增收、增加就业岗位、加快文明建设、促进城乡协调发展等方面发挥着越来越突出的作用。自2006年以来，休闲渔业产值保持了平稳快速增长，休闲渔业产值年平均增幅达30.87%，休闲渔业在渔业第三产业中的比重以及渔业经济总产值中逐年增加。“十一五”期间，休闲渔业产值年均增长22.6%，一批发展潜力大、带动能力强、品牌优势明显的休闲渔业实体迅速壮大，显示出强大的生命力。截至2012年年底，我国休闲渔业产值297.88亿元，同比增长16.35%，成为带动渔民增收的新亮点。①

2. 产业类型和经营模式日益丰富

从资源利用看，休闲渔业可分为海洋渔业资源利用和水域渔业资源利用两种。海洋渔业资源利用是指以海岸岛屿和渔业生物资源为主，以出海捕鱼、海岛垂钓、预取风俗、海鲜品尝等为主要内容而展开的渔业休闲活动；水域渔业资源利用是指以江河湖泊、水库池塘和渔业生物资源为主，以田园风光、垂钓、“农家乐”等为主要内容而展开的渔业休闲活动。

从我国休闲渔业现有的经营模式看，主要有：①养殖垂钓型，利用现成池塘、湖泊、海滩等养殖基地，配备一定的设施，开展垂钓业务；②休闲垂钓型，利用专业垂钓园和海钓基地，开展以垂钓为主，集娱乐、餐饮为一体的休闲渔业；③生态观光型，结合当地的生态环境和旅游景点，综合开发水资源，开展集观景、休闲、度假、垂钓于一体的休闲渔业；④观赏娱乐型，开展以观赏鱼引进、养殖、经营为主的休闲渔业；⑤文化体验型，利用渔业资源，结合当地渔业文化，举办与渔业相关的节日，形成有节日喜庆特色的休闲渔业旅游等。②

3. 地区特色突出

休闲渔业在全国各地尤其是东部海洋渔业大省都有较快发展。各地休闲渔业的发展充分注重与当地资源的结合，因地制宜，极具地区特色。沿

① 《农业部解读〈2013中国渔业统计年鉴〉》，http：//www.gov.cn/gzdt/2013－06/13/content_2425505.htm。

② 陈学洲、刘聪：《促进我国休闲渔业健康发展的对策研究》，《中国水产》2015年第2期，第32—36页。

海地区结合捕捞渔民减船转产转业和养护渔业资源的需要，利用民间资金雄厚、生活水平较高的优势，发展具有海湾城市型特色的休闲渔业；内陆地区则结合农村产业结构调整，将鱼塘、山野风情和农家庭院所特有的淳朴映衬到城郊休闲渔业中。

4. 产业关联显著

休闲渔业既是渔业的重要组成部分，又与旅游产业密不可分，其产业间的前向和后向联系更加广泛。一方面，沿海旅游城市滨海度假对房地产业的蓬勃发展提供了发展良机；在全国沿海各地日渐风行的海钓产业带动了包括渔船等在内的诸多行业的发展。另一方面，休闲渔业对发展方式转变的潜在贡献大，成为迎合当前消费结构升级的重要手段，是发展现代渔业和扩展渔业发展空间的重要抓手，是推动渔业产业结构调整和渔业可持续发展的重要途径，成为实现渔民就业和促进渔民收入提高的重要渠道，发掘渔村旅游资源和传承渔村文化的重要形式。①

5. 相关法规日益完善

如广东省出台了《广东省休闲渔业管理办法》，山东、天津、浙江等省市出台了《休闲渔业船舶管理办法》，山东、江西等省出台了《休闲渔业星级标准划分与评定标准》，山东省出台了《山东省休闲海钓管理暂行办法》、《山东省休闲海钓钓场认定办法（试行）》等。这些规定的出台，对保护休闲渔业经营者和消费者的权益，保证休闲渔业的健康有序发展起到了重要作用。

四、我国休闲渔业发展存在的问题

作为新兴产业，我国休闲渔业尚处在起步阶段，还存在相关法规滞后、发展水平低、基础设施差、管理不规范、资金短缺、从业人员素质有待提高等问题。

（一）相关法规滞后

我国还未制定全国范围的规范休闲渔业及其相关产业的法律法规，只

---

① 陈学洲、刘聪：《促进我国休闲渔业健康发展的对策研究》，《中国水产》2015 年第 2 期，第 32—36 页。

有浙江、厦门、山东、广东等地有地方性休闲渔业管理办法，但是适用范围较窄。同时也缺乏相应的规范标准和法律保障，使从业者的经营范围与活动内容的核定等缺乏统一、适用的管理标准，在一定程度上制约了休闲渔业的健康发展。

（二）缺乏科学的规划和政府指导

目前，我国许多休闲渔业缺乏科学合理的规划和政府指导，盲目跟风建设，缺乏对资源和市场的分析，缺乏对开发项目的可行性分析，布局结构不尽合理，导致无序竞争的局面。

（三）尚未形成完善的管理体系

休闲渔业在我国还是一个新兴的产业，还没有形成完善的管理体系。从发展角度来看，休闲渔业与农业、渔业、旅游、体育、文化和交通等部门都有相关性，是多种产业的融合体，各部门对休闲渔业的产业发展和行业管理等方面的认识还很不统一。管理权到底是归属于旅游部门、农业部门、海洋部门或者是其他部门都还没有定论，在现实中往往造成多头管理，使很多投资者和经营者无所适从，不利于休闲渔业的有序发展。

（四）资金短缺，投资主体比较单一

由于休闲渔业是渔业与旅游业的结合，经营场所主要在渔村，其落后的基础设施和旅游服务资金短缺问题一直是制约休闲渔业发展的一大重要因素，成为制约高标准、高品质项目建设的关键问题。

（五）从业人员素质有待提高

休闲渔业的发展需要有大批具有一定知识和技术的专业人员，目前，从事休闲渔业的劳动者多是一些专业渔民，接受文化教育程度偏低，缺乏一定的知识和技能，服务意识较弱，影响了休闲渔业的质量水平。

五、发达国家和地区休闲渔业发展的借鉴和启示

（一）规划要科学化、统筹化

发展休闲渔业，做好科学论证和统筹规划十分重要。各地政府部门要立足长远，做好总体布局，因地制宜地制定适合本地的休闲渔业发展规划。规划应与当地的旅游发展规划和城乡规划相协调，要将休闲渔业的发

展与城乡基础设施建设、旅游产品开发、渔民转产转业以及康复、医疗、托老、保险等相结合起来，使休闲渔业既成为当地的特色旅游精品，又成为解决三农（渔）问题的途径和渔农村经济发展新的经济增长点；使渔农村既成为环境优美的休闲旅游目的地，也成为渔农民生活富裕、安居乐业的居住地，以达到建设社会主义现代化新型渔农村、构筑和谐社会的根本目标。①

休闲渔业的发展规划，应坚持以市场为导向，以有利于提高渔业的经济效益、社会效益和生态效益为出发点，遵循“科学规划、合理布局、保持特色、保护资源、持续发展”的原则，在规划布局上与现代化渔业、农业示范园区的建设相结合，围绕风景旅游区和大中城市近郊发展休闲渔业。在充分发挥当地的自然资源与人文资源优势基础上，建立起适应不同消费层次、不同类型的休闲渔业项目，规划发展高品位的休闲渔业项目，规划建设休闲渔业示范园区和滨海渔港休闲渔业基地。

（二）经营要产业化、集约化

休闲渔业是一个新兴产业，需要政策引导、政府支持和财政项目支撑。特别是休闲渔船、渔港码头等基础设施投入成本大，靠渔民自发投入难以承受，更需要政府财政扶持。加强金融机构与开发项目的协调与联系，争取金融机构向休闲渔业提供更多、更优惠的资金支持，同时适当安排专项资金用于重点休闲渔业项目的投资补助和贷款贴息。鼓励发展休闲渔业的发展基金、专项基金、补助基金等。争取税务、土地、电力等部门的支持，创造稳定的发展环境，实行渔业税费调整和渔民减负政策的落实。

发展休闲渔业在经营上既要打破单一生产的模式，将旅游观光、休闲娱乐、餐饮、健身、科普以及旅游购物等多功能开发与渔业有机结合，对游客实行“吃、住、行、游、购、娱”一条龙服务，不断延伸和拓展渔业产业链，又要重点培养一批龙头企业，发展一批上规模、上档次、效益好的休闲渔业项目，并以此来带动周边地区的发展，以实现休闲渔业产业化、集约化和效益化的目标。

---

① 伍鹏：《我国海洋休闲渔业发展模式初探：以舟山蚂蚁岛省级休闲渔业示范基地为例的实证分析》，《渔业经济研究》2005 年第 6 期，第 20—23 页。

（三）产品要特色化、品牌化

按照休闲游乐、享受生态、享受渔业文化和海洋文化的理念，立足当地特色资源，加强养殖基地、餐饮、客房等设施的高品位建设，做大规模，提升品位，形成品牌。一是利用当地自然生态环境优势，本着和谐、自然、安全、方便原则，扶持建设一批休闲渔业示范基地，起到引领休闲渔业发展的示范作用。二是将游览、垂钓、驾船、划艇、休闲、餐饮、住宿、疗养结合为一体，建设游钓码头、游钓渔船和相关配套设施，打造一批大型水上休闲娱乐场所，创出特色的休闲渔业品牌。三是利用海洋自然生态资源与渔村自然条件，以体验渔家生活、海洋游钓、渔船观光、海鲜品尝等为主要内容，结合其他旅游项目打造一批渔村海岛“渔家乐”。四是围绕水族观赏渔业，培植一批明星企业。

此外，针对各地休闲渔业品种单调、项目雷同、地方特色不鲜明的状况，各地要充分挖掘地方特色和海洋文化内涵，结合一些地区渔民的实践，开发一些新的休闲渔业项目，打造特色品牌。如大力发展岛礁矶钓等海钓业，定期举办海钓比赛、渔民文化节等节庆活动；发展“休闲平台”的休闲渔业项目（在特定的固定或可移动式平台上开展一些休闲渔业活动如垂钓等）；结合无居民海岛的开发，利用休闲渔业船舶搭载休闲人员往岛上垂钓休闲；发展将海上休闲活动和岸上休闲度假观光旅游集于一体的综合配套型旅游项目等。①

（四）管理要规范化、法制化

第一，针对我国休闲渔业目前多头管理以致管理失位等现状，各地政府要根据本地的实际情况，摸索建立一套完整健全的管理制度和经营模式，制定和完善相关政策和措施，出台休闲渔业管理、经营等方面的地方法规。第二，对休闲渔业船只（包括人员配备、捕捞及钓品规定、生态环保、安全设施的配置等）按照一定的程序进行严格审批，实现从业人员持证上岗制度，以提高休闲渔业的服务水平和质量。第三，要规范扶持海钓等休闲渔业的民间专业机构和协会的发展，使休闲渔业逐渐步入正规化、规范化、法制化的轨道。第四，要加强从业人员的队伍建设。休闲渔业的

① 伍鹏：《我国海洋休闲渔业发展模式初探：以舟山蚂蚁岛省级休闲渔业示范基地为例的实证分析》，《渔业经济研究》2005 年第 6 期，第 20—23 页。

发展需要有大批具有一定知识和技术的专业人员，需要经营者具有二、三产业经营、管理、营销的技能和手段。因此，强化对从业人员的旅游知识、垂钓技术、养殖技术、烹调技术和服务规范等方面知识的业务培训，对提高休闲渔业从业者的素质和经营管理能力，对提高整体休闲渔业的质量水平会起到关键作用。

（五）发展要可持续化

可持续化发展是现代社会经济发展的必由之路。休闲渔业所涉及的行业和范围较广，过度膨胀和不规范发展容易造成生态和环境危机，必须严格坚持可持续发展战略。因此，各地在发展休闲渔业的同时，渔政、水产、环境、公安等相关部门应该采取切实措施，加大渔业行政监管和执法力度，对休闲渔业活动实施规范化管理，以促进休闲渔业的健康持续发展。

主要思路有：一是严格执行渔业及有关行业的相关法律法规，保护生态环境，杜绝污染。如建设休闲娱乐设施不能破坏水生生物生态环境，不能直接向水体排放没有经过处理的生活垃圾和有害物质，杜绝污染源进入渔区；坚决取缔不符合环境要求的娱乐设施，严禁污染水体和破坏生态环境；加强对钓饵市场的监督管理，对钓饵生产企业加以规范，严禁毒饵流入市场等。二是对大型垂钓场所实施水产品种的增殖放流计划，确保垂钓场所渔业资源的可持续性。三是借鉴国外先进的经验，对休闲渔业中的各种鱼类的渔获量、对捕获的各种鱼类的规格、游钓的渔具、开展休闲渔业的区域和捕鱼期进行具体规定和严格控制。① 四是加大人工渔礁的建设力度，增进海洋鱼类的栖息和繁衍，形成良好的海洋休闲渔业场所，是保护海洋渔业资源、促进休闲渔业可持续性发展的有效办法。

---

① 孙英杰：《海洋休闲渔业可持续发展的保障机制研究》，《河北渔业》2015 年第 5 期，第 64—65 页。

参考文献

1. 严飞、周雪秋：《我国休闲渔业发展研究综述》，《科技创业月刊》2012 年第 2 期。
2. 张盟划：《象山海钓业的现状和发展趋势》，《现代渔业信息》2004 年第 8 期。
3. 刘圆圆：《海钓运动：发展与建设同行》，《人民政协报》，2012 年 12 月 21 日第 C02 版。
4. 王依欣：《打造海洋游钓精品发展舟山海钓业 》，《中国渔业经济》2008 年第 1 期。
5. 李舒云：《温州海钓休闲中心可行性研究》，《经营管理者》2009 年第 2 期。
6. 王依欣：《中国海钓的产业化之路》，《中国渔业经济》2009 年第 2 期。
7. 伍鹏：《我国海钓业发展的现状、问题和对策》，《北方经济》2005 年第 10 期。
8. 伍鹏：《海钓业与海洋旅游业互动发展研究》。
9. 冯国超：《中国传统体育》，首都师范大学出版社，2007 年 4 月。
10. 中国钓鱼协会：《钓鱼指南丛书 · 综合篇》，人民体育出版社，1988 年 2 月。
11. 张炎冰：《风风雨雨 钓赛传奇 40 年》，《钓鱼》2007 年第 24 期。
12. 张炎冰：《风风雨雨 钓赛传奇 40 年之三》，《钓鱼》2007 年第 20 期。
13. 陈平南：《做好准备，迎接 2001 年亚洲国际友好钓鱼大赛》，《中国钓鱼》2001 年第 7 期。
14. 张唯、曾鸣：《昔日硝烟，今朝钓鱼忙》，《两岸关系月刊》1999 年 2 月总第 20 期。
15. 张莉：《2005 亚细亚国际友好钓鱼大会获得圆满成功》，《钓鱼》2005 年第 21 期。
16. 张莉：《沿海城市游钓产业发展研讨会纪要》，《钓鱼》2005 年第 22 期。
17. 国家海洋局：《全国海岛保护规划》2012 年 4 月。
18. 国家海洋局：《2014 年中国海洋经济统计公报》，2014 年 3 月。
19. 《首届中国品牌渔具博览：中国钓鱼爱好者近九千万》，人民网，2013 年 11 月。
20. 王琛、包特力根白乙：《我国休闲渔业发展研究综述》，《黑龙江水产》2009 年第 1 期。
21. 《国务院关于加快发展体育产业促进体育消费的若干意见》，2014 年 10 月。
22. 侍玮、辛燕飞、钱伟等：《渔具行业未来发展前景研究》，《市场周刊》2015 年第 1 期。
23. 许想想、傅建祥、王超：《浙江省海洋渔业经济发展战略研究》，《农村经济与科技》2011 年第 5 期。
24. 马振涛：《海钓业发展“蓝海”广阔》，《中国旅游报》，2012 年 12 月 17 日第 002 版。
25. 陈跃民：《中国钓具制造企业竞合策略研究》，中国海洋大学，2012 年 12 月。

26. 侯敏枫：《钓具形态研究》，吉林大学，2006 年 3 月。
27. 侍玮、辛燕飞、钱伟等：《渔具行业未来发展前景研究》，《市场周刊》2015 年第 1 期。
28. 石文：《专业委员会年会在浙江临安召开》，《文体用品与科技》2013 年第 2 期，第 12 页。
29. 章欣荣：《培养钓具民族品牌刻不容缓》，《文体用品与科技》2006 年第 7 期。
30. 张磊：《浙江游艇产业现状与管理研究》，浙江工业大学，2011 年 12 月。
31. 周祝林、张长明：《舰船用玻璃钢夹层结构设计基础》，《中国造船》2004 年第 3 期。
32. 陈云飞、丁敏、闫哲彬：《我国游艇消费需求分析及游艇码头建设展望》，《水运工程》2011 年第 9 期。
33. 帅鹏坤：《中国将成第二大游艇消费市场》，《中国水运报》，2014 年 1 月 6 日第 006 版。
34. 王进：《2014 中国游艇业十大猜想》，《珠江水运》2014 年第 2 期。
35. 张长涛：《世界游艇市场与竞争格局》，《中国船舶报》，2006 年 9 月 1 日第 010 版。
36. 张亚男：《长三角发展游艇产业现状分析及对策研究》，上海交通大学，2008 年。
37. 程爵浩：《游艇俱乐部的设计与运营模式研究》，《企业经济》2006 年第 3 期。
38. 田大方、刘岩：《谈游艇码头规划设计》，《山西建筑》2013 年第 39 卷第 9 期。
39. 陈平南：《做好准备 迎接 2001 年亚洲国际友好钓鱼大赛》，《中国钓鱼》2001 年第 7 期。
40. 林上军：《舟山游艇业发展现状及前景展望》，《舟山社会科学》2012 年第 1 期。
41. 李欣、刘舜斌：《舟山海钓产业发展对策初探》，《中国渔业经济》2011 年第 1 期。
42. 罗霞：《海南海钓业欲“抛竿”》，《海南日报》2007 年 6 月 12 日。
43. 逄艳：《基于国际旅游岛背景下海南体育旅游项目开发研究》，海南师范大学，2011 年 5 月。
44. Steven J. Cooke；IanG. Cowx，The role of recreational fishing global fish crises［J］Bioscience，2004，54（9）：857（3）.
45. Felieia C. Coleman，Will Figuira，Jeffrey S. Ueland，Larry B. Crowder. The Impact of United States Recreational Fisheries on Marine［J］Fish populations. Science，2004，305（5692）.
46. Gary W · Henry，Jeremy M . Lyle . The National Recreational and Indigenous Fishing Survey，Canberra：Australian Government Department of Agriculture［J］，Fisheries and Forestry，2003.
47. 刘康：《美国休闲渔业现状及发展趋势分析》，《中国渔业经济》2003 年第 4 期。

48. 吴维宁、卢卫平：《美国国家渔业信息网络建设及其启示》，《中国水产》2005 年第 6 期。

49. 柴寿升、张佳佳：《美、日休闲渔业的发展模式对我国休闲渔业发展的启示》，《中国海洋大学学报》（社会科学版）2007 年第 1 期。

50. 陈刚、陈卫忠：《对美国渔业管理模式的初步探讨》，《上海水产大学学报》2002 年第 3 期。

51. 陈思行：《美国休闲渔业的发展现状》，《北京水产》2005 年第 1 期。

52. 王国华：《日本渔业和渔村的 6 次产业化》，《河北渔业》2012 年第 9 期。

53. 黄瑞：《日本海洋渔业资源管理现状》，《现代渔业信息》2001 年第 1 期。

54. 刘雅丹：《澳大利亚休闲渔业概况及其发展策略研究》，《中国水产》2006 年第 3 期。

55. 何军功、魏明伟：《澳大利亚、新西兰两国水产业现状对河南省渔业发展的启示》，《河南水产》2012 年第 3 期。

56. 曾玉荣、周琼：《台湾休闲渔业发展特色及其借鉴》，《福建农林大学学报》（哲学社会科学版）2012 年第 15 期。

57. 陈清春：《台湾休闲渔业发展之检讨及未来渔村旅游之发展》，《水产月刊》2011 年第 3 期。

58. 孙璇：《台湾休闲渔业发展与滨海农村经济转型》，《福建水产》2012 年第 6 期。

59. 薛辉利、何丰、周凡：《德国渔业概况》，《中国水产》2014 年第 6 期。

60. 陈学洲、刘聪：《促进我国休闲渔业健康发展的对策研究》，《中国水产》2015 年第 2 期。

61. 孙英杰：《海洋休闲渔业可持续发展的保障机制研究》，《河北渔业》2015 年第 5 期。

62. 伍鹏：《我国海洋休闲渔业发展模式初探：以舟山蚂蚁岛省级休闲渔业示范基地为例的实证分析》，《渔业经济研究》2005 年第 6 期。

63. 厉无畏、王振：《中国产业发展前沿问题》，上海人民出版社 2003 年版。

附　录

附录 1　山东省休闲海钓管理暂行办法

（山东省海洋与渔业厅 2014 年 2 月发布）

第一章　总　　则

第一条　为加快我省休闲海钓产业发展，养护和合理利用海钓生物资源，规范海钓行为，维护海钓参与者的合法权益，根据《中华人民共和国渔业法》、《中华人民共和国海洋环境保护法》、《中华人民共和国海岛保护法》、《山东省实施中华人民共和国渔业法办法》等法律、法规，结合我省实际，制定本暂行办法。

第二条　本办法适用于我省海域内从事休闲海钓活动的单位和个人。

第三条　本办法所指的休闲海钓活动是指符合政府规划要求，海钓公司、俱乐部、旅行社等组织机构、单位以及个人，在我省海域利用岛礁、人工鱼礁、岸堤、沙滩、矶石、船筏、海水池等，以休闲娱乐为目的，进行非专业性捕捞生产的海洋钓鱼活动。

第四条　单位和个人经许可，可以在我省公布的各海钓区开展海钓经营活动。

第二章　管理机构与职能

第五条　省海洋与渔业厅负责全省休闲海钓行业宏观管理和组织协调；省海洋与渔业监督监察总队负责全省休闲海钓渔船的审批、检验和安全监督检查，以及资源保护等相关工作；省水生生物资源养护管理中心负责全省海钓行业的具体管理工作；市县海洋与渔业主管部门按照自身职能履行相关职责。

（一）省水生生物资源养护管理中心职责

1. 负责全省休闲海钓钓场的认定及管理，公布钓场；

2. 负责全省休闲海钓钓场船只总量控制，及省海洋与渔业监督监察总队审批休闲海钓渔船建造前的审核；

3. 负责休闲海钓海域水生生物增殖放流品种、数量的审定；

4. 负责海钓钓具的准入审定和备案；

5. 负责审定休闲海钓赛事活动；

6. 负责休闲海钓导钓员的职业培训和上岗证书的发放；

7. 协同旅游行政主管部门做好休闲海钓旅游项目的开发与宣传。

（二）市县海洋与渔业主管部门职责

1. 负责本行政区域内休闲海钓钓场的选划并报上一级主管部门备案；

2. 负责本行政区域内休闲海钓活动的组织协调和安全管理；协同做好重大休闲海钓赛事组织管理；

3. 负责对本行政区域内休闲海钓活动实施监督检查；

4. 负责休闲海钓经营单位从业人员安全培训。

第三章　休闲海钓准入条件

第六条　休闲海钓类型分为岸钓和船钓两类。

岸钓：海钓者在海岸边或者矶石上进行的海洋钓鱼活动（包括矶钓、堤钓、滩钓、海水池钓等）。

船钓：海钓者在船上（包括需乘船抵达的筏台、岛礁等）进行的海洋钓鱼活动。

第七条　休闲海钓经营单位、个人、海钓渔船应具备以下条件：

（一）休闲海钓经营单位

1. 从事休闲海钓服务经营单位经工商登记注册，取得法人资格后，报县级以上海洋与渔业主管部门备案。

2. 休闲海钓经营单位应根据所经营的海钓类型，根据有关规范规定，配备相应的海钓安全设施和设备，配备一定人数的导钓员。

3. 导钓员应经相关技能培训后持证上岗；负责向海钓者进行安全知识介绍及演示。

4. 休闲海钓经营单位应在批准的海钓区域内开展海钓经营活动。

5. 休闲海钓经营单位是海钓安全的责任主体，必须建立严格的安全责任制度，制定安全管理措施，落实安全责任制。

（二）休闲海钓者

1. 休闲海钓者应服从管理。参加船钓活动应穿着救生衣，参加矶钓活动应穿防滑鞋。休闲海钓者不得搭乘、租用无海钓资格船舶进行船钓。

2. 海钓者需了解海上安全常识，遵守渔业资源保护规定。

（三）休闲海钓渔船

1. 建造休闲海钓渔船，由申请人向所在地海洋与渔业行政主管部门提出申请，由省海洋与渔业监督监察总队审批。

2. 新造休闲海钓船应按照省海洋与渔业厅公布的标准化休闲海钓船船型建造，经检验合格方可使用。

3. 现有其他作业渔船从事休闲海钓的，按照《山东省休闲渔业船舶管理办法》（鲁海渔〔2007〕138 号）规定办理。

4. 休闲海钓渔船实行年审制度。年审的具体程序和办法由省海洋与渔业监督监察总队会同省水生生物资源养护管理中心制定。

5. 休闲海钓渔船应当在渔港监督机构确定的休闲渔业船舶专用码头上下乘客，并实行航次签证制度。

6. 休闲海钓渔船应参加船舶保险；休闲海钓渔船船东必须按核定的载客人数为海钓人员购买人身保险，每人保险额不得低于上一年度山东省城镇居民人均可支配收入的 20 倍，具体保险程序按相关规定执行。

第四章　休闲海钓渔船安全管理制度

第八条　休闲海钓渔船的日常管理纳入所在地渔船统一管理，建立相应的安全责任制。休闲海钓渔船的所有人、经营单位对休闲海钓渔船安全负全面责任；休闲海钓渔船的船长对休闲海钓渔船安全负直接责任；有关海洋与渔业行政主管部门对休闲海钓渔船负监督管理责任。

第九条 休闲海钓渔船所有人或经营单位须制定海上突发事件应急救助预案，并每年进行一次预案演练。

第十条 休闲海钓渔船须按规定配备安全通信设备和救生工具。

第十一条 休闲海钓渔船所有人或经营单位应制定和落实船员安全岗位职责。

第十二条 休闲海钓渔船必须严格按核定人数载客，不得超载，不得随意改变停靠点和庇护地。

第十三条 休闲海钓渔船必须严格按照核定的航区、抗风等级航行或者生产作业，与庇护地之间的距离不得超过相应规定。

第十四条 休闲海钓渔船出海后应保持通信畅通，密切关注天气变化，及时采取应对措施，确保安全。

第五章 资源管理和生态环境保护

第十五条 对休闲海钓海区自然资源应重点养护、加强管理，确保海钓资源的合理利用和渔业资源的有效保护。

第十六条 位于鱼类产卵场、越冬场等主要栖息繁衍场所的休闲海钓海区，实行必要的禁钓期和临时禁钓区等保护措施。

第十七条 凡列入海钓规划重点保护管理的区域，按照管理等级要求，由相应管理机构做出临时性禁渔规定，相关单位及个人必须遵守。

第十八条 钓场应根据核定容量经营，实行海钓船只数、海钓人数总量控制，不得超负荷运作。经营单位单次接待人数不得超过确定的接待能力。

第十九条 休闲海钓者应遵守鱼类可捕标准规定，实行钓大放小和单次渔获总量控制。

第二十条 下列区域禁止开展海钓活动

（一）公共航道、习惯航线、公共锚地；

（二）港口作业区；

（三）军事管制区；

（四）已用于其他用途的岛礁及海域。

第二十一条 经批准确定为大型海钓赛事举办地的海域，由县级以上海洋与渔业行政主管部门在赛前发布公告，在限定时间内任何无关船只和个人不得在预定的海域进行海钓作业。

第二十二条 休闲海钓海区的生态资源保护

（一）不得从事电鱼、炸鱼、毒鱼等违法作业。

（二）禁止使用对渔业资源、水域环境产生危害的钓具、饵料；休闲海钓比赛及海钓经营单位应优先使用经省有关部门认定准入的钓具。

（三）海钓者不得在海上、岸边、岛礁扔垃圾杂物。断钩、短线、坏坠、饵料、食品包装袋等都应自觉装入自备垃圾袋带回，集中进行无害化处理。

（四）有关部门应有计划有步骤地在休闲海钓海区组织开展渔业资源增殖放流。

第六章 责任追究

第二十三条 对在休闲海钓海区电鱼、炸鱼、毒鱼等，以及捕获鱼类低于最小可捕标准的，由县级以上海洋与渔业行政主管部门按规定予以查处。

第二十四条 未经审核批准，擅自举办各类海钓赛事活动的，由县级以上海洋与渔业行政主管部门责令停止，对造成责任事故或社会影响严重的，依法追究组织者及直接责任人的法律责任。

第二十五条 在休闲海钓活动中对海域生态环境造成破坏的，由县级以上海洋与渔业行政主管部门依法予以处理。

第二十六条 休闲海钓渔船未配足安全设备、超载、超航区、超抗风等级出海航行作业的，休闲海钓渔船所有人或经营单位、船长未履行安全生产责任的，由县级以上海洋与渔业行政主管部门依法予以处罚。

无证从事休闲海钓活动的船舶，由县级以上海洋与渔业行政主管部门依法予以处罚。

第七章 附 则

第二十七条 本办法由山东省海洋与渔业厅负责解释。

第二十八条 本办法自发布之日起试行。

附录2　山东省休闲海钓钓场认定办法（试行）

（山东省海洋与渔业厅2014年1月发布）

第一章　总　　则

第一条　为促进休闲海钓产业快速、健康发展，根据《关于培育和发展休闲海钓产业的实施意见》、《山东省休闲海钓管理暂行办法》等规定，制定本办法。

第二条　本办法所称休闲海钓钓场是指符合政府规划要求，利用我省岛礁、人工鱼礁、岸堤、沙滩、矶石、海水钓池、船筏等开展海钓经营活动，具备一定规模和条件的休闲海钓场所。

第三条　山东省休闲海钓钓场由省水生生物资源养护管理中心组织认定。有效期为4年，每年组织一次集中申报、评审和认定。

第四条　沿海市县海洋与渔业行政主管部门负责组织本区域海钓钓场申报、初审工作，提出推荐意见，并负责对本区域休闲海钓钓场的监督管理。

第二章　分类与标准

第五条　休闲海钓钓场按类型分为船钓钓场、岸钓钓场二类。

船钓钓场是以乘船出海为基础，有固定的海上钓区、一定数量的海钓船、具备相应的海钓从业服务人员，陆地基础设施相对完善。

岸钓钓场以滩钓、矶钓、海水钓池为基础，有相对固定的岸钓钓区，具备相应的海钓从业服务人员，陆地基础设施完善。

第三章 申报条件

第六条 申报山东省休闲海钓钓场的单位，应具备可持续发展的能力和条件，建有市场信息化管理系统、海上安全的相关信息系统，建立相对完善的质量控制、信用管理等机制，并具备以下条件：

（一）申报船钓钓场：

1. 具备天然暗礁、公用沉船钓点4个以上；

2. 拥有已确权的海域面积2 000亩以上，人工鱼礁海上钓场规模：石块礁10万方以上，或混凝土构件礁、沉船礁8 000空方以上；

3. 筏式网箱养殖面积2 000平方米以上；

4. 满足上述三个条件之一，并拥有休闲海钓渔船6艘以上，同时接待海钓人员30人以上，导钓员5人以上，陆地服务中心建筑200平方米以上。

（二）申报岸钓钓场：

1. 滩钓岸线2千米以上；

2. 天然岩礁岸线或人工建造岸堤300米以上；

3. 海水钓池水面面积200亩以上；

4. 满足上述三个条件之一，并有导钓员3人以上，陆地服务中心建筑200平方米以上。

第四章 认定程序

第七条 基本程序为材料申报、市县初审、专家评审、省级认定和授牌。

山东省休闲海钓钓场申报按照属地管理原则，由市县海洋与渔业行政主管部门受理各类主体提出的申请，提出初审意见报省水生生物资源养护管理中心；省水生生物资源养护管理中心组织有关专家评估并批准认定。

第八条 各类主体提出申请时须提交以下材料：

（一）山东省休闲海钓钓场申报书；

（二）按申报条件提供的辅证材料。

第九条 各市县海洋与渔业行政主管部门提交初审意见时须报以下

材料：

（一）市县海洋与渔业行政主管部门的正式上报文件；

（二）经审核的山东省休闲海钓钓场申报书（每个申报主体一份）；

（三）按申报条件提供的辅证材料。

第十条 省水生生物资源养护管理中心依据申报条件审查申报材料，组织评审专家对申报主体进行现场考察后，出具评审意见；凡符合本办法申报条件的，批准认定为山东省休闲海钓钓场，授牌并公布。

第五章 考核与管理

第十一条 经认定的山东省休闲海钓钓场优先承接引领和示范休闲海钓发展相关项目，承接或举办各类休闲海钓赛事、活动。

第十二条 市县海洋与渔业行政主管部门要加强对认定钓场的监督管理，定期对钓场具体运行情况进行跟踪评估和考核；省水生生物资源养护管理中心对认定钓场开展抽查考核。

第十三条 出现下列情形之一的，取消认定钓场资格：

（一）在申报评审过程中有欺瞒行为的；

（二）考核不合格的；

（三）利用认定钓场资格从事与休闲海钓发展无关活动的；

（四）发生较大以上等级安全责任事故的。

第十四条 各认定钓场有义务按要求提供相关服务数据和情况，并向所在市海洋与渔业行政主管部门提交年度情况总结。

第六章 附 则

第十五条 本办法自发布之日起试行，由省海洋与渔业厅负责解释。

附录 3　游艇安全管理规定

中华人民共和国交通运输部令

2008 年第 7 号

《游艇安全管理规定》已于 2008 年 7 月 8 日经第 8 次部务会议通过，现予公布，自 2009 年 1 月 1 日起施行。

部　长　李盛霖

二〇〇八年七月二十二日

第一章　总　　则

第一条　为了规范游艇安全管理，保障水上人命和财产安全，防治游艇污染水域环境，促进游艇业的健康发展，根据水上交通安全管理和防治船舶污染水域环境的法律、行政法规，制定本规定。

第二条　在中华人民共和国管辖水域内游艇航行、停泊等活动的安全和防治污染管理适用本规定。

本规定所称游艇，是指仅限于游艇所有人自身用于游览观光、休闲娱乐等活动的具备机械推进动力装置的船舶。

本规定所称游艇俱乐部，是指为加入游艇俱乐部的会员提供游艇保管及使用服务的依法成立的组织。

第三条　中华人民共和国海事局统一实施全国游艇水上交通安全和防治污染水域环境的监督管理。

各级海事管理机构依照职责，具体负责辖区内游艇水上交通安全和防治污染水域环境的监督管理。

第二章　检验、登记

第四条　游艇应当经船舶检验机构按照交通运输部批准或者认可的游艇检验规定和规范进行检验，并取得相应的船舶检验证书后方可使用。

第五条　游艇有下列情形之一的，应当向船舶检验机构申请附加检验：

（一）发生事故，影响游艇适航性能的；

（二）改变游艇检验证书所限定类别的；

（三）船舶检验机构签发的证书失效的；

（四）游艇所有人变更、船名变更或者船籍港变更的；

（五）游艇结构或者重要的安全、防污染设施、设备发生改变的。

第六条　在中华人民共和国管辖水域航行、停泊的游艇，应当取得船舶国籍证书。未持有船舶国籍证书的游艇，不得在中华人民共和国管辖水域航行、停泊。

申请办理船舶国籍登记，游艇所有人应当持有船舶检验证书和所有权证书，由海事管理机构审核后颁发《中华人民共和国船舶国籍证书》。

长度小于5米的游艇的国籍登记，参照前款的规定办理。

第三章　游艇操作人员培训、考试和发证

第七条　游艇操作人员应当经过专门的培训、考试，具备与驾驶的游艇、航行的水域相适应的专业知识和技能，掌握水上消防、救生和应急反应的基本要求，取得海事管理机构颁发的游艇操作人员适任证书。

未取得游艇操作人员适任证书的人员不得驾驶游艇。

第八条　申请游艇操作人员适任证书，应当符合下列条件：

（一）年满18周岁未满60周岁；

（二）视力、色觉、听力、口头表达、肢体健康等符合航行安全的要求；

（三）通过规定的游艇操作人员培训，并经考试合格。

第九条　申请游艇操作人员适任证书的，应当通过中华人民共和国海事局授权的海事管理机构组织的考试。

申请游艇操作人员适任证书的，应到培训或者考试所在地的海事管理机构办理，并提交申请书以及证明其符合发证条件的有关材料。

经过海事管理机构审核符合发证条件的，发给有效期为5年的相应类别的游艇操作人员适任证书。

第十条 游艇操作人员适任证书的类别分为海上游艇操作人员适任证书和内河游艇操作人员适任证书。

第十一条 持有海船、内河船舶的船长、驾驶员适任证书或者引航员适任证书的人员，按照游艇操作人员考试大纲的规定，通过相应的实际操作培训，可以分别取得海上游艇操作人员适任证书和内河游艇操作人员适任证书。

第十二条 游艇操作人员适任证书的有效期不足6个月时，持证人应当向原发证海事管理机构申请办理换证手续。符合换证条件中有关要求的，海事管理机构应当给予换发同类别的游艇操作人员适任证书。

游艇操作人员适任证书丢失或者损坏的，可以按照规定程序向海事管理机构申请补发。

第十三条 依法设立的从事游艇操作人员培训的机构，应当具备相应的条件，并按照国家有关船员培训管理规定的要求，经过中华人民共和国海事局批准。

第四章　航行、停泊

第十四条 游艇在开航之前，游艇操作人员应当做好安全检查，确保游艇适航。

第十五条 游艇应当随船携带有关船舶证书、文书及必备的航行资料，并做好航行等相关记录。

游艇应当随船携带可与当地海事管理机构、游艇俱乐部进行通信的无线电通信工具，并确保与岸基有效沟通。

游艇操作人员驾驶游艇时应当携带游艇操作人员适任证书。

第十六条 游艇应当按照《船舶签证管理规则》的规定，办理为期12个月的定期签证。

第十七条 游艇应当在其检验证书所确定的适航范围内航行。

游艇所有人或者游艇俱乐部在第一次出航前，应当将游艇的航行水域向当地海事管理机构备案。游艇每一次航行时，如果航行水域超出备案范围，游艇所有人或者游艇俱乐部应当在游艇出航前向海事管理机构报告船名、航行计划、游艇操作人员或者乘员的名单、应急联系方式。

第十八条 游艇航行时，除应当遵守避碰规则和当地海事管理机构发布的特别航行规定外，还应当遵守下列规定：

（一）游艇应当避免在恶劣天气以及其他危及航行安全的情况下航行；

（二）游艇应当避免在船舶定线制水域、主航道、锚地、养殖区、渡口附近水域以及交通密集区及其他交通管制水域航行，确需进入上述水域航行的，应当听从海事管理机构的指挥，并遵守限速规定；游艇不得在禁航区、安全作业区航行；

（三）不具备号灯及其他夜航条件的游艇不得夜航；

（四）游艇不得超过核定乘员航行。

第十九条 游艇操作人员不得酒后驾驶、疲劳驾驶。

第二十条 游艇应当在海事管理机构公布的专用停泊水域或者停泊点停泊。

游艇的专用停泊水域或者停泊点，应当符合游艇安全靠泊、避风以及便利人员安全登离的要求。

游艇停泊的专用水域属于港口水域的，应当符合有关港口规划。

第二十一条 游艇在航行中的临时性停泊，应当选择不妨碍其他船舶航行、停泊、作业的水域。不得在主航道、锚地、禁航区、安全作业区、渡口附近以及海事管理机构公布的禁止停泊的水域内停泊。

第二十二条 在港口水域内建设游艇停泊码头、防波堤、系泊设施的，应当按照《港口法》的规定申请办理相应许可手续。

第二十三条 航行国际航线的游艇进出中华人民共和国口岸，应当按照国家有关船舶进出口岸的规定办理进出口岸手续。

第二十四条 游艇不得违反有关防治船舶污染的法律、法规和规章的规定向水域排放油类物质、生活污水、垃圾和其他有毒有害物质。

游艇应当配备必要的污油水回收装置、垃圾储集容器，并正确使用。

游艇产生的废弃蓄电池等废弃物、油类物质、生活垃圾应当送交岸上接收处理，并做好记录。

第五章　安全保障

第二十五条　游艇的安全和防污染由游艇所有人负责。游艇所有人应当负责游艇的日常安全管理和维护保养，确保游艇处于良好的安全、技术状态，保证游艇航行、停泊以及游艇上人员的安全。

委托游艇俱乐部保管的游艇，游艇所有人应当与游艇俱乐部签订协议，明确双方在游艇航行、停泊安全以及游艇的日常维护、保养及安全与防污染管理方面的责任。

游艇俱乐部应当按照海事管理机构的规定及其与游艇所有人的约定，承担游艇的安全和防污染责任。

第二十六条　游艇俱乐部应当具备法人资格，并具备下列安全和防污染能力：

（一）建立游艇安全和防污染管理制度，配备相应的专职管理人员；

（二）具有相应的游艇安全停泊水域，配备保障游艇安全和防治污染的设施，配备水上安全通信设施、设备；

（三）具有为游艇进行日常检修、维护、保养的设施和能力；

（四）具有回收游艇废弃物、残油和垃圾的能力；

（五）具有安全和防污染的措施和应急预案，并具备相应的应急救助能力。

第二十七条　游艇俱乐部依法注册后，应当报所在地直属海事局或者省级地方海事局备案。

交通运输部直属海事局或者省级地方海事局对备案的游艇俱乐部的安全和防污染能力应当进行核查。具备第二十六条规定能力的，予以备案公布。

第二十八条　游艇俱乐部应当对其会员和管理的游艇承担下列安全义务：

（一）对游艇操作人员和乘员开展游艇安全、防治污染环境知识和应急反应的宣传、培训和教育；

（二）督促游艇操作人员和乘员遵守水上交通安全和防治污染管理规定，落实相应的措施；

（三）保障停泊水域或者停泊点的游艇的安全；

（四）核查游艇、游艇操作人员的持证情况，保证出航游艇、游艇操作人员持有相应有效证书；

（五）向游艇提供航行所需的气象、水文情况和海事管理机构发布的航行通（警）告等信息服务；遇有恶劣气候条件等不适合出航的情况或者海事管理机构禁止出航的警示时，应当制止游艇出航并通知已经出航的游艇返航；

（六）掌握游艇的每次出航、返航以及乘员情况，并做好记录备查；

（七）保持与游艇、海事管理机构之间的通信畅通；

（八）按照向海事管理机构备案的应急预案，定期组织内部管理的应急演练和游艇成员参加的应急演习。

第二十九条 游艇必须在明显位置标明水上搜救专用电话号码、当地海事管理机构公布的水上安全频道和使用须知等内容。

第三十条 游艇遇险或者发生水上交通事故、污染事故，游艇操作人员及其他乘员、游艇俱乐部以及发现险情或者事故的船舶、人员应当立即向海事管理机构报告。游艇俱乐部应当立即启动应急预案。在救援到达之前，游艇上的人员应当尽力自救。

游艇操作人员及其他乘员对在航行、停泊时发现的水上交通事故、污染事故、求救信息或者违法行为应当及时向海事管理机构报告。需要施救的，在不严重危及游艇自身安全的情况下，游艇应当尽力救助水上遇险的人员。

第六章 监督检查

第三十一条 海事管理机构应当依法对游艇、游艇俱乐部和游艇操作人员培训机构实施监督检查。游艇俱乐部和游艇所有人应当配合，对发现的安全缺陷和隐患，应当及时进行整改、消除。

第三十二条 海事管理机构发现游艇违反水上交通安全管理和防治船舶污染环境管理秩序的行为，应当责令游艇立即纠正；未按照要求纠正或者情节严重的，海事管理机构可以责令游艇临时停航、改航、驶向指定地点、强制拖离、禁止进出港。

第三十三条 海事管理机构发现游艇俱乐部不再具备安全和防治污染能力的，应当责令其限期整改；对未按照要求整改或者情节严重的，可以将其从备案公布的游艇俱乐部名录中删除。

第三十四条 海事管理机构的工作人员依法实施监督检查，应当出示执法证件，表明身份。

第七章 法律责任

第三十五条 违反本规定，未取得游艇操作人员培训许可擅自从事游艇操作人员培训的，由海事管理机构责令改正，处5万元以上25万元以下罚款；有违法所得的，还应当没收违法所得。

第三十六条 游艇操作人员培训机构有下列行为之一的，由海事管理机构责令改正，可以处2万元以上10万元以下罚款；情节严重的，给予暂扣培训许可证6个月以上2年以下直至吊销的处罚：

（一）不按照本规定要求和游艇操作人员培训纲要进行培训，或者擅自降低培训标准；

（二）培训质量低下，达不到规定要求。

第三十七条 违反本规定，在海上航行的游艇未持有合格的检验证书、登记证书和必备的航行资料的，海事管理机构责令改正，并可处以1 000元以下罚款，情节严重的，海事管理机构有权责令其停止航行；对游艇操作人员，可以处以1 000元以下罚款，并扣留游艇操作人员适任证书3至12个月。

违反本规定，在内河航行的游艇未持有合格的检验证书、登记证书的，由海事管理机构责令其停止航行，拒不停止的，暂扣游艇；情节严重的，予以没收。

第三十八条 违反本规定，游艇操作人员操作游艇时未携带合格的适任证书的，由海事管理机构责令改正，并可处以2 000元以下罚款。

第三十九条 游艇操作人员持有的适任证书是以欺骗、贿赂等不正当手段取得的，海事管理机构应当吊销该适任证书，并处2 000元以上2万元以下的罚款。

第四十条 违反本规定，游艇有下列行为之一的，由海事管理机构责令改正，并可处以1 000元以下罚款：

（一）未在海事管理机构公布的专用停泊水域或者停泊点停泊，或者临时停泊的水域不符合本规定的要求；

（二）游艇的航行水域超出备案范围，而游艇所有人或者游艇俱乐部未在游艇出航前将船名、航行计划、游艇操作人员或者乘员的名单、应急联系方式等向海事管理机构备案。

第四十一条 其他违反本规定的行为，按照有关法律、行政法规、规章进行处罚。

第四十二条 海事管理机构工作人员玩忽职守、徇私舞弊、滥用职权的，应当依法给予行政处分。

第八章 附 则

第四十三条 游艇从事营业性运输，应当按照国家有关营运船舶的管理规定，办理船舶检验、登记和船舶营运许可等手续。

第四十四条 游艇应当按照国家的规定，交纳相应的船舶税费和规费。

第四十五条 乘员定额 12 人以上的游艇，按照客船进行安全监督管理。

第四十六条 本规定自 2009 年 1 月 1 日起施行。

附录4 海南省游艇管理试行办法

海南省人民政府关于印发《海南省游艇管理试行办法》的通知

各市、县、自治县人民政府，省政府直属各单位：

《海南省游艇管理试行办法》已经2010年11月1日第五届海南省人民政府第57次常务会议审议通过，现印发给你们，请认真遵照执行。

二〇一〇年十一月二十二日

海南省游艇管理试行办法

第一章 总 则

第一条 为了加强游艇的服务与管理，维护国家安全，促进游艇经济发展，根据国家法律法规和相关规定，结合本省实际，制定本办法。

第二条 本办法适用于从事非经营性活动的游艇及其乘员在海南航行、停泊、出入境和游艇俱乐部（游艇会）的管理。

第三条 本办法所称口岸查验机关是指派驻海南口岸的海事管理机构、海关、检验检疫机构、边防检查机关。

第二章　检验、登记

第四条　游艇在海南水域航行应持有有效的船舶国籍证书、船舶检验证书或者国家认可的其他适航性证明文件。

游艇应当在其检验证书或检验报告所确定的适航范围或相当的航区内航行。未持有上述检验证书或检验报告的境外游艇，可向海南船检机构申请核发游艇适航性证明文件或检验报告。

第五条　对于持有国家认可的游艇产品认证证书和标志的进口游艇，检验时依照国家有关部门规定可免予提供图纸资料。

第六条　住所不在海南的游艇所有人，依照国家有关部门规定可以在海南申请办理游艇船舶登记手续。

第三章　安全保障

第七条　游艇驾驶人员应持有有效的游艇操作人员适任证书，方可在海南水域驾驶游艇。

持有境外海事主管当局或其授权机构颁发的游艇操作人员适任证书的境外居民，依照国家有关部门规定可在海南水域短期内（7日）驾驶游艇，无须换证。

需长期在海南水域驾驶游艇的境外居民，应当依法向海事管理机构申请办理游艇操作人员适任证书。

第八条　在保证安全的前提下，依照国家有关部门规定对境外游艇可不实行强制引航。

第九条　境外游艇可以在经主管机关批准开放的港口、游艇码头、停泊点、海上游览景区停靠，开展游览观光活动。不得在非开放的港口停靠并上下人员。

第十条　在海南水域活动的游艇，应配备艇载定位识别等装置，配备的装置应当保持正常工作状态，不得擅自关闭、拆卸。

第十一条　游艇在航行中临时停泊，应不妨碍其他船舶航行、停泊和作业，不得在主航道、禁航区、安全作业区及其他公布的禁止停泊水域停泊。

第十二条 游艇遇险或发生水上交通事故、污染事故，游艇驾驶员及其他乘员应立即向海事管理机构报告。

出入境游艇在发生水上交通事故等情况时，还应向边防检查机关报告。

第十三条 游艇供受油应遵守船舶供受油作业的有关规定，落实安全措施，确保供受油设备设施良好可用。

第十四条 游艇不得向水域排放油类物质、生活污水、垃圾、动植物废弃物和有毒有害物质。

第十五条 游艇码头和系泊点应当制定有关安全和防治污染的管理制度，按要求配备防治污染设备和器材，并依法经过验收。

第十六条 举行游艇水上大型活动，组织单位应事先拟定活动计划，提前向海事管理机构报备，申请发布航行警告和航行通告。

有境外游艇参与的活动，应同时向其他口岸查验机关报告。

第四章 出入境管理

第十七条 入境游艇在抵达口岸前，应当依法向拟抵达口岸的海事管理机构和其他口岸查验机关报备。

境外游艇进出海南水域，海事管理机构依照国家有关部门规定办理一次进、出口岸手续，期间在海南各开放口岸之间航行，免予办理进出口岸海事批准手续。

第十八条 入境游艇应当依法在开放口岸或经批准临时办理出入境手续的游艇码头或靠泊点接受检查。

入境游艇应当依法在抵达后24小时内办理入境查验手续。未办理入境手续前，不得上下人员、装卸物品。

第十九条 进出境游艇应当依法接受海关监管，并办理相关手续。上下进出境游艇的人员携带物品的，应当依法向海关如实申报，并接受海关监管。对进出境游艇及所载物品的监管，按照海关相关的规定执行。

第二十条 在国内外无重大疫情的情况下，入境游艇可以依照国家有关部门规定申请电讯检疫、锚地检疫、靠泊检疫，特殊情况下应接受指定地点检疫。

不具备悬挂检疫信号条件的境外游艇，依照国家有关部门规定经检疫查验合格后可入境。

缺失《船舶免予卫生控制措施证书/船舶卫生控制措施证书》的境外游艇，依照国家有关部门规定查验入境后补办证书。

第二十一条 从国内其他口岸进入海南的境外游艇，凭上一口岸查验机关签发的相关文件办理进口岸手续。

第二十二条 出入境游艇驾驶员、工作人员、乘员，凭有效证件，依法办理相应的入出境（港）手续。

第二十三条 依照国家有关部门规定，境外游艇在港口停泊期间，登艇人员免办《登轮许可证》；境外游艇邀请人员前往邻近开放水域游览并返回本港口的，经边防检查机关批准免办《登轮许可证》；境外游艇邀请人员前往海南其他港口，应办理《登轮许可证》。

第二十四条 游艇不得携带国家规定禁止进境的动植物及其产品入境，境外游艇携带的禁止进境动植物、动植物产品和其他检疫物，应由检验检疫机构依法封存或作无害化处理。其他动植物及其产品经检疫合格后方可使用。

第二十五条 境外游艇在海南水域航行、停泊期间，发现受染病人或突发公共卫生事件，或者有人非因意外伤害而死亡且死因不明的，应当依法立即向检验检疫机构报告，接受临时检疫，并向边防检查机关报告。

第二十六条 出入境游艇在海南开放口岸或特许水域航行、停泊期间，不得擅自拆封、使用口岸查验机关封存在艇上的物品。口岸查验机关依法登艇检查时，游艇应当予以配合。

第二十七条 出入境游艇航行前应当事先向口岸查验机关报备航行计划。计划如有变更，应当提前重新报告。

第二十八条 境外游艇在入境港附近开放水域游览后返回原港口的，边防检查机关依照国家有关部门规定免予办理进港手续。

境外游艇在海南各口岸之间转港，依照国家有关部门规定提前向出入口岸的边防检查机关报告拟前往的口岸及预计抵达时间等信息，经批准后即可转港。

第二十九条 境外游艇前往省外的国内其他口岸，应依法向口岸查验机关申请办理出港手续。

第三十条 游艇出境应当在最后离开的开放口岸或经批准可临时办理

出入境手续的游艇码头或靠泊点依法办理出境手续。

游艇应当提前向口岸查验机关申请办理出境手续，办理出境手续后不得上下人员、装卸物品，出现人员变动等情况，应重新办理相关手续。

第三十一条 境内制造的游艇以自航形式在海南出口境外，可持有我国相关机构签发的临时国籍证书和检验证书或境外政府机构或其授权的机构签发的登记和检验证书，也可持有境外政府机构或其授权机构认可的产品认证证明。

第五章 游艇俱乐部（游艇会）

第三十二条 设立游艇俱乐部（游艇会）应具备以下条件：

（一）具有相应的游艇停泊码头和设施；

（二）拥有专业的管理队伍；

（三）具有对游艇进行日常检修、维护、保养的服务设施和安全保障能力；

（四）具有游艇废弃物、残油、垃圾的回收和处理能力；

（五）有完善的管理制度、符合要求的应急预案和落实措施；

（六）办理游艇出入境业务的国际游艇俱乐部（游艇会），在相应的游艇停靠码头配备出入境查验设施和安全信息管理系统。

第三十三条 设立游艇俱乐部（游艇会）应经省交通管理部门审核条件，依法注册后应向海事管理机构备案。涉及出入境游艇业务的，还应向其他口岸查验机关和省口岸管理部门备案。

第三十四条 游艇俱乐部（游艇会）应当承担下列责任和义务：

（一）对游艇操作人员和乘员开展游艇安全、应急反应和出入境手续申办的宣传、培训，督促游艇人员遵守出入境管理法律法规、水上交通安全和防止污染管理规定，并落实相应措施；

（二）提供游艇航行所需的气象、水文和通告、警告等信息，遇有不适合出航的情况，应当阻止游艇出航并及时通知已经出航的游艇返航；

（三）记录游艇及其操作人员的持证情况，记录游艇出航、返航以及乘员情况，并向有关口岸查验机关报告境外游艇出入港等相关情况；

（四）督促或协助游艇办理相关手续；

（五）定期开展应急演练；

（六）出现突发事件时应及时启动应急预案，并及时向海事管理机构报告，涉及境外游艇的，应同时报告其他口岸查验机关；

（七）妥善安排游艇防台风等工作。

第六章　附　　则

第三十五条　本办法所称游艇是指游艇所有人自身用于游览观光、休闲娱乐等活动的具备机械推进动力装置的船舶。

第三十六条　从事经营性活动游艇的管理，按照营运船舶相关规定执行。

第三十七条　本办法未规定的事项，按照国家有关主管部门的具体规定执行。

第三十八条　本办法自印发之日起施行。